第14辑

会计与控制评论

REVIEW OF ACCOUNTING AND CONTROL

东北财经大学会计学院
中国内部控制研究中心 主办

东北财经大学出版社
Dongbei University of Finance & Economics Press
大连

图书在版编目（CIP）数据

会计与控制评论·第14辑 / 东北财经大学会计学院，中国内部控制研究中心主办. —大连：东北财经大学出版社，2022.12
ISBN 978-7-5654-4766-2

Ⅰ.会… Ⅱ.刘… Ⅲ.①会计制度-文集 ②企业内部管理-文集 Ⅳ.①F233-53 ②F272-53

中国版本图书馆CIP数据核字（2022）第255455号

东北财经大学出版社出版
（大连市黑石礁尖山街217号 邮政编码 116025）
网 址：http://www.dufep.cn
读者信箱：dufep@dufe.edu.cn

大连图腾彩色印刷有限公司印刷 东北财经大学出版社发行

幅面尺寸：180mm×255mm 字数：364千字 印张：18.5
2022年12月第1版 2022年12月第1次印刷

责任编辑：李 彬 吴 茜 责任校对：齐 心
封面设计：张智波 版式设计：原 皓

定价：69.00元

教学支持 售后服务 联系电话：（0411）84710309

如有印装质量问题，请联系营销部：（0411）84710711

会计与控制评论

Review of Accounting and Control

第14辑，2022年
No.14，2022

东北财经大学会计学院
中国内部控制研究中心 主办

编　　辑：《会计与控制评论》编辑部
电　　话：（0411）84738559
传　　真：（0411）84738559
电子邮箱：cicrcedit@126.com
通讯地址：中国·大连市·沙河口区尖山街217号
东北财经大学梓楠楼452室
邮政编码：116025

第14辑，2022年
No.14，2022
会计与控制评论
Review of Accounting and Control

目　　录

No. 14, 2022
Review of Accounting and Control
China Internal Control Research Center, Dongbei University of Finance and Economics

CONTENTS

第14辑，2022年
No.14，*2022*
会计与控制评论
Review of Accounting and Control

经济政策不确定性与企业税收决策①

程　博[1]　邱保印[2]

（1.南京审计大学会计学院　南京　211815；
2.杭州电子科技大学会计学院　杭州　200433）

摘　要　随着经济政策不确定性日益成为常态，其对经济可能带来的负面效应值得深入研究。本文基于2007—2016年中国A股上市公司数据，实证检验了经济政策不确定性对企业税收决策的影响。研究发现，经济政策不确定性显著提高了企业激进避税水平，并且随着经济政策不确定性加大，企业激进避税水平随之升高的现象在税收征管弱的地区、竞争性强的行业中更为明显。进一步研究发现，经济政策不确定性显著提高了企业激进避税水平这一现象在分析师关注度低、非“四大”审计以及内部控制质量低的样本中更为明显。本文证据表明，经济政策频繁变动引发的不确定性使得企业税收规避动机增强，并且提供了地方政府税收征管力度、外部监督和内部治理降低企业避税动机的经验证据，丰富和深化了经济政策不确定性影响企业税收决策行为研究领域的文献。

关键词　经济政策不确定性　税收决策　税收征管　行业竞争　公司治理

①　基金项目：国家社科基金项目“世界百年未有之大变局下供应链中断的财务影响及其资本市场效应研究”（21BGL008）、江苏省333工程（BRA2019271）、中外合作办学联合科研平台、江苏省高校优势学科建设工程项目（PAPD）。作者简介：程博（1975—），男，陕西平利人，南京审计大学会计学院教授、硕士生导师、博士，研究方向为财务会计、管理会计和公司治理，bondcheng@sina.com；邱保印（1982—）（通讯作者），男，河南泌阳人，杭州电子科技大学会计学院副教授、硕士生导师、博士，研究方向为财务会计和公司财务，qiubaoyin2006@163.com。联系人：程博，15221866089。邮箱：bondcheng@sina.com。

一、引 言

经济政策不确定性显著影响微观企业财务决策行为，由此产生的负面效应日益成为经济和金融领域研究的重要课题。企业经营者往往具有对外部环境不确定性的感知能力，并能够快速做出反应。Eisdorfer（2008）指出，企业经营者通过避税形式转移金融危机冲击所导致的企业财务困境风险；Wu et al.（2007）发现，政府取消各地的“先征后返”税收优惠政策之后，一些企业将注册地迁移到税率更加优惠的地区。2016年底，美联储开始压缩其2008年金融危机以来的宽松货币政策。2017年4月28日，美国商务部公布的第一季度经济增长率仅为0.7%，创历史新低，在此情况下，时任美国总统特朗普公布了美国史上最大规模的减税计划。为应对错综复杂的国内外经济形势，2018年9月20日，国家税务总局印发了《关于进一步落实好简政减税降负措施更好服务经济社会发展有关工作的通知》。尤其对于中美贸易摩擦对实体经济的影响，政府部门通过减税降费政策调控，实现稳就业、稳金融、稳外贸、稳外资、稳投资、稳预期，从而促进经济高质量发展。可以看出，当经济出现波动时，政府为应对经济不确定性会采取减税财政政策手段。

事实上，经济政策不确定性改变了企业经营的外部环境，面对外部环境不确定性所带来的流动性困境，经营者也有强烈的动机通过激进税收决策来缓解经济政策冲击。据经济合作与发展组织（OECD）统计（2015年），全球每年4%~10%的企业所得税因跨境避税流失，年损失约1 000亿~2 400亿美元，尤其在一个区域内政治或经济不确定性增加时，这种现象更加严重。2016年，中国著名企业家、福耀集团董事长曹德旺回应为什么在美国投资10亿美元建厂时表示：“除了美国的地价、能源等成本较低外，中国制造业的税负比美国高35%。”2017年，娃哈哈董事长宗庆后在接受浙江卫视《大牌对大牌》栏目采访时曾表示：“中国税负较高，各种税费加起来可达500多种。”可见，我国企业对激进税收决策有极强的现实需求，尤其在应对外部环境不确定性增加时，这是常常采用的一种策略性手段。

已有研究表明，重大政治事件、政治选举和官员更替等带来的不确定性会显著影响微观企业的投资活动、股价波动、股利政策、企业捐赠、会计稳健性、盈余管理等（Li and Born，2006；Białkowski et al.，2008；Belo et al.，2013；Huang et al.，2015；Brogaard and Detzel，2015；金智，2013；徐业坤等，2013；戴亦一等，2014；雷光勇等，2015；陈德球和陈运森，2018；才国伟等，2018）。概莫能外，经济政策不确定性也会显著影响企业风险承担、投融资、高管变更、现金持有、审计决策、企业金融化等行为（刘志远等，2017；饶品贵等，2017；谭小芬和张文婧，2017；饶品贵和徐子慧，2017；张光利等，2017；彭俞超等，2018；褚剑等，2018）。

然而，现有文献较少涉及经济政策不确定性如何影响企业税收决策行为，如陈德球等（2016）发现地区核心官员变更导致的政策不确定性会显著提高企业的税收规避程度；曹越等（2019）从研发支出、融资约束以及盈余管理三个方面探讨了经济政策不确定性对企业税收规避影响的渠道。理论上讲，宏观经济政策不确定性较大时，因企业盈利能力减弱、外部融资难、政府特殊时期放松监管等诱因，企业有强烈的动机或机会通过避税实现流动性增加以应对不确定性风险。虽然现有文献对厘清企业税收规避的动因大有帮助，但这些文献并没有深入考察宏观经济政策对企业税收决策行为的影响机理，尤其是缺少结合“宏观—中观—微观”逻辑链条考察其作用的机制。鉴于此，本文以2007—2016年中国A股上市公司为研究样本，从理论与实证角度考察了经济政策不确定性对企业税收决策的影响以及这一影响在中观环境（税收征管强度和行业竞争程度）、微观层面的公司治理（分析师、审计师以及内部控制）等情景机制下的差异。实证结果表明，经济政策不确定性能够显著影响企业税收决策行为，表征出企业激进避税水平随经济政策不确定性加大而增加，并且这一现象在税收征管弱的地区、竞争性强的行业、分析师关注度低、非“四大”审计，以及内部控制质量低的样本中更为明显。本文结论在改变样本期间、内生性问题讨论以及动态GMM估计等一系列稳健性测试后依然稳健可靠。

本文可能的创新如下：首先，以企业税收决策行为为切入点，将宏观经济政策、中观环境和微观环境结合起来，深入考察经济政策不确定性对企业行为的影响，丰富和拓展了经济政策不确定性经济后果方面的文献；其次，以往的研究大多仅讨论单场景下影响企业税收决策行为的因素，而本文从宏观到中观再到微观的逻辑链条分析，拓展了企业税收决策行为的相关文献，加深了对企业税收决策行为动机的认知和理解；最后，本文的研究结论不仅为国家制定宏观经济政策以及调控导向提供了参考依据，而且对税收征管工作和证券监管部门制定相应政策具有重要的参考价值。

本文其余部分安排如下：第二部分是理论分析与研究假说；第三部分是研究设计；第四部分是实证结果与分析；第五部分是稳健性检验；最后为本文的结论。

二、理论分析与研究假说

所谓经济政策不确定性，是指经济主体无法确切预知政府是否、何时以及如何改变现行经济政策（Gulen and Ion，2016）。通常来说，宏观经济政策的调整会带来宏观经济前景、行业前景预期，外部信息环境的变动，进而带来经济政策不确定性（Bernanke and Kuttner，2005；祝继高和陆正飞，2009）。在经济政策不确定性高的情况下，企业往往难以对宏观经济政策的走向做出准确判断，为应对外部环境不稳定，企业可能会调整或递延相关决策。本文以企业税收决策行为为切入点，将宏观、中观、微观有机融合，通过由宏观经济视角对微观实体经济传导的机理分析，来研究经济政策不确定性对企业行为的影响。具体而言，首先，考察经济政策不确定性如何影响企业税收决策；其次，基于中观环境视角，考察经济政策不确定性与企业税收决策行为之间的关系在不同税收征管强度和行业竞争程度情景下的差异；最后，基于微观治理环境视角，考察经济政策不确定性与企业税收决策行为之间的关系在不同公司治理环境下的差异，包括市场中介（分析师和审计师）和内部控制两个维度。本文具体研究框架如图1所示。

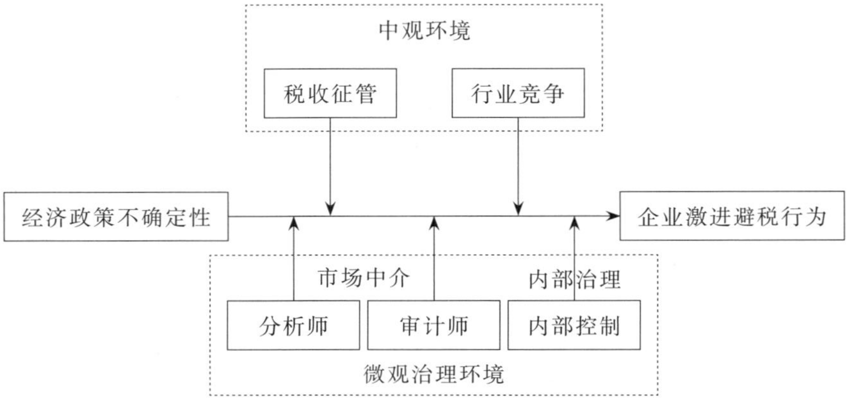

图1 理论分析框架

本文认为，经济政策不确定性的增加，可能导致企业盈利能力减弱、外部融资困难加剧、政府特殊时期放松监管等，企业有强烈的动机或机会通过避税实现流动性增加以应对不确定性风险。理由如下：

首先，企业盈利能力减弱导致税收支出的策略变动。经济政策不确定性增加时，整个市场会弥漫着消极的态度，无论个人消费者还是企业客户都会在此期间格外谨慎，购买力的下降必将导致企业的收入减少，企业自身盈利能力下滑，但人工及企业的固定支出部分却难以在短时间内压缩，这会影响到企业的流动性。在现金流增速放缓的情况下，企业会谨慎规划和控制现金流出量。税收是公司成本费用支出的重要组成部分，其中仅企业所得税就占利润总额的1/4左右，会导致现金流从公司流出（王亮亮，2016）。已有文献表明，避税可以减少公司税收支出，提高公司现金流水平，在外部宏观经济环境不确定性较大的情况下，由于公司经营、投融资活动的现金流不确定性增大，企业会加大力度调整税收等支出政策来保持适当的现金流（Chay and Suh，2009；陈冬等，2016）。因此，当宏观经济政策不确定性增加时，企业现金流就会出现较大波动，为应对外部环境不确定性，企业有动机调整税收支出策略。

其次，外部融资困难加剧导致税收支出的策略变动。无论是金融机构还是企业的供应商或客户，当经济预期较好时，会放大融资的杠杆作用；相反，当经济政策不确定性增加时，无论是金融机构的贷款还是企业上下游之间的信用融资，都会变得更加保守。并且，当经济政策不确定性上升时，企业三角债问题也呈增长态势，企业和债权人之间的矛盾也由此加剧。因此，面临经济政策不确定性攀升，企业获得融资难度、还款压力均在增大，企业就更有动机通过减少税收支出等活动应对融资带来的困境。

最后，政府可能会在经济动荡时放松税收管制。虽然我国财政体制没有赋予地方政府独立的税权，但是税收执法的松紧可以成为地方政府调控的重要手段。已有文献发现，税收是地方政府在地区竞争过程中争夺稀缺经济资源的重要手段（郭杰和李涛，2009；范子英和田彬彬，2013；刘慧龙和吴联生，2014）。我国所得税是中央和地方共享税，这种中央税务局垂直管理和地方税务局负责管理的共存方式，导致地方政府在进行税收执法方面可能存在差异，尤其在经济政策不确定性增加的情况下，地方政府可能放松税务监管和征收，以使得企业获取更大的生存机会或可持续增长能力，为地区经济发展做出贡献。因此，在我国的财政税收政策背景下，当企业面临较大经济政策不确定性时，政府可能会对企业放松税收监管和征收，从而使得企业有更大税收决策调整空间。基于上述分析，我们提出假说H1。

H1：经济政策不确定性上升，企业激进避税水平提高。

虽然整体而言，企业税收决策行为会受到经济政策不确定性的影响，但是由于企业所在地区税收征管强度存在差异，使得企业税收决策受到经济政策不确定性影响的程度可能有所不同。这是因为：一方面，我国中央政府几乎垄断了所有税种的立法和修订权，地方政府不具有调整法定税率的权力。但是，以经济增长为基础的政治锦标赛与财政分权引发了中国各地区在经济发展上的激烈竞争（Li and Zhou，2005；周黎安，2007），导致地方政府主动放松税收审计和税收督查力度（Cremer and Gahvari，1997；王剑锋，2008；曾亚敏和张俊生，2009；周黎安等，2012；范子英和田彬彬，2013），这为企业激进避税提供了机会。另一方面，税收征管制度作为约束企业避税行为的一种重要外部治理机制，税务机关通过对公司的财务账目检查，有助于减轻内部人利益侵占等代理问题（Desai and Dharmapala，2009；曾亚敏和张俊生，2009），规范上市公司经营，约束了代理人盈利操纵机会主义行为，增加了上市企业盈利管理的税收成本（叶康涛和刘行，2011），进而抑制了企业避税行为（Dyreng et al.，2016）。然而，税务机关及其工作人员在税收征管实施中（税务认定、涉税申请、纳税评估、税务处罚等）掌握一定的自由裁量权，征管空间具有一定的弹性（高培勇，2006；韩志明，2008；于文超等，2018），这同样也为企业税收决策提供了机会。总之，企业所在地区税收征管力度越强，避税被发现的概率就越大，这样避税的潜在成本和机会成本就会增大，从而制约企业避税行为的出现；而税收征管弱的地区为企业激进避税提供了机会，在经济政策不确定性攀升时，企业采取激进避税决策行为的动机更强。基于上述分析，我们提出假说H2。

H2：企业激进避税水平随着经济政策不确定性升高而增加的现象在税收征管弱的地区更明显。

毋庸置疑，经济政策不确定性与企业税收决策行为之间的关系还会受到行业竞争程度的影响。一般而言，行业集中度越低，表明该行业内的竞争越激烈，处在该行业内的公司面临更高的经营风险（Hou and Robinson，2006），同时，公司面临竞争对手的威胁也随之增多，迫使面临绩效考核和雇佣风险的企业经营者有更强的动机采取激进避税来增加现金流和粉饰公司业绩。实际上，行业竞争压力来源于公司的产品价格、生产成本、产品质量等与同行业的不利差异（温日光和汪剑锋，2018）。行业内竞争能力强的企业因品牌效应及产品不容易被替代往往具有较强的抗风险能力，相反，同行业内品牌效应较差或者产品容易被替代的企业，在遇到较大风险时往往难以把风险转嫁出去。在这种情况下，企业就有较强的动机通过避税等手段增加企业的流动性以抗击风险。因此，处在行业竞争程度强的环境中的企业，在面对外部经济政策不确定性较大时，可能会表现出更强的避税动机。基于上述分析，我们提出假说H3。

H3：企业激进避税水平随着经济政策不确定性升高而增加的现象在竞争性强的行业中更明显。

以往文献认为分析师对企业具有较好的治理作用（Yu，2008；Bowen et al.，2008；Xu et al.，2013；游家兴和张哲远，2016）。与一般散户投资者相比，证券分析师具有信息优势，并随着分析师关注数量的增加，其研究报告影响力和渗透力逐步扩大，必将引起投资者、监管部门、媒体等市场参与者的广泛关注，间接发挥治理作用，从而监督和约束企业经营行为和管理层行为（Miller，2006）。前已述及，税收作为企业重要的一部分支出，当企业面临的外部经济政策不确定性较大时，企业激进税收行为动机更强。而分析师关注作为一种重要的公司治理机制会影响经济政策不确定性与企业税收决策行为两者之间的关系，这是因为：分析师运用专业知识、行业背景和执业能力，通过增加资本市场的信息供给，将上市公司财务信息和非财务信息暴露于监管部门、投资者、媒体等市场参与者的监督之下，一旦企业经营者采取激进的避税策略被识破，企业不仅会面临税款补缴和行政处罚，而且会影响企业和管理者的声誉。因此，在经济政策不确定性攀升时，企业采取激进避税的决策行为会受到分析师监督的影响，表现出分析师关注度越高，越能削弱企业经营者采取激进避税的动力。基于上述分析，我们提出假说H4。

H4：企业激进避税水平随着经济政策不确定性升高而增加的现象在分析师关注度低的公司中更明显。

审计师对公司财务报告的鉴证是现代公司治理的一个重要内容，也是提高公司价值和投资者权益保护的一项基础性制度（Black，2000）。高质量的外部审计具有公司治理功能，而审计质量的高低取决于审计师的专业胜任能力和独立性的联合作用，往往规模大的会计师事务所拥有更高水平的审计人员、更先进的审计技术与方法和更有效的业务质量控制流程；并且规模大的会计师事务所更加注重维护自己的声誉和关注自身的法律风险，审计独立性较高（DeAngelo，1981）。与证券分析师类似，审计师的治理作用也会影响经济政策不确定性与企业税收决策行为之间的关系，这是因为：一方面，财务报告关键构成的税负信息是审计师的重点审查对象，高质量的审计使得税收操纵盈余、税收违规行为的概率变小（金鑫和雷光勇，2011）；另一方面，审计报告具有相当程度的经济后果，高质量的审计师更有可能为企业经营者的避税行为出具非清洁意见的审计报告，从而导致企业经营者主动减少激进避税活动在内的盈余管理程度与频率。因此，当经济政策不确定性升高时，企业激进避税水平会受制于审计师的约束，聘请规模大的事务所（“四大”）审计可以约束企业经营者的行为，进而降低企业激进避税水平。基于上述分析，我们提出假说H5。

H5：企业激进避税水平随着经济政策不确定性升高而增加的现象在非“四大”审计的公司中更明显。

《企业内部控制基本规范》明确了内部控制目标：“合理保证企业经营管理合法合规、资产安全、财务报告及相关信息真实完整，提高经营效率和效果，促进企业实现发展战略。”事实上，内部控制的首要目标是降低代理成本、提高企业运营效率和企业价值（程博等，2016），并通过自我评价来强化内部监督，增强内部治理，减少利益相关者的冲突，进而保护投资者的利益（毛新述和孟杰，2013）。已有文献表明，良好的内部控制可以降低股价崩盘风险、约束公司违规行为、减少内幕交易和盈余操纵等（Kim et al.，2011；Skaife et al.，2013；叶康涛等，2015；孟庆斌等，2018）。毋庸置疑，企业税收决策行为受经济政策不确定性的影响自然也会在不同内部控制质量情况下表现出差异，这是因为：一方面，公司内部控制质量的异质性会影响管理层的机会主义行为，表现为内部控制薄弱、内部控制缺陷较多的公司管理层采取激进避税行为的动机更强；另一方面，高质量的内部控制降低了管理层与董事会、股东以及利益相关者之间的信息不对称，有效地提高了监督质量，使得管理层本想刻意隐瞒的有关避税活动的交易方式无从落地，进而抑制公司激进的避税行为（Hope et al.，2013；陈骏和徐玉德，2015）。因此，当企业外部经济政策不确定性增加时，内部控制质量可以对企业行为起到监督作用，有效降低企业激进避税水平。基于上述分析，我们提出假说H6。

H6：企业激进避税水平随着经济政策不确定性升高而增加的现象在内部控制质量低的公司中更明显。

三、研究设计

（一）模型构建与变量定义

为检验经济政策不确定性对企业税收决策的影响，本文将待检验的回归模型设定为：

$$TA = \beta_0 + \beta_1 \times EPU + \beta_2 \times SIZE + \beta_3 \times LEV + \beta_4 \times ROA + \beta_5 \times GROWTH + \beta_6 \times TOP1 + \beta_7 \times DUAL + \beta_8 \times INDEP + \beta_9 \times PPE + \beta_{10} \times CASH + \beta_{11} \times SOE + \beta_{12} \times RATE + \beta_{13} \times DA + \sum INDUSTRY + \sum YEAR + \varepsilon \tag{1}$$

式（1）包含的变量具体如下：

（1）因变量。借鉴Desai and Dharmapala（2006）、蔡宏标和饶品贵（2015）的做法，用扣除应计利润影响之后的“会计-税收差异”（BTD）来刻画企业避税程度。具体计算公式如下：

$$BTD_{i,t} = \beta_1 \times TACC_{i,t} + \mu_i + \varepsilon_{i,t} \tag{2}$$

式（2）中，BTD=（税前会计利润-应纳税所得额）/上年总资产；应纳税所得额=（所得税费用-递延所得税费用）/名义税率；TACC=（净利润-经营性现金流量净额）/上年总资产；μ_i代表企业税负差异不随时间变化的固有特征部分；$\varepsilon_{i,t}$代表企业税负差异的变动特征部分；$\mu_i + \varepsilon_{i,t}$用来测度企业的避税激进程度（TA），代表会计-税收差异（BTD）中不能被应计项目（TACC）解释的部分，该数值越大，表明企业的激进避税行为越严重。

（2）自变量。采用Baker et al.（2013）开发编制的中国经济政策不确定性指数来衡量经济政策不确定性，该指数的构建基于作者对《南华早报》（South China Morning Post）文章关键词的搜索，通过媒体对经济政策不确定性的关注程度来推断当时企业、家庭、投资者进行经济决策时面临的不确定程度（Baker et al., 2016）。中国经济政策不确定性指数从1995年1月起持续更新，并逐月更新，该指数能够较好地反映我国的经济政策不确定性，因而在宏微观研究中广泛得以运用（王红建等，2014；饶品贵等，2017；陈胜蓝和李占婷，2017；孟庆斌和师倩，2017；褚剑等，2018；彭俞超等，2018）。本文参照饶品贵和徐子慧（2017）、褚剑等（2018）的做法，将Baker et al.（2013）提供的每年月度数据进行算术平均，得到经济政策不确定性指数的年度数据，再除以100，定义为我国经济政策不确定性

(EPU)。

(3) 分组变量。本文分组变量包括税收征管强度、行业竞争程度、分析师关注、事务所规模以及内部控制质量。TAXENFORCE表示税收征管强度，定义为各地区实际税收收入与预期可获取的税收收入之比，用来度量当地税务部门的税收征管强度（Mertens，2003；Xu et al.，2011；陈德球等，2016）。具体而言，借鉴Mertens（2003）和Xu et al.（2011）的模型来估算各地区预期可获取的税收收入，具体计算公式为：

$$\frac{TAX_{i,t}}{GDP_{i,t}} = \beta_0 + \beta_1 \times \frac{IND1_{i,t}}{GDP_{i,t}} + \beta_2 \times \frac{IND2_{i,t}}{GDP_{i,t}} + \beta_3 \times \frac{OPENNESS_{i,t}}{GDP_{i,t}} + \varepsilon_{i,t} \tag{3}$$

$$TAXENFORCE = \frac{TAX_{i,t}/GDP_{i,t}}{Predict(TAX_{i,t}/GDP_{i,t})} \tag{4}$$

其中，$TAX_{i,t}/GDP_{i,t}$表示各地区当年末实际收入除以年末该地区的GDP，IND1、IND2分别表示各地区年末的第一产业、第二产业产值，OPENNESS为各地区年末的进出口总额。首先根据模型（3）估计相关系数，然后计算预期的$Predict(TAX_{i,t}/GDP_{i,t})$，再根据模型（4）计算税收征管强度TAXENFORCE，该数值越大，表明该地区税收征管强度越大。

HHI表示行业竞争程度，定义为行业中所有企业市场份额的平方和（Haushalter et al.，2007；Irvine and Pontiff，2009；Peress，2010；姜付秀等，2008；吴昊旻等，2012）。

FOLLOW表示分析师关注，定义为实际发布盈利预测报告的机构数目加1的自然对数（Yu，2008；李春涛等，2014）。如果券商分析师在过去的同一个财务年度中，只要发布过某家公司至少一份盈利预测或评级报告，就被看作分析师关注了这家公司。

BIG4表示事务所规模，若上市公司年报由“四大”（普华永道、毕马威、德勤和安永）会计师事务所审计，BIG4取1，否则BIG4为0。

IC表示内部控制质量，采用深圳迪博企业风险管理技术有限公司发布的“迪博·中国上市公司内部控制指数”。该指数的打分区间为［0，1 000］，指数越大代表内部控制质量越高，考虑回归系数量纲，将该指数除以1 000进行标准化（刘浩等，2015；程博等，2016），其取值范围变为［0，1］。

(4) 控制变量。参照曾亚敏和张俊生（2009）、叶康涛和刘行（2011）、陈德球等（2016）等对企业避税行为的研究，本文控制了公司规模（SIZE）、财务杠杆（LEV）、盈利能力（ROA）、成长性（GROWTH）、股权集中度（TOP1）、两职兼任（DUAL）、独立董事比例（INDEP）、固定资产比重（PPE）、现金比率（CASH）、股权性质（SOE）、名义税率（RATE）、操控性应计（DA）、行业（INDUSTRY）以及年度（YEAR）等变量。变量操作性定义见表1。

表1 变量操作性定义

变量名称	变量符号	操作性定义
企业避税	TA	扣除应计利润影响后的会计-税收差异
	BTD	（税前会计利润-应纳税所得额）/上年总资产
经济政策不确定性	EPU	根据 Baker et al.（2013）提供的每年月度数据进行算术平均，得到经济政策不确定性指数的年度数据，再除以100
税收征管强度	TAXENFORCE	根据式（4）计算的地区实际税收收入与预期税收收入之比
行业竞争程度	HHI	行业中所有企业市场份额的平方和（赫芬达尔指数）
分析师关注度	FOLLOW	实际发布盈利预测报告的机构数目加1的自然对数
事务所规模	BIG4	上市公司年报由“四大”审计时，BIG4为1，否则为0
内部控制质量	IC	迪博·中国上市公司内部控制指数除以1 000
公司规模	SIZE	公司总资产的自然对数
财务杠杆	LEV	负债总额与资产总额之比
盈利能力	ROA	净利润与资产总额之比
成长性	GROWTH	营业收入增长率
股权集中度	TOP1	第一大股东持股比例
两职兼任	DUAL	CEO兼任董事长为1，否则为0
独立董事比例	INDEP	独立董事人数与董事会人数之比
固定资产比重	PPE	固定资产净额与资产总额之比
现金比率	CASH	现金持有量与资产总额之比
股权性质	SOE	国有性质企业为1，非国有性质企业为0
名义税率	RATE	企业当年的名义税率
操控性应计	DA	根据修正的JONES模型计算并取绝对值
行业效应	INDUSTRY	行业虚拟变量
年份效应	YEAR	年份虚拟变量

（二）数据来源与样本选取

本文选取2007—2016年中国A股上市公司为研究样本。上市公司财务数据来源于CSMAR和WIND金融数据库，中国和美国经济政策不确定性指数数据源于

Baker et al.（2016）构建的经济政策不确定性指数（http：//www.policyuncertainty.com/china_monthly.html）。税收征管数据来源于各年的统计年鉴，内部控制质量数据来源于迪博数据库的内部控制指数库。为确保样本选择的合理性，本文对初始样本进行了如下处理：（1）ST、*ST公司财务和交易机制异常，剔除ST、*ST类公司；（2）金融保险行业公司的监管制度和报表结构与其他行业存在较大差异，剔除金融保险行业公司；（3）剔除所需研究的主要数据缺失的公司；（4）剔除资产负债率大于1的公司；（5）剔除税前利润小于等于0的公司①；（6）剔除行业及年度不足15个观测值的公司。根据以上筛选原则筛选后最终获得18 794个样本观测值，表2报告了样本公司的行业分布情况。为了排除异常值影响，本文对连续变量进行上下1%的缩尾处理（Winsorize）。

表2 **样本公司的行业分布情况**

行业代码	行业名称	样本数	所占比重
A	农、林、牧、渔业	299	1.59%
B	采掘业	359	1.91%
C0	食品、饮料	729	3.88%
C1	纺织、服装、皮毛	824	4.38%
C2	木材、家具	173	0.92%
C3	造纸、印刷	663	3.53%
C4	石油、化学、塑胶、塑料	2 049	10.90%
C5	电子	1 001	5.33%
C6	金属、非金属	1 594	8.48%
C7	机械、设备、仪表	3 548	18.88%
C8	医药、生物制品	1 145	6.09%
C99	其他制造业	288	1.53%
D	电力、煤气及水的生产和供应业	635	3.38%
E	建筑业	441	2.35%
F	交通运输、仓储业	673	3.58%
G	信息技术业	1 490	7.93%
H	批发和零售贸易	1 009	5.37%
J	房地产业	468	2.49%
K	社会服务业	561	2.98%
L	传播与文化产业	159	0.85%
M	综合类	686	3.65%
总计	—	18 794	100.00%

① 当公司的税前利润小于0时，实际所得税税率的计算会出现偏差。因为如果企业的所得税费用和税前利润都小于0，则实际所得税税率为正，这显然与事实不符。

（三）描述性统计

表3列示了变量的描述性统计结果。可以发现，企业避税水平TA和BTD的均值分别为-0.025和-0.002，这表明我国在应纳税所得额的核算时，允许扣除的项目较少或收入的确认较为严格。EPU的均值为1.805，标准差为0.858，最小值为0.822，最大值为3.648，这说明中国经济政策不确定性的波动较为明显。税收征管强度（TAXENFORCE）的均值为0.974，标准差为0.177，最小值为0.639，最大值为1.404，意味着各地区税收征管强度差异较为明显。行业竞争程度（HHI）的均值为0.066，标准差为0.056，最小值为0.014，最大值为0.391，说明各行业竞争程度差异非常明显。分析师关注度（FOLLOW）的均值为1.520，标准差为1.135，最小值为0，最大值为3.689，这表明各公司被分析师关注的程度存在较大差异。样本中约有5.8%的公司年报由"四大"会计师事务所审计。内部控制质量（IC）的均值为0.651，标准差为0.138，最小值为0.009，最大值为0.915，这表征样本公司内部控制质量差异较大。

表3　　描述性统计结果

变量	OBS	MEAN	S.D.	MIN	MEDIAN	MAX
TA	18 794	−0.025	0.045	−0.244	−0.023	0.149
BTD	18 794	−0.002	0.045	−0.218	0.000	0.177
EPU	18 794	1.805	0.858	0.822	1.706	3.648
TAXENFORCE	18 794	0.974	0.177	0.639	0.965	1.404
HHI	18 794	0.066	0.056	0.014	0.051	0.391
FOLLOW	18 794	1.520	1.135	0.000	1.609	3.689
BIG4	18 794	0.058	0.233	0.000	0.000	1.000
IC	18 794	0.651	0.138	0.009	0.677	0.915
SIZE	18 794	21.939	1.309	18.917	21.771	26.454
LEV	18 794	0.460	0.231	0.050	0.455	1.503
ROA	18 794	0.038	0.059	−0.326	0.0350	0.204
GROWTH	18 794	0.493	1.604	−0.903	0.131	12.738
TOP1	18 794	0.354	0.151	0.088	0.334	0.751
DUAL	18 794	0.225	0.418	0.000	0.000	1.000
INDEP	18 794	0.370	0.052	0.091	0.333	0.556
PPE	18 794	0.237	0.174	0.002	0.203	0.754
CASH	18 794	0.186	0.138	0.002	0.148	0.710
SOE	18 794	0.437	0.496	0.000	0.000	1.000
RATE	18 794	0.198	0.055	0.075	0.150	0.330
DA	18 794	0.087	0.093	0.001	0.062	0.646

四、实证结果与分析

（一）经济政策不确定性与企业税收决策

我们首先对假说1进行检验，结果见表4。列（1）的回归结果显示，经济政策不确定性（EPU）的系数为0.0019且在1%的水平上显著，列（2）在更换企业激进避税程度度量后，经济政策不确定性（EPU）的系数依然显著为正（beta=0.0019，p<0.01）。这表明经济政策不确定性对企业税收决策产生显著影响，即经济政策不确定性显著提高了企业激进避税水平，强有力地支持了本文的研究假说。

控制变量方面，盈利能力（ROA）、固定资产比重（PPE）、名义税率（RATE）与企业税收决策显著正相关，股权集中度（TOP1）与企业税收决策显著负相关，这与现有研究结论是一致的（McGuir et al.，2012；蔡宏标和饶品贵，2015）。此外，企业税收决策行为还受到独立董事比率（INDEP）、现金比率（CASH）、操控性应计（DA）等因素的影响，这与程博等（2017）的发现一致。

表4　经济政策不确定性与企业激进避税关系的检验结果

变量	（1） TA	（2） BTD
EPU	0.0019*** （3.32）	0.0019*** （3.17）
SIZE	0.0005 （1.15）	0.0005 （1.09）
LEV	0.0017 （0.71）	0.0010 （0.42）
ROA	0.4859*** （41.78）	0.4984*** （42.91）
GROWTH	-0.0000 （-0.03）	0.0000 （0.04）
TOP1	-0.0090*** （-2.96）	-0.0090*** （-2.96）
DUAL	0.0014 （1.61）	0.0015* （1.80）

续表

变量	(1) TA	(2) BTD
INDEP	0.0114* (1.67)	0.0116* (1.68)
PPE	0.0143*** (4.93)	0.0069** (2.37)
CASH	−0.0161*** (−4.60)	−0.0216*** (−6.17)
SOE	0.0011 (1.15)	0.0009 (0.90)
RATE	0.1281*** (14.99)	0.1282*** (14.91)
DA	−0.0324*** (−4.38)	−0.0239*** (−3.34)
INDUSTRY	YES	YES
YEAR	YES	YES
CONSTANT	−0.0981*** (−10.79)	−0.0728*** (−7.95)
ADJ.R^2	0.4011	0.4132
OBS	18 794	18 794

注：(1) ***、**和*分别表示1%、5%和10%的显著性水平；(2) 括号中为t值；(3) 上述模型结果均按照公司股票代码进行了cluster by firm处理，并利用robust选项控制了异方差问题。

(二) 经济政策不确定性、税收征管强度与企业税收决策

为了考察经济政策不确定性与企业税收决策的关系在不同税收征管强度地区之间的差异，我们按照税收征管强度（TAXENFORCE）的中位数将样本分为税收征管强和税收征管弱两组。表5列示了按照税收征管强度分组的检验结果，从表5的回归结果可知，列（1）和（3）中经济政策不确定性（EPU）的回归系数均为正但不显著，而在列（2）和（4）中经济政策不确定性（EPU）的回归系数均显著为正（$p<0.01$）。这表明经济政策不确定性对企业税收决策的影响在税收征管弱的地区更明显，即在经济政策不确定性较高的情况下，企业为了应对外界环境的不确定性，

提高了企业激进避税水平，并且在税收征管强度弱的地区，企业更有动机根据外部经营环境的波动性进行税收决策，支持了本文研究假说H2。

表5 基于税收征管强度分组的检验结果

变量	(1) TA 税收征管强	(2) TA 税收征管弱	(3) BTD 税收征管强	(4) BTD 税收征管弱
EPU	0.0010 (0.89)	0.0019*** (3.37)	0.0009 (0.84)	0.0018*** (3.23)
SIZE	0.0010* (1.74)	-0.0000 (-0.06)	0.0010* (1.65)	-0.0001 (-0.09)
LEV	-0.0013 (-0.36)	0.0041 (1.36)	-0.0017 (-0.48)	0.0032 (1.06)
ROA	0.4528*** (26.06)	0.5160*** (37.44)	0.4661*** (26.91)	0.5278*** (38.27)
GROWTH	0.0002 (0.51)	-0.0003 (-0.59)	0.0002 (0.45)	-0.0002 (-0.44)
TOP1	-0.0137*** (-3.31)	-0.0048 (-1.19)	-0.0135*** (-3.27)	-0.0051 (-1.23)
DUAL	0.0018 (1.47)	0.0010 (0.89)	0.0019 (1.56)	0.0012 (1.10)
INDEP	-0.0001 (-0.01)	0.0207** (2.31)	0.0005 (0.05)	0.0204** (2.26)
PPE	0.0136*** (3.31)	0.0136*** (3.70)	0.0056 (1.37)	0.0067* (1.82)
CASH	-0.0147*** (-2.92)	-0.0176*** (-3.79)	-0.0205*** (-4.10)	-0.0228*** (-4.93)
SOE	0.0009 (0.72)	0.0016 (1.33)	0.0006 (0.48)	0.0014 (1.17)
RATE	0.1404*** (10.55)	0.1167*** (11.36)	0.1423*** (10.66)	0.1154*** (11.15)

续表

变量	(1) TA 税收征管强	(2) TA 税收征管弱	(3) BTD 税收征管强	(4) BTD 税收征管弱
DA	−0.0325*** (−2.97)	−0.0311*** (−3.17)	−0.0217** (−2.05)	−0.0246** (−2.58)
INDUSTRY	YES	YES	YES	YES
YEAR	YES	YES	YES	YES
CONSTANT	−0.0883*** (−7.05)	−0.0886*** (−6.86)	−0.0622*** (−4.93)	−0.0628*** (−4.85)
ADJ.R^2	0.3592	0.4427	0.3712	0.4545
OBS	9 344	9 450	9 344	9 450

注：(1) ***、**和*分别表示1%、5%和10%的显著性水平；(2) 括号中为t值；(3) 上述模型结果均按照公司股票代码进行了cluster by firm处理，并利用robust选项控制了异方差问题。

(三) 经济政策不确定性、行业竞争程度与企业税收决策

为了考察经济政策不确定性与企业税收决策的关系在不同行业竞争程度之间的差异，我们按照行业竞争程度（HHI）的中位数将样本分为行业竞争强和行业竞争弱两组。表6列示了按照行业竞争程度分组的检验结果，从表6的回归结果可知，列（2）和（4）中经济政策不确定性（EPU）的回归系数均在1%的水平上显著为正，列（1）和（3）中经济政策不确定性（EPU）的回归系数为正但不显著。这表明经济政策不确定性对企业税收决策的影响在竞争强的行业中更为明显，即经济政策不确定性显著提高了企业激进避税水平，企业为了应对外界环境的不确定性，行业竞争程度高的企业更有动机根据外部经营环境的波动性进行税收决策，支持了研究假说H3。

表6 基于行业竞争程度分组的检验结果

变量	(1) TA 行业竞争弱	(2) TA 行业竞争强	(3) BTD 行业竞争弱	(4) BTD 行业竞争强
EPU	0.0014 (1.60)	0.0029*** (3.29)	0.0014 (1.60)	0.0027*** (3.09)
SIZE	0.0007 (1.27)	0.0004 (0.63)	0.0007 (1.35)	0.0003 (0.51)

续表

变量	(1) TA 行业竞争弱	(2) TA 行业竞争强	(3) BTD 行业竞争弱	(4) BTD 行业竞争强
LEV	0.0013 (0.43)	0.0012 (0.35)	0.0002 (0.07)	0.0010 (0.27)
ROA	0.4889*** (31.01)	0.4855*** (30.84)	0.5024*** (31.94)	0.4973*** (31.64)
GROWTH	0.0006 (1.29)	−0.0008 (−1.29)	0.0005 (1.21)	−0.0007 (−1.09)
TOP1	−0.0102*** (−2.68)	−0.0070 (−1.64)	−0.0104*** (−2.73)	−0.0070 (−1.64)
DUAL	0.0018 (1.60)	0.0009 (0.76)	0.0020* (1.74)	0.0011 (0.95)
INDEP	0.0071 (0.83)	0.0158 (1.63)	0.0065 (0.76)	0.0168* (1.70)
PPE	0.0099** (2.30)	0.0179*** (4.84)	0.0020 (0.47)	0.0107*** (2.90)
CASH	−0.0115*** (−2.58)	−0.0220*** (−4.38)	−0.0170*** (−3.82)	−0.0275*** (−5.47)
SOE	0.0002 (0.17)	0.0018 (1.44)	0.0000 (0.01)	0.0016 (1.22)
RATE	0.1138*** (10.00)	0.1421*** (12.63)	0.1145*** (10.01)	0.1414*** (12.50)
DA	−0.0366*** (−3.45)	−0.0273*** (−2.68)	−0.0238** (−2.38)	−0.0229** (−2.28)
INDUSTRY	YES	YES	YES	YES
YEAR	YES	YES	YES	YES
CONSTANT	−0.0836*** (−7.31)	−0.0837*** (−6.79)	−0.0586*** (−5.02)	−0.0568*** (−4.56)
ADJ.R^2	0.4036	0.4008	0.4178	0.4108
OBS	9 233	9 561	9 233	9 561

注：(1) ***、**和*分别表示1%、5%和10%的显著性水平；(2) 括号中为t值；(3) 上述模型结果均按照公司股票代码进行了cluster by firm处理，并利用robust选项控制了异方差问题。

微观企业行为会受到宏观经济环境的影响，这一效应又会受制于中观环境的约束，前一部分从税收征管强度、行业竞争程度两个中观环境维度考察了经济政策不确定性对企业税收决策的影响。接下来，本文进一步讨论经济政策不确定性与企业税收决策之间的关系在不同微观公司治理水平方面的差异。

（四）经济政策不确定性、分析师关注度与企业税收决策

前文分析已经证实了经济政策不确定性较高时，企业激进避税水平也会随之提高。为了考察经济政策不确定性对企业税收决策行为的影响在不同分析师关注度的企业是否存在差异，我们按照分析师关注度（FOLLOW）的中位数将样本分为分析师关注度高和分析师关注度低两组。表7列示了按照分析师关注度分组的检验结果，从表7的回归结果可知，列（2）和（4）中经济政策不确定性（EPU）的回归系数均在1%的水平上显著为正，列（1）和（3）中经济政策不确定性（EPU）的回归系数为负但不显著。这表明经济政策不确定性对企业税收决策的影响在分析师关注度低的企业中更为明显，即经济政策不确定性显著提高了企业激进避税水平，但这一现象会受到分析师关注度这一治理机制的约束，检验结果支持了研究假说H4。

表7 **基于分析师关注度分组的检验结果**

变量	(1) TA 分析师关注度高	(2) TA 分析师关注度低	(3) BTD 分析师关注度高	(4) BTD 分析师关注度低
EPU	−0.0002 (−0.19)	0.0024*** (3.74)	−0.0004 (−0.31)	0.0023*** (3.63)
SIZE	0.0019*** (3.08)	0.0000 (0.06)	0.0018*** (2.95)	0.0001 (0.10)
LEV	−0.0087** (−2.15)	0.0027 (1.06)	−0.0101** (−2.48)	0.0024 (0.93)
ROA	0.2989*** (15.33)	0.6012*** (55.58)	0.3061*** (15.55)	0.6162*** (58.67)
GROWTH	0.0004 (0.60)	−0.0005 (−1.12)	0.0004 (0.67)	−0.0004 (−1.07)
TOP1	−0.0109*** (−2.81)	−0.0067* (−1.83)	−0.0113*** (−2.89)	−0.0064* (−1.75)
DUAL	0.0021* (1.78)	0.0014 (1.35)	0.0024** (2.06)	0.0014 (1.34)

续表

变量	(1) TA 分析师关注度高	(2) TA 分析师关注度低	(3) BTD 分析师关注度高	(4) BTD 分析师关注度低
INDEP	0.0083 (0.94)	0.0095 (1.12)	0.0084 (0.95)	0.0102 (1.19)
PPE	0.0077* (1.80)	0.0196*** (5.80)	-0.0007 (-0.16)	0.0131*** (3.93)
CASH	-0.0127*** (-2.77)	-0.0133*** (-2.96)	-0.0185*** (-4.04)	-0.0187*** (-4.19)
SOE	0.0001 (0.04)	0.0010 (0.96)	-0.0004 (-0.29)	0.0010 (0.93)
RATE	0.1549*** (11.02)	0.0976*** (10.49)	0.1567*** (11.09)	0.0973*** (10.39)
DA	-0.0293*** (-2.72)	-0.0292*** (-2.96)	-0.0184* (-1.82)	-0.0224** (-2.32)
INDUSTRY	YES	YES	YES	YES
YEAR	YES	YES	YES	YES
CONSTANT	-0.1126*** (-8.86)	-0.0637*** (-4.25)	-0.0856*** (-6.67)	-0.0381*** (-2.61)
ADJ.R^2	0.1932	0.5609	0.2002	0.5741
OBS	9 584	9 210	9 584	9 210

注：(1) ***、**和*分别表示1%、5%和10%的显著性水平；(2) 括号中为t值；(3) 上述模型结果均按照公司股票代码进行了cluster by firm处理，并利用robust选项控制了异方差问题。

(五) 经济政策不确定性、事务所规模与企业税收决策

审计是公司治理中不可或缺的一种制度安排，根据前文的分析，审计师对企业税收决策也会产生重要的影响。为检验审计师对经济政策不确定性与企业税收决策行为关系的影响是否存在差异，我们按照事务所规模将样本分为“四大”审计和非“四大”审计两组。表8列示了按照事务所规模分组的检验结果。从表8的回归结果可知，列（1）和（3）中经济政策不确定性（EPU）的回归系数均不显著，列（2）和（4）中经济政策不确定性（EPU）的回归系数均在1%的水平上显著为正。这表明经济政策不确定性对企业税收决策的影响在非“四大”审计的企业中更为明显，即经济政策不确定性显著提高了企业激进避税水平，但这一现象会受到高质量审计这一治理机制的约束，检验结果支持了研究假说H5。

表8　　基于事务所规模分组的检验结果

变量	(1) TA "四大"审计	(2) TA 非"四大"审计	(3) BTD "四大"审计	(4) BTD 非"四大"审计
EPU	0.0004 (0.19)	0.0021*** (3.41)	-0.0000 (-0.01)	0.0020*** (3.27)
SIZE	-0.0004 (-0.26)	0.0003 (0.73)	-0.0004 (-0.30)	0.0004 (0.79)
LEV	0.0055 (0.39)	0.0018 (0.74)	0.0044 (0.31)	0.0011 (0.43)
ROA	0.3923*** (7.27)	0.4913*** (41.69)	0.3994*** (7.41)	0.5039*** (42.82)
GROWTH	0.0006 (0.34)	-0.0000 (-0.07)	0.0008 (0.48)	-0.0000 (-0.03)
TOP1	-0.0233** (-2.15)	-0.0082*** (-2.58)	-0.0240** (-2.18)	-0.0081** (-2.55)
DUAL	-0.0020 (-0.42)	0.0015* (1.71)	-0.0020 (-0.44)	0.0016* (1.91)
INDEP	0.0086 (0.39)	0.0115 (1.61)	0.0110 (0.50)	0.0116 (1.60)
PPE	0.0082 (0.73)	0.0156*** (5.20)	0.0047 (0.41)	0.0080*** (2.69)
CASH	0.0125 (0.74)	-0.0169*** (-4.70)	0.0106 (0.61)	-0.0226*** (-6.26)
SOE	0.0070* (1.80)	0.0008 (0.82)	0.0070* (1.82)	0.0005 (0.54)
RATE	0.1399*** (3.38)	0.1290*** (14.77)	0.1395*** (3.36)	0.1293*** (14.71)
DA	-0.0034 (-0.08)	-0.0332*** (-4.43)	-0.0091 (-0.20)	-0.0244*** (-3.36)
INDUSTRY	YES	YES	YES	YES
YEAR	YES	YES	YES	YES
CONSTANT	-0.0653** (-2.23)	-0.0812*** (-7.37)	-0.0359 (-1.23)	-0.0558*** (-5.07)
ADJ.R^2	0.2731	0.4079	0.2768	0.4205
OBS	1 086	17 708	1 086	17 708

注：（1）***、**和*分别表示1%、5%和10%的显著性水平；（2）括号中为t值；（3）上述模型结果均按照公司股票代码进行了cluster by firm处理，并利用robust选项控制了异方差问题。

（六）经济政策不确定性、内部控制与企业税收决策

良好的内部控制可以约束代理人的自利动机，减少公司的违法行为，降低公司内部的代理冲突与代理成本（陈汉文和周中胜，2014；程博等，2016）。为检验内部控制质量对经济政策不确定性与企业税收决策行为关系的影响是否存在差异。我们按照内部控制质量将样本分为内部控制质量高和内部控制质量低两组。表9列示了按照内部控制质量分组的检验结果。从表9的回归结果可知，列（1）和（3）中经济政策不确定性（EPU）的回归系数为正但不显著，列（2）和（4）中经济政策不确定性（EPU）的回归系数均在5%的水平上显著为正。这表明经济政策不确定性对企业税收决策的影响在内部控制质量低的企业中更为明显，即经济政策不确定性显著提高了企业激进避税水平，但这一现象会受到企业内部控制这一治理机制的约束，检验结果支持了研究假说H6。

表9　　基于内部控制质量分组的检验结果

变量	(1) TA 内部控制质量高	(2) TA 内部控制质量低	(3) BTD 内部控制质量高	(4) BTD 内部控制质量低
EPU	0.0005 (0.53)	0.0017** (2.20)	0.0002 (0.27)	0.0017** (2.20)
SIZE	0.0016*** (2.77)	-0.0001 (-0.19)	0.0015*** (2.73)	-0.0000 (-0.04)
LEV	-0.0108*** (-2.70)	0.0041 (1.59)	-0.0125*** (-3.11)	0.0036 (1.42)
ROA	0.2474*** (11.86)	0.5841*** (52.03)	0.2547*** (12.14)	0.5996*** (54.91)
GROWTH	-0.0003 (-0.57)	0.0001 (0.19)	-0.0003 (-0.52)	0.0001 (0.24)
TOP1	-0.0110*** (-2.88)	-0.0043 (-1.26)	-0.0110*** (-2.89)	-0.0042 (-1.25)
DUAL	0.0012 (1.08)	0.0015 (1.50)	0.0013 (1.13)	0.0018* (1.76)
INDEP	0.0071 (0.83)	0.0109 (1.39)	0.0080 (0.94)	0.0101 (1.29)

续表

变量	（1） TA 内部控制质量高	（2） TA 内部控制质量低	（3） BTD 内部控制质量高	（4） BTD 内部控制质量低
PPE	0.0116*** （2.83）	0.0150*** （4.66）	0.0036 （0.88）	0.0079** （2.47）
CASH	−0.0113** （−2.36）	−0.0144*** （−3.37）	−0.0170*** （−3.54）	−0.0202*** （−4.81）
SOE	0.0002 （0.16）	0.0015 （1.42）	−0.0001 （−0.10）	0.0014 （1.31）
RATE	0.1548*** （13.19）	0.0964*** （9.94）	0.1541*** （13.07）	0.0973*** （9.99）
DA	−0.0164 （−1.54）	−0.0320*** （−3.16）	−0.0103 （−1.00）	−0.0210** （−2.18）
INDUSTRY	YES	YES	YES	YES
YEAR	YES	YES	YES	YES
CONSTANT	−0.0925*** （−7.51）	−0.0744*** （−6.65）	−0.0642*** （−5.24）	−0.0520*** （−4.65）
ADJ.R^2	0.1388	0.5688	0.1419	0.5829
OBS	9 523	9 271	9 523	9 271

注：（1）***、**和*分别表示1%、5%和10%的显著性水平；（2）括号中为t值；（3）上述模型结果均按照公司股票代码进行了cluster by firm处理，并利用robust选项控制了异方差问题。

五、稳健性检验

为保证研究结论的可靠性，我们进行了如下的稳健性检验。

（一）改变样本期间

本文的样本研究区间之所以设定为2007—2016年，主要是基于以下两点考虑：

(1)我国现行会计准则自2007年1月1日起实施，会计确认、计量和报告与以往制度和准则存在较大差异，因此，以2007年作为数据收集的起点；(2)考虑样本时间跨度不宜过小，同时，考虑2017年中共十九大召开，所以将样本截止点设定在2016年，确保有10年期跨度的样本。然而，该样本期间却跨越了2008年全球金融危机、2008年实施的所得税改革以及2012年的中共十八大，无论是全球金融危机导致的国内经济形势恶化、所得税改革的制度变迁，还是2012年中央领导人更迭导致的政策不确定性，这些因素可能会导致本文结果估计有偏。

因此，为保证研究结论的可靠性，我们剔除2008—2009年、2012—2013年的样本重新对前文模型进行检验。表10列示了更改样本期间的基准回归结果。列(1)、列(2)的回归结果显示，经济政策不确定性(EPU)的系数均在1%的水平上显著为正，检验结果与前文发现基本一致，依然支持本文研究假说H1。

表10　　更改样本期间的基本检验结果

变量	(1) TA	(2) BTD
EPU	0.0019*** (3.26)	0.0018*** (3.02)
SIZE	0.0003 (0.74)	0.0004 (0.83)
LEV	0.0023 (0.78)	0.0015 (0.50)
ROA	0.4760*** (36.01)	0.4878*** (36.67)
GROWTH	-0.0003 (-0.67)	-0.0003 (-0.75)
TOP1	-0.0109*** (-3.28)	-0.0116*** (-3.47)
DUAL	0.0009 (0.97)	0.0012 (1.27)
INDEP	0.0121 (1.62)	0.0119 (1.59)

续表

变量	(1) TA	(2) BTD
PPE	0.0127*** (3.91)	0.0050 (1.53)
CASH	-0.0160*** (-4.13)	-0.0210*** (-5.41)
SOE	0.0003 (0.28)	0.0001 (0.05)
RATE	0.1316*** (14.88)	0.1307*** (14.70)
DA	-0.0320*** (-3.48)	-0.0230** (-2.57)
INDUSTRY	YES	YES
YEAR	YES	YES
CONSTANT	-0.0964*** (-9.78)	-0.0718*** (-7.25)
ADJ.R^2	0.3675	0.3780
OBS	11 780	11 780

注：(1) ***、**分别表示1%、5%的显著性水平；(2) 括号中为t值；(3) 上述模型结果均按照公司股票代码进行了cluster by firm处理，并利用robust选项控制了异方差问题。

表11列示了更改样本期间后，以税收征管强度和行业竞争程度分组的回归结果。列（1）和（3）中经济政策不确定性（EPU）的回归系数均为正但不显著，而在列（2）和（4）中经济政策不确定性（EPU）的回归系数依旧在1%的水平上显著为正，这一结果仍旧支持本文研究假说H2。列（5）和（7）中经济政策不确定性（EPU）的回归系数均为正但不显著，而在列（6）和（8）中经济政策不确定性（EPU）的回归系数依旧在1%的水平上显著为正，这一结果同样支持本文研究假说H3。

表11　　更改样本期间的稳健性检验结果：基于中观环境分组

变量	(1) TA 税收征管强	(2) TA 税收征管弱	(3) BTD 税收征管强	(4) BTD 税收征管弱	(5) TA 行业竞争弱	(6) TA 行业竞争强	(7) BTD 行业竞争弱	(8) BTD 行业竞争强
EPU	0.0007 (0.65)	0.0025*** (3.51)	0.0006 (0.56)	0.0024*** (3.30)	0.0013 (1.54)	0.0029*** (3.21)	0.0012 (1.42)	0.0027*** (2.99)
SIZE	0.0012* (1.80)	-0.0004 (-0.70)	0.0012* (1.78)	-0.0004 (-0.57)	0.0005 (0.91)	0.0002 (0.28)	0.0006 (1.06)	0.0002 (0.31)
LEV	-0.0023 (-0.52)	0.0059 (1.53)	-0.0026 (-0.57)	0.0046 (1.21)	0.0024 (0.65)	0.0012 (0.27)	0.0011 (0.31)	0.0008 (0.18)
ROA	0.4400*** (21.88)	0.5094*** (32.32)	0.4520*** (22.37)	0.5211*** (32.77)	0.4813*** (26.76)	0.4727*** (25.78)	0.4923*** (27.11)	0.4851*** (26.38)
GROWTH	0.0001 (0.27)	-0.0007 (-1.19)	0.0001 (0.27)	-0.0007 (-1.32)	0.0002 (0.41)	-0.0008 (-1.32)	0.0002 (0.39)	-0.0009 (-1.38)
TOP1	-0.0185*** (-4.12)	-0.0042 (-0.92)	-0.0193*** (-4.28)	-0.0046 (-1.00)	-0.0093** (-2.34)	-0.0117** (-2.30)	-0.0104*** (-2.61)	-0.0119** (-2.33)
DUAL	0.0019 (1.33)	0.0002 (0.15)	0.0022 (1.54)	0.0005 (0.38)	0.0021 (1.60)	-0.0002 (-0.13)	0.0023* (1.75)	0.0002 (0.15)
INDEP	0.0023 (0.21)	0.0191* (1.91)	0.0033 (0.29)	0.0179* (1.78)	0.0025 (0.25)	0.0223** (2.03)	0.0034 (0.34)	0.0211* (1.91)
PPE	0.0142*** (2.99)	0.0104** (2.50)	0.0065 (1.36)	0.0027 (0.65)	0.0066 (1.45)	0.0180*** (4.01)	-0.0008 (-0.18)	0.0100** (2.22)
CASH	-0.0150*** (-2.70)	-0.0172*** (-3.34)	-0.0197*** (-3.52)	-0.0224*** (-4.39)	-0.0138*** (-2.73)	-0.0201*** (-3.41)	-0.0182*** (-3.61)	-0.0257*** (-4.36)
SOE	0.0009 (0.59)	0.0002 (0.14)	0.0006 (0.39)	-0.0000 (-0.03)	-0.0007 (-0.54)	0.0012 (0.83)	-0.0008 (-0.63)	0.0009 (0.59)
RATE	0.1474*** (10.47)	0.1178*** (10.92)	0.1481*** (10.48)	0.1158*** (10.70)	0.1203*** (10.22)	0.1440*** (11.58)	0.1193*** (10.14)	0.1430*** (11.45)
DA	-0.0423*** (-3.06)	-0.0236* (-1.92)	-0.0332** (-2.42)	-0.0148 (-1.24)	-0.0440*** (-3.55)	-0.0202 (-1.53)	-0.0327*** (-2.80)	-0.0134 (-1.02)
INDUSTRY	YES	YES	YES	YES	YES	YES	YES	YES
YEAR	YES	YES	YES	YES	YES	YES	YES	YES
CONSTANT	-0.0838*** (-6.32)	-0.0659*** (-4.79)	-0.0587*** (-4.38)	-0.0400*** (-2.95)	-0.0823*** (-6.28)	-0.0958*** (-6.32)	-0.0596*** (-4.57)	-0.0708*** (-4.64)
ADJ.R^2	0.3326	0.4058	0.3409	0.4181	0.3755	0.3623	0.3870	0.3717
OBS	5 829	5 951	5 829	5 951	6 090	5 690	6 090	5 690

注：(1) ***、**和*分别表示1%、5%和10%的显著性水平；(2) 括号中为t值；(3) 上述模型结果均按照公司股票代码进行了cluster by firm处理，并利用robust选项控制了异方差问题。

表12列示了更改样本期间后，以分析师关注度和事务所规模（简称市场中介）分组的回归结果。列（1）和（3）中经济政策不确定性（EPU）的回归系数均为负但不显著，而在列（2）和（4）中经济政策不确定性（EPU）的回归系数均在1%的水平上显著为正，这一结果仍然支持本文研究假说H4。列（5）和（7）中经济政策不确定性（EPU）的回归系数均不显著，而在列（6）和（8）中经济政策不确定性（EPU）的回归系数均在1%的水平上显著为正，这一结果依然支持本文研究假说H5。

表12 更改样本期间的稳健性检验结果：基于市场中介分组

变量	(1) TA 分析师 关注度高	(2) TA 分析师 关注度低	(3) BTD 分析师 关注度高	(4) BTD 分析师 关注度低	(5) TA “四大” 审计	(6) TA 非“四大” 审计	(7) BTD “四大” 审计	(8) BTD 非“四大” 审计
EPU	-0.0002 (-0.14)	0.0024*** (3.63)	-0.0003 (-0.27)	0.0022*** (3.47)	0.0002 (0.07)	0.0021*** (3.37)	-0.0003 (-0.12)	0.0020*** (3.15)
SIZE	0.0018*** (2.61)	0.0003 (0.45)	0.0018*** (2.59)	0.0003 (0.45)	0.0002 (0.11)	0.0003 (0.49)	0.0001 (0.05)	0.0004 (0.68)
LEV	-0.0073 (-1.60)	0.0026 (0.81)	-0.0089* (-1.95)	0.0024 (0.76)	0.0053 (0.29)	0.0022 (0.72)	0.0045 (0.24)	0.0013 (0.43)
ROA	0.3146*** (13.74)	0.5919*** (43.35)	0.3205*** (13.80)	0.6060*** (44.55)	0.4135*** (6.68)	0.4810*** (35.79)	0.4202*** (6.84)	0.4928*** (36.43)
GROWTH	0.0006 (0.81)	-0.0009* (-1.86)	0.0004 (0.66)	-0.0009* (-1.82)	0.0014 (0.56)	-0.0003 (-0.78)	0.0017 (0.65)	-0.0004 (-0.88)
TOP1	-0.0118*** (-2.71)	-0.0098** (-2.36)	-0.0126*** (-2.90)	-0.0101** (-2.43)	-0.0236* (-1.82)	-0.0100*** (-2.91)	-0.0243* (-1.86)	-0.0106*** (-3.07)
DUAL	0.0025* (1.85)	-0.0001 (-0.05)	0.0029** (2.18)	-0.0001 (-0.06)	-0.0034 (-0.57)	0.0011 (1.16)	-0.0035 (-0.60)	0.0014 (1.46)
INDEP	0.0115 (1.10)	0.0074 (0.80)	0.0111 (1.06)	0.0083 (0.90)	0.0254 (0.87)	0.0121 (1.56)	0.0285 (0.98)	0.0118 (1.51)
PPE	0.0081* (1.69)	0.0181*** (4.63)	-0.0015 (-0.31)	0.0121*** (3.12)	0.0134 (0.99)	0.0141*** (4.21)	0.0096 (0.70)	0.0063* (1.88)
CASH	-0.0143*** (-2.72)	-0.0128** (-2.45)	-0.0203*** (-3.89)	-0.0171*** (-3.25)	0.0246 (1.27)	-0.0174*** (-4.41)	0.0232 (1.17)	-0.0225*** (-5.70)

续表

变量	(1) TA 分析师关注度高	(2) TA 分析师关注度低	(3) BTD 分析师关注度高	(4) BTD 分析师关注度低	(5) TA "四大"审计	(6) TA 非"四大"审计	(7) BTD "四大"审计	(8) BTD 非"四大"审计
SOE	−0.0009 (−0.60)	0.0003 (0.29)	−0.0014 (−0.91)	0.0004 (0.29)	0.0040 (0.85)	0.0001 (0.06)	0.0042 (0.88)	−0.0002 (−0.20)
RATE	0.1603*** (10.50)	0.0981*** (10.06)	0.1620*** (10.58)	0.0963*** (9.83)	0.1246*** (2.63)	0.1332*** (14.79)	0.1244*** (2.63)	0.1326*** (14.64)
DA	−0.0360** (−2.49)	−0.0264** (−2.22)	−0.0202 (−1.47)	−0.0230* (−1.96)	−0.0251 (−0.42)	−0.0326*** (−3.51)	−0.0279 (−0.46)	−0.0232** (−2.57)
INDUSTRY	YES	YES	YES	YES	YES	YES	YES	YES
YEAR	YES	YES	YES	YES	YES	YES	YES	YES
CONSTANT	−0.1135*** (−8.09)	−0.0638*** (−4.25)	−0.0872*** (−6.17)	−0.0373** (−2.53)	−0.0809** (−2.29)	−0.0749*** (−6.65)	−0.0511 (−1.45)	−0.0505*** (−4.48)
ADJ.R^2	0.1932	0.5282	0.1986	0.5397	0.2502	0.3749	0.2533	0.3859
OBS	6 145	5 635	6 145	5 635	687	11 093	687	11 093

注：(1) ***、**和*分别表示1%、5%和10%的显著性水平；(2) 括号中为t值；(3) 上述模型结果均按照公司股票代码进行了cluster by firm处理，并利用robust选项控制了异方差问题。

表13列示了更改样本期间后，以内部控制质量分组的回归结果。列（1）和（3）中经济政策不确定性（EPU）的回归系数均为正但不显著，而在列（2）和（4）中经济政策不确定性（EPU）的回归系数均在5%的水平上显著为正，这一结果仍旧支持本文研究假说H6。

表13 更改样本期间的稳健性检验结果：基于内部控制质量分组

变量	(1) TA 内部控制质量高	(2) TA 内部控制质量低	(3) BTD 内部控制质量高	(4) BTD 内部控制质量低
EPU	0.0005 (0.55)	0.0021** (2.56)	0.0002 (0.29)	0.0020** (2.44)
SIZE	0.0018*** (2.81)	−0.0004 (−0.73)	0.0018*** (2.76)	−0.0003 (−0.43)
LEV	−0.0101** (−2.24)	0.0047 (1.40)	−0.0115** (−2.57)	0.0041 (1.26)

续表

变量	(1) TA 内部控制质量高	(2) TA 内部控制质量低	(3) BTD 内部控制质量高	(4) BTD 内部控制质量低
ROA	0.2663*** (10.89)	0.5785*** (42.53)	0.2736*** (11.13)	0.5925*** (43.67)
GROWTH	-0.0005 (-0.79)	-0.0003 (-0.50)	-0.0005 (-0.92)	-0.0002 (-0.49)
TOP1	-0.0160*** (-3.80)	-0.0023 (-0.57)	-0.0160*** (-3.82)	-0.0035 (-0.87)
DUAL	0.0007 (0.52)	0.0014 (1.16)	0.0009 (0.69)	0.0017 (1.43)
INDEP	0.0067 (0.66)	0.0108 (1.24)	0.0063 (0.62)	0.0109 (1.23)
PPE	0.0099** (2.24)	0.0142*** (3.55)	0.0012 (0.28)	0.0073* (1.83)
CASH	-0.0115** (-2.16)	-0.0175*** (-3.47)	-0.0173*** (-3.27)	-0.0217*** (-4.32)
SOE	-0.0001 (-0.08)	0.0005 (0.44)	-0.0006 (-0.39)	0.0005 (0.41)
RATE	0.1547*** (12.27)	0.1038*** (9.82)	0.1527*** (12.07)	0.1041*** (9.79)
DA	-0.0209 (-1.55)	-0.0335*** (-2.71)	-0.0113 (-0.88)	-0.0248** (-2.03)
INDUSTRY	YES	YES	YES	YES
YEAR	YES	YES	YES	YES
CONSTANT	-0.0796*** (-6.00)	-0.0578*** (-4.39)	-0.0506*** (-3.82)	-0.0363*** (-2.75)
ADJ.R^2	0.1502	0.5319	0.1539	0.5416
OBS	5 999	5 781	5 999	5 781

注：(1) ***、**和*分别表示1%、5%和10%的显著性水平；(2) 括号中为t值；(3) 上述模型结果均按照公司股票代码进行了cluster by firm处理，并利用robust选项控制了异方差问题。

（二）内生性检验

前文的检验模型中，添加了较多影响企业税收决策的控制变量，以求尽可能削弱遗漏解释变量可能带来的内生性问题。出于稳健性考虑，我们使用面板数据固定效应（FE）估计方法和动态面板（GMM）估计方法对前文基准回归进行重新检验，结果见表14。列（1）是静态分析，经济政策不确定性（EPU）的回归系数在1%的水平上显著为正。列（2）是动态分析，经济政策不确定性（EPU）的回归系数依然在1%的水平上显著为正。以上检验结果依旧表明经济政策不确定性提升了企业激进避税水平，再次验证了本文研究假说H1。

表14 静态分析和动态分析检验结果

变量	(1) FE	(2) GMM
L.TA	—	0.0489*** (2.71)
EPU	0.0031*** (6.23)	0.0028*** (2.63)
SIZE	0.0006 (1.03)	−0.0009 (−0.33)
LEV	0.0008 (0.36)	0.0036 (0.43)
ROA	0.5694*** (108.01)	0.6177*** (42.29)
GROWTH	−0.0000 (−0.14)	−0.0001 (−0.25)
TOP1	−0.0113*** (−2.76)	−0.0217 (−1.50)
DUAL	−0.0014 (−1.50)	−0.0011 (−0.68)
INDEP	0.0062 (0.88)	0.0033 (0.30)

续表

变量	(1) FE	(2) GMM
PPE	0.0105*** (3.38)	0.0143* (1.85)
CASH	−0.0098*** (−3.47)	0.0078 (1.17)
SOE	−0.0018 (−1.01)	−0.0049 (−0.96)
RATE	0.1803*** (22.58)	0.2307*** (8.99)
DA	−0.0298*** (−10.21)	−0.0180** (−2.03)
INDUSTRY	YES	YES
YEAR	YES	YES
CONSTANT	−0.0982*** (−8.19)	−0.0740 (−1.26)
ADJ.R^2	0.3801	—
OBS	18 794	13 254

注：(1) ***、**和*分别表示1%、5%和10%的显著性水平；(2) 括号中为t值；(3) 列(1)是固定效应(静态分析)，列(2)是系统GMM(动态分析)two-step法得到的估计结果。

接下来，为了缓解内生性问题对结论的干扰，使用工具变量方法进行回归。借鉴Wang et al.(2014)、Zhang et al.(2015)、陈胜蓝和李占婷(2017)的做法，选取美国经济政策不确定性USEPU作为工具变量，分别采用OLS、FE、GMM方法估计，结果见表15。之所以选择美国经济政策不确定性指数为工具变量，是因为：一方面，美国经济政策不确定性会影响中国经济政策不确定性，满足工具变量相关性要求；另一方面，美国经济政策不确定性不会对中国上市公司的税收决策行为产生直接影响，满足工具变量外生性要求。从表15的回归结果可知，无论采用何种估计方法，经济政策不确定性(EPU)的回归系数均显著为正，再次强有力地验证了本文研究假说H1。

表15 工具变量第二阶段检验结果

变量	(1) OLS	(2) FE	(3) GMM
L.TA	—	—	0.0489*** (2.71)
EPU	0.0449** (2.39)	0.0031*** (6.23)	0.0028*** (2.63)
SIZE	-0.0059** (-2.17)	0.0006 (1.03)	-0.0009 (-0.33)
LEV	0.0298** (2.46)	0.0008 (0.36)	0.0036 (0.43)
ROA	0.5373*** (22.74)	0.5694*** (108.01)	0.6177*** (42.29)
GROWTH	-0.0003 (-0.68)	-0.0000 (-0.14)	-0.0001 (-0.25)
TOP1	0.0083 (1.05)	-0.0113*** (-2.76)	-0.0217 (-1.50)
DUAL	-0.0016 (-1.07)	-0.0014 (-1.50)	-0.0011 (-0.68)
INDEP	0.0017 (0.21)	0.0062 (0.88)	0.0033 (0.30)
PPE	0.0304*** (4.12)	0.0105*** (3.38)	0.0143* (1.85)
CASH	0.0139 (1.06)	-0.0098*** (-3.47)	0.0078 (1.17)
SOE	0.0084*** (2.63)	-0.0018 (-1.01)	-0.0049 (-0.96)
RATE	0.1314*** (15.14)	0.1803*** (22.58)	0.2307*** (8.99)
DA	-0.0320*** (-4.36)	-0.0298*** (-10.21)	-0.0180** (-2.03)
INDUSTRY	YES	YES	YES
YEAR	YES	YES	YES
CONSTANT	-0.0320 (-1.11)	-0.0982*** (-8.19)	-0.0740 (-1.26)
ADJ.R^2	0.4017	0.3807	—
OBS	18 794	18 794	13 254

注：(1) ***、**和*分别表示1%、5%和10%的显著性水平；(2) 括号中为t值；(3) 列 (2) 是固定效应（静态分析），列 (3) 是系统GMM（动态分析）two-step法得到的估计结果。

（三）系统GMM估计结果

考虑到动态面板模型能够更好地捕捉模型的动态特征，我们采用系统GMM方法对前文的分组检验重新估计，估计结果见表16、表17、表18。由表16的结果可知，列（1）、列（3）中经济政策不确定性（EPU）的回归系数均为正但不显著，而列（2）和（4）中经济政策不确定性（EPU）的回归系数均显著为正，这一结果表明企业激进避税水平随着经济政策不确定性升高而增加的现象在税收征管弱的地区、竞争性强的行业更为明显，再次证实了本文研究假说H2和H3。

表16　　系统GMM估计结果：基于中观环境分组

变量	（1） 税收征管强	（2） 税收征管弱	（3） 行业竞争弱	（4） 行业竞争强
L.TA	0.0676** （2.32）	0.0509*** （2.85）	0.0743*** （2.92）	0.0504** （2.06）
EPU	0.0005 （0.35）	0.0030* （1.84）	0.0026 （1.63）	0.0031** （2.46）
SIZE	0.0027 （0.77）	−0.0000 （−0.01）	−0.0010 （−0.23）	−0.0020 （−0.56）
LEV	−0.0117 （−0.93）	0.0162 （1.51）	0.0021 （0.19）	0.0115 （0.98）
ROA	0.6118*** （27.08）	0.6220*** （36.09）	0.6284*** （35.29）	0.5914*** （27.54）
GROWTH	0.0001 （0.20）	−0.0004 （−0.56）	0.0003 （0.53）	−0.0003 （−0.37）
TOP1	−0.0322 （−1.62）	−0.0017 （−0.09）	−0.0284 （−1.47）	−0.0169 （−0.87）
DUAL	−0.0001 （−0.05）	−0.0024 （−1.10）	−0.0014 （−0.67）	0.0002 （0.08）
INDEP	0.0273* （1.87）	−0.0263* （−1.67）	0.0004 （0.02）	0.0031 （0.22）
PPE	0.0131 （1.24）	0.0114 （1.10）	−0.0011 （−0.11）	0.0250** （2.30）
CASH	0.0036 （0.42）	0.0103 （1.16）	−0.0031 （−0.37）	0.0129 （1.61）

续表

变量	(1) 税收征管强	(2) 税收征管弱	(3) 行业竞争弱	(4) 行业竞争强
SOE	−0.0032 (−0.47)	−0.0103* (−1.70)	−0.0023 (−0.31)	−0.0078 (−1.25)
RATE	0.2470*** (7.29)	0.1957*** (5.03)	0.2004*** (5.52)	0.2403*** (6.81)
DA	−0.0117 (−1.00)	−0.0242** (−2.00)	−0.0109 (−0.99)	−0.0337*** (−2.81)
INDUSTRY	YES	YES	YES	YES
YEAR	YES	YES	YES	YES
CONSTANT	−0.1489** (−2.02)	−0.0848 (−0.94)	−0.0571 (−0.62)	−0.0583 (−0.75)
OBS	7 257	5 997	6 425	6 829

注：(1) ***、**和*分别表示1%、5%和10%的显著性水平；(2) 括号中为t值；(3) 各列是系统GMM（动态分析）two-step法得到的估计结果；(4) 被解释变量为TA。

由表17的检验结果可知，列（1）、列（3）中经济政策不确定性（EPU）的回归系数均为正但不显著，而列（2）和（4）中经济政策不确定性（EPU）的回归系数均显著为正，这一结果表明企业激进避税水平随着经济政策不确定性升高而增加的现象在分析师关注程度低、非“四大”审计的公司中更为明显，再次证实了本文研究假说H4和H5。

表17　　系统GMM估计结果：基于市场中介分组

变量	(1) 分析师关注度高	(2) 分析师关注度低	(3) “四大”审计	(4) 非“四大”审计
L.TA	0.1562*** (5.87)	−0.0132 (−0.66)	0.0493 (0.78)	0.0470*** (2.68)
EPU	0.0013 (0.70)	0.0021* (1.79)	0.0026 (0.45)	0.0027*** (2.62)
SIZE	0.0006 (0.17)	−0.0024 (−0.61)	−0.0008 (−0.05)	−0.0008 (−0.29)
LEV	−0.0000 (−0.00)	−0.0014 (−0.13)	0.0061 (0.10)	0.0026 (0.32)

续表

变量	(1) 分析师关注度高	(2) 分析师关注度低	(3) “四大”审计	(4) 非“四大”审计
ROA	0.4139*** (12.26)	0.6626*** (44.87)	0.5327*** (3.97)	0.6210*** (42.55)
GROWTH	0.0001 (0.17)	−0.0001 (−0.14)	−0.0006 (−0.22)	−0.0001 (−0.28)
TOP1	−0.0035 (−0.21)	−0.0201 (−0.95)	−0.0103 (−0.14)	−0.0214 (−1.46)
DUAL	−0.0020 (−0.87)	−0.0015 (−0.69)	0.0003 (0.05)	−0.0012 (−0.69)
INDEP	0.0034 (0.21)	0.0034 (0.22)	−0.0168 (−0.58)	0.0056 (0.48)
PPE	0.0096 (0.99)	0.0184 (1.64)	−0.0128 (−0.38)	0.0145* (1.86)
CASH	0.0070 (0.89)	0.0033 (0.32)	0.0219 (0.94)	0.0075 (1.12)
SOE	−0.0011 (−0.15)	−0.0063 (−0.96)	0.0157 (1.25)	−0.0059 (−1.12)
RATE	0.2258*** (6.56)	0.2272*** (6.24)	0.2479*** (2.64)	0.2260*** (8.61)
DA	−0.0171 (−1.43)	−0.0166 (−1.42)	−0.0382 (−0.63)	−0.0173* (−1.95)
INDUSTRY	YES	YES	YES	YES
YEAR	YES	YES	YES	YES
CONSTANT	−0.1004 (−1.20)	−0.0353 (−0.42)	−0.0809 (−0.22)	−0.0757 (−1.32)
OBS	6 855	6 399	828	12 426

注：(1) ***和*分别表示1%和10%的显著性水平；(2) 括号中为t值；(3) 各列是系统GMM(动态分析) two-step法得到的估计结果；(4) 被解释变量为TA。

由表18的检验结果可知，列（1）中经济政策不确定性（EPU）的回归系数为负但不显著，而列（2）中经济政策不确定性（EPU）的回归系数在1%水平上显著为正，这一结果表明企业激进避税水平随着经济政策不确定性升高而增加的现象在内部控制质量低的公司中更为明显，再次证实了本文研究假说H6。

表18 系统GMM估计结果：基于内部控制质量分组

变量	(1) 内部控制质量高	(2) 内部控制质量低
L.TA	0.1037*** (3.13)	0.0176 (0.93)
EPU	−0.0025 (−1.25)	0.0067*** (4.86)
SIZE	0.0042 (0.89)	−0.0034 (−0.91)
LEV	0.0131 (0.81)	−0.0039 (−0.41)
ROA	0.5138*** (15.98)	0.6400*** (41.52)
GROWTH	−0.0004 (−0.61)	0.0008* (1.68)
TOP1	−0.0350 (−1.38)	−0.0036 (−0.19)
DUAL	0.0007 (0.25)	−0.0012 (−0.59)
INDEP	0.0013 (0.08)	0.0047 (0.36)
PPE	0.0244** (2.05)	0.0062 (0.66)
CASH	0.0070 (0.77)	0.0098 (1.02)
SOE	−0.0040 (−0.50)	−0.0016 (−0.24)

续表

变量	(1) 内部控制质量高	(2) 内部控制质量低
RATE	0.3151*** (8.04)	0.1505*** (4.80)
DA	-0.0013 (-0.11)	-0.0301*** (-2.80)
INDUSTRY	YES	YES
YEAR	YES	YES
CONSTANT	-0.1927* (-1.90)	-0.0138 (-0.17)
OBS	6 279	6 975

注：(1) ***、**和*分别表示1%、5%和10%的显著性水平；(2) 括号中为t值；(3) 各列是系统GMM（动态分析）two-step法得到的估计结果；(4) 被解释变量为TA。

此外，为了进一步避免变量极端值对本文回归结果可能产生的影响，我们改变极值处理方法重新检验，对相关连续变量均在3%分位数进行了缩尾处理，本文的检验结果与前文一致，这表明本文的研究结论具有较好的稳健性。

六、主要结论和政策建议

本文基于Baker et al.（2013）构造的中国经济政策不确定性指数，利用沪、深两市A股非金融行业上市公司2007—2016年的数据，实证检验了经济政策不确定性对企业税收决策行为的影响。实证结果表明：(1) 经济政策不确定性的确具有明显的负面效应，当经济政策不确定性攀升时，企业的盈利能力减弱、外部融资出现困难以及地方政府部门可能会放松税收管制影响企业流动性，进而导致企业有动机和机会提高激进避税水平。(2) 处于不同税收征管强度和行业竞争程度的企业激进避税水平受经济政策不确定变动的敏感程度存在较大差异。企业激进避税水平随经济政策不确定性上升而提高的现象在税收征管弱的地区、竞争激烈的行业更为明显。(3) 不同公司治理水平的企业激进避税水平受经济政策不确定性影响的敏感程度也存在较大差异。企业激进避税水平随经济政策不确定性上升而提高的现象在分析师关注度低、非“四大”审计以及内部控制质量低的公司中更为明显。

本文的研究结论具有重要的政策启示：首先，宏观经济政策的调整会带来经济政策不确定性，经济政策不确定性对实体经济具有明显的负面效应，其原因在于经济主体无法确切预知经济政策的变化，导致微观层面的企业出现“饮鸩止渴”“杀鸡取卵”的现象。因此，需要增强政府的公信度并保持宏观经济政策的透明、连续和稳定，让微观层面的经济主体形成相对准确的预期，从而降低潜在的经济政策不确定性。其次，政府部门应增强政策出台的程序合规性，加强相关政策制定征求意见、政策出台、政策实施、政策执行力度等方面的程序规范化，利用媒体的信息传播功能加以宣传，并充分听取企业等政策主体的意见，缓解政府与企业之间的信息不对称情况，从而从源头上降低经济政策不确定性。最后，当经济出现波动，政府在对市场进行宏观调控时，要关注到经济政策对企业税负、区域经济发展等方面的影响，力求通过减税降费政策调控，实现稳就业、稳金融、稳外贸、稳外资、稳投资、稳预期，从而促进经济高质量发展。

参考文献

[1] 才国伟，吴华强，徐信忠. 政策不确定性对公司投融资行为的影响研究 [J]. 金融研究，2018 (3)：89-104.

[2] 蔡宏标，饶品贵. 机构投资者、税收征管与企业避税 [J]. 会计研究，2015 (10)：59-65.

[3] 曹越，董怀丽，醋卫华，等. 经济政策不确定性与公司税收规避 [J]. 证券市场导报，2019 (4)：22-32.

[4] 曾亚敏，张俊生. 税收征管能够发挥公司治理功用吗 [J]. 管理世界，2009 (3)：143-152.

[5] 陈德球，陈运森. 政策不确定性与上市公司盈余管理 [J]. 经济研究，2018 (6)：97-111.

[6] 陈德球，陈运森，董志勇. 政策不确定性、税收征管强度与企业税收规避 [J]. 管理世界，2016 (5)：151-163.

[7] 陈冬，孔墨奇，王红建. 投我以桃，报之以李：经济周期与国企避税 [J]. 管理世界，2016 (5)：46-63.

[8] 陈汉文，周中胜. 内部控制质量与企业债务融资成本 [J]. 南开管理评论，2014，17 (3)：103-111.

[9] 陈骏，徐玉德. 内部控制与企业避税行为 [J]. 审计研究，2015 (3)：100-107.

[10] 陈胜蓝，李占婷. 经济政策不确定性与分析师盈余预测修正 [J]. 世界经济，2017（7）：171-194.

[11] 程博，潘飞，王建玲. 儒家文化、信息环境与内部控制 [J]. 会计研究，2016（12）：79-84.

[12] 程博，宣扬，郝玉贵. 儒家文化、税收征管强度与企业避税行为 [J]. 现代财经（天津财经大学学报），2020，40（10）：50-64.

[13] 褚剑，秦璇，方军雄. 经济政策不确定性与审计决策——基于审计收费的证据 [J]. 会计研究，2018（12）：85-91.

[14] 戴亦一，潘越，冯舒. 中国企业的慈善捐赠是一种“政治献金”吗？——来自市委书记更替的证据 [J]. 经济研究，2014（2）：74-86.

[15] 范子英，田彬彬. 税收竞争、税收执法与企业避税 [J]. 经济研究，2013，48（9）：99-111.

[16] 高培勇. 中国税收持续高速增长之谜 [J]. 经济研究，2006（12）：13-23.

[17] 郭杰，李涛. 中国地方政府间税收竞争研究——基于中国省级面板数据的经验证据 [J]. 管理世界，2009（11）：54-64.

[18] 韩志明. 街头官僚的行动逻辑与责任控制 [J]. 公共管理学报，2008，5（1）：41-48.

[19] 姜付秀，屈耀辉，陆正飞，等. 产品市场竞争与资本结构动态调整 [J]. 经济研究，2008（4）：99-110.

[20] 金鑫，雷光勇. 审计监督、最终控制人性质与税收激进度 [J]. 审计研究，2011（5）：98-106.

[21] 金智. 官员异地交流、政绩诉求与公司会计政策选择 [J]. 会计研究，2013（11）：31-37.

[22] 雷光勇，王文忠，邱保印. 政治冲击、银行信贷与会计稳健性 [J]. 财经研究，2015，41（3）：121-131.

[23] 李春涛，宋敏，张璇. 分析师跟踪与企业盈余管理——来自中国上市公司的证据 [J]. 金融研究，2014（7）：124-139.

[24] 刘浩，许楠，时淑慧. 内部控制的“双刃剑”作用——基于预算执行与预算松弛的研究 [J]. 管理世界，2015（12）：130-145

[25] 刘慧龙，吴联生. 制度环境、所有权性质与企业实际税率 [J]. 管理世界，2014（4）：42-52.

[26] 刘志远，王存峰，彭涛，等. 政策不确定性与企业风险承担：机遇预期效应还是损失规避效应 [J] .南开管理评论，2017，20（6）：15-27.

[27] 毛新述，孟杰. 内部控制与诉讼风险 [J]. 管理世界，2013（11）：155-165.

[28] 孟庆斌，李昕宇，蔡欣园. 公司战略影响公司违规行为吗 [J]. 南开管理评论，2018，21（3）：116-129.

[29] 孟庆斌，师倩. 宏观经济政策不确定性对企业研发的影响：理论与经验研究 [J]. 世界经济，2017（9）：77-100.

[30] 彭俞超，韩珣，李建军. 经济政策不确定性与企业金融化 [J]. 中国工业经济，2018

(1): 137-155.

[31] 饶品贵，徐子慧．经济政策不确定性影响了企业高管变更吗［J］．管理世界，2017（1）：145-157.

[32] 饶品贵，岳衡，姜国华．经济政策不确定性与企业投资行为研究［J］．世界经济，2017，40（2）：27-51.

[33] 谭小芬，张文婧．经济政策不确定性影响企业投资的渠道分析［J］．世界经济，2017，40（12）：3-26.

[34] 王红建，李青原，邢斐．经济政策不确定性、现金持有水平及其市场价值［J］．金融研究，2014（9）：53-68.

[35] 王剑锋．中央集权型税收高增长路径：理论与实证分析［J］．管理世界，2008（7）：45-52.

[36] 王亮亮．金融危机冲击、融资约束与公司避税［J］．南开管理评论，2016，19（1）：155-168.

[37] 温日光，汪剑锋．上市公司会因行业竞争压力上调公司盈余吗［J］．南开管理评论，2018，21（1）：182-190.

[38] 吴昊旻，杨兴全，魏卉．产品市场竞争与公司股票特质性风险——基于我国上市公司的经验证据［J］．经济研究，2012（6）：101-115.

[39] 徐业坤，钱先航，李维安．政治不确定性、政治关联与民营企业投资——来自市委书记更替的证据［J］．管理世界，2013（5）：116-130.

[40] 叶康涛，曹丰，王化成．内部控制信息披露能够降低股价崩盘风险吗［J］．金融研究，2015（2）：192-206.

[41] 叶康涛，刘行．税收征管、所得税成本与盈余管理［J］．管理世界，2011（5）：140-148.

[42] 游家兴，张哲远．财务分析师公司治理角色研究——文献综述与研究展望［J］．厦门大学学报（哲学社会科学版），2016（5）：128-136.

[43] 于文超，殷华，梁平汉．税收征管、财政压力与企业融资约束［J］．中国工业经济，2018（1）：100-118.

[44] 张超，刘星．内部控制缺陷信息披露与企业投资效率——基于中国上市公司的经验研究［J］．南开管理评论，2015，18（5）：136-150.

[45] 张光利，钱先航，许进．经济政策不确定性能够影响企业现金持有行为吗［J］．管理评论，2017，29（9）：15-27.

[46] 周黎安，刘冲，厉行．税收努力、征税机构与税收增长之谜［J］．经济学（季刊），2012，11（1）：1-18.

[47] 周黎安．中国地方官员的晋升锦标赛模式研究［J］．经济研究，2007（7）：36-50.

[48] 祝继高，陆正飞．货币政策、企业成长与现金持有水平变化［J］．管理世界，2009（3）：152-158.

[49] BAKER S R，BLOOM N，DAVIS S J. Measuring economic policy uncertainty ［J］．The Quarterly Journal of Economics，2016，131（3）：1593-1636.

[50] BAKER S, BLOOM N, DAVIS S, et al X.A Measure of economic policy uncertainty for China [R]. Working Paper, University of Chicago, 2013.

[51] BELO F, GALA V D, LI J.Government spending, political cycles, and the cross section of stock returns [J]. Journal of Financial Economics, 2013, 107 (2): 305-324.

[52] BERNANKE B S, KUTTNER K N.What explains the stock market's reaction to federal reserve policy? [J]. The Journal of Finance, 2005, 60 (3): 1221-1257.

[53] BIAŁKOWSKI J, GOTTSCHALK K, WISNIEWSKI T P.Stock market volatility around national elections [J]. Journal of Banking and Finance, 2008, 32 (9): 1941-1953.

[54] BLACK B.The core institutions that support strong securities markets [J]. The Business Lawyer, 2000, 55 (4): 1565-1607.

[55] BOWEN R M, CHEN X, CHENG Q.Analyst coverage and the cost of raising equity capital: evidence from underpricing of seasoned equity offerings [J]. Contemporary Accounting Research, 2008, 25 (3): 657-700.

[56] BROGAARD J, DETZEL A.The Asset pricing implications of government economic policy uncertainty [J]. Management Science, 2015, 61 (1): 3-18.

[57] CHAY J B, SUH J.Payout policy and cash-flow uncertainty [J]. Journal of Financial Economics, 2009, 93 (1): 88-107.

[58] CREMER H, GAHVARI F.Tax competition and tax evasion [J]. Nordic Journal of Political Economy, 1997, 93 (11): 89-104.

[59] DEANGELO L E.Auditor size and audit quality [J]. Journal of Accounting and Economics, 1981, 3 (3): 183-199.

[60] DESAI M A, DHARMAPALA D.Corporate tax avoidance and firm value [J]. The Review of Economics and Statistics, 2009, 91 (3): 537-546.

[61] DESAI M A, DHARMAPALA D.Corporate tax avoidance and high powered incentives [J]. Journal of Financial Economics, 2006, 79 (1): 145-179.

[62] DYRENG S D, HOOPES J L, WILDE J H.Public pressure and corporate tax behavior [J]. Journal of Accounting Research, 2016, 54 (1): 147-186.

[63] EISDORFER A.Empirical evidence of risk shifting in financially distressed firms [J]. The Journal of Finance, 2008, 63 (2): 609-637.

[64] GULEN H, ION M.Political uncertainty and corporate investment [J]. Reviews of Financial Studies, 2016, 29 (3): 523-564.

[65] HAUSHALTER D, KLASA S, WILLIAM F M.The influence of product market dynamics on a firm's cash holdings and hedging behavior [J]. Journal of Financial Economics, 2007, 84 (2): 797-825.

[66] HOPE O K, MA M, THOMAS W B.Tax avoidance and geographic earnings disclosure [J]. Journal of Accounting and Economics, 2013, 56 (2-3): 170-189.

[67] HOU K, ROBINSON D T.Industry concentration and average stock returns [J]. The Journal of Finance, 2006, 61 (4): 1927-1956.

[68] HUANG T, WU F, YU J.Political risk and dividend policy: evidence from international political crises [J]. Journal of International Business Studies, 2015, 46 (3): 574-595.

[69] IRVINE P J , PONTIFF J.Idiosyncratic return volatility, cash flows, and product market competition [J]. Review of Financial Studies, 2009, 22 (3): 1149-1177.

[70] KIM J B, SONG B Y, ZHANG L.Internal control weakness and bank loan contracting: evidence from SOX section 404 disclosures [J]. The Accounting Review, 2011, 86 (4): 1157-1188.

[71] LI H, ZHOU L.Political turnover and economic performance: the incentive role of personnel control in China [J]. Journal of Public Economics, 2005, 89 (9-10): 1743-1762.

[72] LI J L, BORN J A.Presidential election uncertainty and common stock returns in the United States [J]. The Journal of Financial Research, 2006, 29 (4): 609-622.

[73] MCGUIRE S T, OMER T C, WANG D.Tax avoidance: does tax-specific industry expertise make a difference [J]. The Accounting Review, 2012, 87 (3): 975-1003.

[74] MERTENS J.Measuring tax effort in central and eastern Europe [J]. Public Finance and Management, 2003, 3 (1): 530-563.

[75] MILLER G S.The Press as a watchdog for accounting fraud [J]. Journal of Accounting Research, 2006, 44 (5): 1001-1033.

[76] PERESS J.Product market competition, insider trading, and stock market efficiency [J]. The Journal of Finance, 2010, 65 (1): 1-43.

[77] SKAIFE H A, VEENMAN D, WANGERIN D.Internal control over financial reporting and managerial rent extraction: evidence from the profitability of insider trading [J]. Journal of Accounting and Economics, 2013, 55 (1): 91-110.

[78] WANG Y, CHEN C R, HUANG Y S.Economic policy uncertainty and corporate investment: evidence from China [J]. Pacific-Basin Finance Journal, 2014, 26 (1): 227-243.

[79] WU L, WANG Y, LIN B, et al. Local tax rebates, corporate tax burdens, and firm migration: evidence from China [J]. Journal of Accounting and Public Policy, 2007, 26 (5): 555-583.

[80] XU N, CHAN K C, JIANG X, et al.Do star analysts know more firm-specific information? Evidence from China [J]. Journal of Banking and Finance, 2013, 37 (1): 89-102.

[81] XU W, ZENG Y, ZHANG J.Tax enforcement as a corporate governance mechanism: empirical evidence from China [J]. Corporate Governance: An International Review, 2011, 19 (1): 25-40.

[82] YU F.Analyst coverage and earnings management [J]. Journal of Financial Economics, 2008, 88 (2): 245-271.

[83] ZHANG G, HAN J, PAN Z, et al. Economic policy uncertainty and capital: structure choice evidence from China [J]. Economic Systems, 2015, 39 (3): 439-457.

Economic Policy Uncertainty and Corporate Tax Decisions

Bo Cheng, Baoyin Qiu

Abstract With the uncertainty of economic policy becoming the norm, its possible negative effects on the economy deserve further study.Based on the data of China's A-share listed companies from 2007 to 2016, this paper empirically tested the impact of economic policy uncertainty on corporate tax decisions.The paper finds that the uncertainty of economic policy significantly increases the level of the aggressive avoidance of corporate tax, and the phenomenon that the level of the aggressive avoidance of corporate tax increases with the increase of economic policy uncertainty is more obvious in regions with the weak tax enforcement and competitive industries.Further research finds that economic policy uncertainty significantly increases the level of aggressive tax avoidance by enterprises, which is more obvious in samples with low attention from analysts, non-big four audit and low quality of internal control. This evidence shows that the uncertainty caused by frequent changes of economic policy makes the enterprises tax avoidance motivation enhancement, and provide empirical evidence of reduce corporate tax incentives including tax enforcement of local government, external supervision and internal governance enrich and deepen economic policy uncertainty on corporate tax decision-making behavior literature.

Key Words economic policy uncertainty; tax decisions; tax enforcement; industry competition; corporate governance

第14辑，2022年
No.14，2022
会计与控制评论
Review of Accounting and Control

系统性风险、治理环境与会计稳健性①

甄红线[1]　于慧莹[1]　秦君华[2]　宣敏[1]

（1.东北财经大学会计学院/中国内部控制研究中心　大连　116025；
2.中国移动通信集团辽宁有限公司　沈阳　110179）

摘　要　本文以2007—2018年沪深A股上市公司为样本，研究企业面临的系统性风险对会计稳健性的影响，以及治理环境（金融市场化程度、政府与市场关系、中介组织发育与法律得分）对二者之间关系的调节作用。研究发现，系统性风险与会计稳健性有显著的负相关关系，即企业面临的系统性风险越高，该企业的会计稳健性水平越低，并且上行系统性风险和下行系统性风险越高，企业的会计稳健性水平越低；治理环境能够缓解系统性风险对会计稳健性水平的负向影响。更换变量的度量方法以及考虑了内生性问题后，所得结论与主回归基本一致。本文为防范

---

① 作者简介：甄红线（通讯作者），女，管理学博士，东北财经大学会计学院和中国内部控制研究中心教授，博士生导师，研究方向：公司治理与企业社会责任。主持国家自然科学基金面上项目2项、国家社会科学基金1项、教育部人文社科基金3项。在《经济研究》《管理世界》《会计研究》《金融研究》《中国工业经济》等期刊发表论文五十多篇。获得高等学校国家级教学成果奖二等奖1项，辽宁省哲学社会科学成果奖二等奖1项，辽宁省自然科学学术成果奖一等奖1项，二等奖3项。于慧莹，东北财经大学会计学院硕士研究生，116025。秦君华，中国移动通信集团辽宁有限公司职员，110179。宣敏，东北财经大学会计学院硕士研究生，116025。

作者联系方式：甄红线（通讯作者），东北财经大学会计学院和中国内部控制研究中心。通讯地址：大连市东北财经大学会计学院，甄红线（收）。邮政编码：116025。联系电话：15998670262。电子邮箱：zhx223@163.com。资助项目：国家社会科学基金重大项目“宏观经济增长与金融系统防风险动态平衡机制研究”（批准号19ZDA094）；国家自然科学基金项目“系统性风险对技术创新的影响：基于风险分层和交叉传染的视角”（批准号71971046）；国家自然科学基金面上项目“公司债券违约风险防范：基于公司债特殊条款和政府参与评级的视角”（批准号72172029）；国家社会科学基金后期资助项目“精准扶贫、绿色治理与中国经济高质量发展研究”（批准号21FJYB032）；辽宁省教育厅项目“营商环境优化、企业扶贫可持续性与乡村振兴——来自辽宁省的经验证据”（批准号LJKR0462）。

系统性风险，提高会计信息质量，完善外部治理环境，促进我国资本市场的长期、稳定、健康发展提供了新的治理思路。

关键词　系统性风险　会计稳健性　治理环境　调节作用

一、引　言

系统性风险被认为是“导致市场大量参与者同时遭受严重损失，并且迅速扩散到系统中”的风险（Benoit et al.，2017）。系统性风险不仅对金融的稳定产生极大的威胁，更会危及宏观经济的发展，使社会财富的积累蒙受巨大损失。党的十九大报告中指出，守住不发生系统性金融风险的底线、保障金融安全是国家安全的重要组成部分，要坚持金融为实体经济服务，全面加强金融监管，防范化解经济金融领域风险。自21世纪以来，全球或局部地区时有爆发的金融危机、突发公共事件使得系统性风险问题受到各国当局以及学术界的广泛关注。

市场宏观经济环境的变化会使企业面临一定的系统性风险，从而对企业的会计稳健性造成影响（Ryan，1997）。这一现实背景引发了理论与实务界对突发事件与会计信息质量的深入思考，也为本文的实证研究提供了方向。

党的十九大以来，我国一直强调推进国家治理体系和治理能力现代化，如何找准政策的出发点和着力点是学术界探讨的热点。现有的研究认为，治理环境主要体现在金融市场化程度、政府干预程度以及法治建设等三个方面。金融市场化程度越高，即市场的竞争越激烈，契约性保护越好，企业越倾向于采用稳健的会计政策；在我国特殊的制度背景下，“有形的手”拥有较多的资源配置的权力，政府干预程度较强时，会给予发生问题的企业各种补贴或者优惠，从而掩盖其决策的失误，在这种情况下，企业会选择更加冒进的经营策略，从而降低经营和会计计量的稳健性；法治建设越健全、规章制度越完善，对企业各方面的约束也就越强，能够有效地保护债权人、投资者的合法权益不受侵害，同时，健全的法律法规对公司的诉讼环境也有极大的改善，这两方面都提高了企业财务报告的稳健性。总之，企业外部的治理环境可能影响企业管理层对会计政策或方法的选择，从而影响会计稳健性。

作为会计信息质量的重要特征之一，会计稳健性一直被学术界和实务界所关注（管考磊，2014；赵刚等，2014；于成永等，2016）。会计稳健性主要是指企业的经济损失与收益确认的非对称验证要求（Basu，1997；Watts，2003a）。它是会计计量与确认的一个重要原则，同时也是衡量企业财务报告质量的一个重要指标（管考磊，2014）。系统性风险有可能影响会计稳健性，Graham等（2005）研究发现，当企业面临较高的系统性风险时，企业的管理层通常更倾向于延迟披露坏消息，管理层的这种行为会降低企业的会计稳健性。

基于以上分析，企业面临的系统性风险可能影响企业的会计稳健性水平，但是，目前关于中国资本市场系统性风险对会计稳健性的影响这一方面却鲜有研究。鉴于此，本文选取2007—2018年沪、深A股上市公司作为研究样本，研究企业面临的系统性风险对会计稳健性的影响，以及治理环境对系统性风险和会计稳健性二者之间关系的调节作用。本文揭示了系统性风险影响上市公司会计稳健性的作用机制，为防范系统性风险，实质性提高上市企业的会计稳健性水平，促进我国资本市场的持续、稳定、健康发展提供了新的治理思路。

本文的贡献主要在于：（1）丰富了会计稳健性影响因素的研究框架。本文首次基于中国资本市场样本，研究系统性风险是否会影响企业管理层对会计政策以及方法的选择，在当前经济背景下，具有重要的现实意义。（2）研究了不同来源的系统性风险对会计稳健性的影响，拓宽了这一领域的研究范畴。本文将系统性风险进一步分解为上行系统性风险和下行系统性风险，针对不同来源的系统性风险对会计稳健性的影响进行了深入的研究。（3）探究了治理环境对系统性风险与会计稳健性关系的调节作用，为更深入地理解治理环境对会计稳健性的作用机制提供了理论参考。

二、理论分析与研究假设

（一）系统性风险与会计稳健性

会计稳健性会受到很多因素的影响，Watts（2003a）认为，影响会计稳健性的因素主要包括以下四个方面：契约作用、股东诉讼、监管环境以及税收政策。Beatty et al.（2008）以及Nikolaev（2010）通过研究得出，一个企业的债务契约条款数量越多，该企业财务信息的稳健性越强。梁利辉等（2014）研究发现，企业的会计稳健性也会受到宏观因素的影响。

已有研究发现，企业面临的系统性风险会降低管理层对稳健性财务报告的需求（Ryan，1997）。惠晓峰等（2009）研究发现，企业面临的系统性风险会降低企业信息披露的质量。总体而言，企业面临的系统性风险对会计稳健性的影响主要体现在外部的监督与压力、管理者自利动机、资产减值以及管理者职业发展等方面。

首先，从外部投资者与审计师的角度来看，市场以及宏观经济形势变化所带来的坏消息很有可能不会被看作是企业经营的问题，也不会被看作是某一企业所特有的问题，在宏观环境或整个行业的发展都不容乐观的时期，投资者和审计师可能会允许管理层降低会计计量的稳健性，这会导致企业表现出较低的会计稳健性

(Francis et al., 2008)。

其次，从企业管理层自利的角度来看，在企业面临较高的系统性风险时，企业的管理层通常更愿意延迟披露坏消息。CFO延迟披露坏消息的原因有以下两个方面：一是在比较消极的市场条件下，他们希望当市场条件或宏观环境有所改善时，企业的经营状况也能够随之得到改善，这样他们就不必对外披露坏消息；二是由于管理层的薪酬与企业的收益有着直接的关系，为了使自己的薪酬能够得到保障，他们也会延迟确认企业的坏消息，管理层的这种行为会降低企业的会计稳健性（Graham et al., 2005）。

再次，从资产减值损失方面来看，市场宏观经济的波动可能会引起企业经营状况的反转。根据中国企业会计准则，在市场宏观经济情况较差的时期，由于坏消息的确认而造成的资产减值损失在市场情况转好后不能转回，因此，面临高系统性风险的企业管理层可能不愿意及时确认坏消息，这会使管理层产生对企业当期财务报告进行不稳健计量的动机（代冰彬等，2007）。

最后，对自身职业发展的担忧也可能会使得面临高系统性风险的企业管理层降低对外财务报告的稳健性。由于个别企业的不良业绩很可能与消极的市场条件相吻合，高系统性风险会使得企业所面临的情况变得更差。在较为消极的市场条件下，一个被企业解雇的管理者的工作前景很不乐观。因此，较高的系统性风险使管理层有更多的动机在当前时期降低财务报告的稳健性水平（Eisfeldt et al., 2008）。

因此，本文推测系统性风险越高，外部宏观环境风险越大，管理层越容易产生延迟确认坏消息的动机，从而降低企业的会计稳健性。基于以上分析，本文提出第一个假设。

H1：会计稳健性与企业面临的系统性风险呈负相关关系。

具体而言，会计稳健性包括对好消息和坏消息确认的及时性。Bushman et al.（2006）研究发现，市场对上市公司对外披露的好消息和坏消息可能会产生不同的反应，所以上市公司通常会选择好消息进行披露。Dye（2001）研究发现，公司为了提高股票的价值，通常更愿意对外披露企业的好消息，而且相对于坏消息而言，市场对好消息的反应程度往往更加强烈，因此，公司更有可能延迟确认坏消息，提前确认好消息。Lang et al.（1996）研究发现，如果一家公司正准备发行股票，那么该公司将会提前半年开始对外披露有利的信息，上市公司普遍存在“提前确认好消息，延迟确认坏消息”的现象。Kothari et al.（2007）发现，在大多数情况下，各种公司通常都会延迟披露坏消息和提前披露好消息。Johnson et al.（2001）认为，相对于坏消息来说，企业的管理层普遍更倾向于对好消息发布更长期的预告，这会导致企业预期披露的增加。

因此，为了检验系统性风险对会计稳健性的假设效应是对坏消息的识别还是对好消息的识别所引起的，本研究将样本分为好消息和坏消息两组，并将上述假设详细分为两个子假设。

H1a：坏消息确认的及时性与企业面临的系统性风险呈负相关关系。

H1b：好消息确认的及时性与企业面临的系统性风险呈正相关关系。

（二）系统性风险和治理环境对会计稳健性的影响

治理环境如法律关系、市场化程度等也会对企业的会计稳健性产生一定的影响，如已有证据表明独立董事会和外部监管等公司治理机制是确保会计稳健性得以实施的有效工具（Ahmed et al.，2007；García Lara et al.，2009）。那么，当企业所处的治理环境不同时，系统性风险对会计稳健性的影响程度也会因此产生差异吗？Ball（2001）以及García Lara et al.（2009）指出，正是由于代理问题的存在，企业才会产生对稳健性的需求，这也成为公司治理的一种机制，公司治理机制的作用发挥得越充分越完全，企业的会计稳健性水平就越高。Leuz et al.（2003）认为，如果企业所在地区的市场化水平较高，那么该企业的会计稳健性就会在一定程度上得到保障。江伟（2007）对国有企业进行研究后发现，如果企业的某一股东具有政府背景，该企业对外披露的财务报告的质量就会较低；朱茶芬等（2008）、刘运国等（2010）通过研究发现，我国的国有企业存在的政府干预、内部人控制、债务软约束等问题会导致企业的会计稳健性水平降低；朱松等（2009）研究发现，法律制度越完善，市场化进程越高，政府对企业的干预越少，区域经济发展水平越高，财务报告的稳健性水平就越高。具体而言，企业在不同的地区会面临不同的治理环境，一个地区的外部治理环境越好，政府对企业进行干预的可能性越小，金融市场、法律市场发展水平越高，企业的会计稳健性水平越高。通过以上分析，可以看出，企业所处的治理环境水平越高，系统性风险对该企业的会计稳健性的负面影响越弱，基于以上分析，本文提出第二个假设。

H2：治理环境的改善会减弱系统性风险对会计稳健性的负向影响。

三、研究设计

（一）样本选择与数据来源

本研究选取了2007—2018年沪、深A股上市企业的数据作为初始研究样本，剔除了所有金融类上市公司、ST、*ST的公司、数据缺失的样本以及首次发行股票的公司。

此外，为了降低极端值对回归结果的影响，保证本研究的可靠性，本文对所有连续变量进行了上下1%的缩尾处理，最终得到的有效样本数量为19 683个。本文所用无风险利率数据来自锐思数据库，其他数据均来自国泰安数据库。

（二）变量设定

1.被解释变量

本研究的被解释变量为会计稳健性，张兆国等（2011）发现在各种会计稳健性度量方法中，Basu模型具有更高的可靠性，同时，还具有比较优势。因此，本文将基于Basu（1997）构造的模型（以下简称Basu模型）来度量会计稳健性：

$$\frac{EPS_{i,t}}{P_{i,t-1}} = \alpha_0 + \alpha_1 RET_{i,t} + \alpha_2 D_{i,t} + \alpha_3 RET_{i,t} \times D_{i,t} + \varepsilon_{i,t} \tag{1}$$

其中：$EPS_{i,t}$表示公司i在第t年扣除非常损益后的每股收益；$P_{i,t-1}$表示公司i在第t-1年年末的股票收盘价格；$RET_{i,t}$表示公司i在第t年5月到第t+1年4月扣除市场平均收益率后的股票超额收益率；$D_{i,t}$为虚拟变量，当$RET_{i,t}<0$时，取值为1，反之为0。

2.解释变量

本研究的解释变量为系统性风险，Sharpe（1964）首先使用资本资产定价模型（CAPM）对企业面临的系统性风险进行了衡量。Fama和French（1997），Lewellen et al.（2006）认为，由于市场风险敞口是随着时间的变化而变化的，如果度量系统性风险的时间间隔较长，所得结果可能会出现误差。为了解决这一可能出现的误差，Fama和French（2006）在研究中使用了年度范围来估计企业面临的系统性风险，本文参照Fama和French的研究，采用资本资产定价模型（CAPM）对系统性风险进行度量：

$$R_{i,t} - Rf_{i,t} = \alpha_i + \beta_i(Rm_t - Rf_t) + \varepsilon_{i,t} \tag{2}$$

其中：$R_{i,t}$为公司i在第t年的日个股收益率；$Rf_{i,t}$为公司i在第t年的日无风险收益率；Rm_t为日市场回报率，以上指标在计算时均考虑了现金红利再投资因素；（Rm_t-Rf_t）为市场风险溢价，其系数β_i（用Beta表示）表示资产的回报率对市场变动的敏感程度，被用来度量企业面临的系统性风险。

3.调节变量

本文将治理环境作为调节变量，使用“金融市场化程度Fin”这一指标对治理环境进行度量。以樊纲（2018）研究得出的“金融市场化指数”得分为依据①。它是要素市场发育的二级分项指标，由金融业的竞争程度（非国有金融机构吸收存款占全部金融机构吸收存款的比例）和信贷资金分配的市场化（非国有企业在银行贷款中占有的份额）构成。该指数越大，金融市场发展水平越高。

本文在主回归中使用金融市场化程度对治理环境进行度量，在稳健性检验中，则采用政府与市场关系（GM）以及中介组织发育与法律得分（Law）度量治理环

① 数据来源于樊纲指数2018版本——金融市场化程度中各个省份的得分和排名。

境水平。

4.控制变量

根据以往的研究（索玲玲等，2015；郑登津等，2016；陈小林等，2016），公司规模（Size）、市账比（MB）、公司资产负债率（Lev）以及公司属性（State）等变量都会对会计稳健性产生影响，本文将其作为控制变量。

表1 **变量名称与变量含义**

变量类别	变量符号	变量名称	变量定义及度量
被解释变量	EPS/P	会计稳健性	会计稳健性定义为会计盈余能够对“坏消息”及时地做出反应，而对于“好消息”的反应程度则比“坏消息”小；用Basu模型度量会计稳健性
解释变量	Beta	系统性风险	根据资本资产定价模型计算得出，反映了资产的回报率对市场变动的敏感程度，作为对系统性风险的度量
	Upbeta	上行系统性风险	市场超额回报率高于该会计年度平均市场超额回报率
	Downbeta	下行系统性风险	市场超额回报率低于该会计年度平均市场超额回报率
	Betau	杠杆调整的Beta值	杠杆调整的Beta值，由模型（8）计算得出
调节变量	Fin	金融市场化程度	金融市场化程度指标，指数越大，金融市场发展水平越高
	GM	政府与市场的关系	政府与市场关系指标，该指标得分越低，说明政府干预程度越强
	Law	法律环境	法律环境指标，中介组织发育与法律得分越高，法律环境越完善
控制变量	IV	特质风险	企业特质风险波动，模型（2）中残差的标准差
	VOL	总风险	企业总风险波动，超额收益率$R_{it}-Rf_t$的标准差
	Size	公司规模	年末公司总资产的自然对数
	MB	市账比	公司的市场价值与公司的账面价值之比
	Lev	资产负债率	公司总负债与公司总资产之比
	State	企业属性	虚拟变量，国有或国有控股企业为1，否则为0
	Ind	行业变量	虚拟变量，按照证监会的2012年版行业分类代码划分，除了制造业按二级代码分类外，其余行业均按一级代码分类
	Year	年度变量	虚拟变量，属于该年份则为1，否则为0

（三）模型设定

1.企业面临的系统性风险与会计稳健性

H1的检验主要参考Basu（1997）提出的盈余-股票报酬关系模型，如下所示：

$$\frac{EPS_{i,t}}{P_{i,t-1}} = \alpha_0 + \alpha_1 RET_{i,t} + \alpha_2 D_{i,t} + \alpha_3 RET_{i,t} \times D_{i,t} + \alpha_4 Beta + \alpha_5 Beta \times RET_{i,t} + \alpha_6 Beta \times D_{i,t} + \alpha_7 Beta \times RET_{i,t} \times D_{i,t} + \varepsilon_{i,t} \quad (3)$$

其中，各变量所代表的含义与模型（1）和模型（2）相同。α_7反映了企业面临的系统性风险对企业会计稳健性的影响方向和影响程度。H1预测系统性风险对会计稳健性具有负向影响，即α_7的符号为负。

接下来采用扩展的Basu模型（即加入控制变量）对其进行回归：

$$\frac{EPS_{i,t}}{P_{i,t-1}} = \alpha_0 + \alpha_1 RET_{i,t} + \alpha_2 D_{i,t} + \alpha_3 RET_{i,t} \times D_{i,t} + \alpha_4 Beta + \alpha_5 Beta \times RET_{i,t} + \alpha_6 Beta \times D_{i,t} + \alpha_7 Beta \times RET_{i,t} \times D_{i,t} + Controls + \varepsilon_{i,t} \quad (4)$$

在模型（4）中，Controls代表各种控制变量，包括公司规模（Size）、市账比（MB）、公司资产负债率（Lev）以及公司属性（State）。预测该回归结果与模型（3）一致。

为了检验H1a和H1b，本文分别估计了坏消息样本（RET<0）和好消息样本（RET>0）的回归：

$$\frac{EPS_{i,t}}{P_{i,t-1}} = \alpha_0 + \alpha_1 RET_{i,t} + \alpha_2 Beta + \alpha_3 RET_{i,t} \times Beta + \varepsilon_{i,t} \quad (5)$$

其中，各变量所代表的意义与模型（1）和模型（2）相同。预测α_3在坏消息组中为负，在好消息组中则为正。

2.治理环境对系统性风险与会计稳健性的调节作用检验

加入治理环境并将其作为调节变量，对企业面临的系统性风险、治理环境以及会计稳健性进行交乘回归：

$$\frac{EPS_{i,t}}{P_{i,t-1}} = \alpha_0 + \alpha_1 RET_{i,t} + \alpha_2 D_{i,t} + \alpha_3 RET_{i,t} \times D_{i,t} + \alpha_4 Beta + \alpha_5 Fin + \alpha_6 Fin \times RET_{i,t} + \alpha_7 Fin \times D_{i,t} + \alpha_8 Fin \times RET_{i,t} \times D_{i,t} + \alpha_9 Beta \times RET_{i,t} + \alpha_{10} Beta \times D_{i,t} + \alpha_{11} Beta \times RET_{i,t} \times D_{i,t} + \alpha_{12} Fin \times Beta \times RET_{i,t} \times D_{i,t} \quad (6)$$

$$\frac{EPS_{i,t}}{P_{i,t-1}} = \alpha_0 + \alpha_1 RET_{i,t} + \alpha_2 D_{i,t} + \alpha_3 RET_{i,t} \times D_{i,t} + \alpha_4 Beta + \alpha_5 Fin + \alpha_6 Fin \times RET_{i,t} + \alpha_7 Fin \times D_{i,t} + \alpha_8 Fin \times RET_{i,t} \times D_{i,t} + \alpha_9 Beta \times RET_{i,t} + \alpha_{10} Beta \times D_{i,t} + \alpha_{11} Beta \times RET_{i,t} \times D_{i,t} + \alpha_{12} Fin \times Beta \times RET_{i,t} \times D_{i,t} + Controls + \varepsilon_{i,t} \quad (7)$$

模型中涉及的变量定义与前述相同，α_{12}代表治理环境在系统性风险对会计稳健性的影响中起到调节作用的程度，预测α_{12}为正。

四、实证结果与分析

（一）描述性统计

表2 主要变量的描述性统计

变量	N	mean	S.D.	p25	p50	p75	min	max
EPS_P	19 683	0.03	0.04	0.01	0.02	0.04	-0.16	0.17
Beta	19 683	1.14	0.27	0.98	1.15	1.32	-0.34	2.41
Upbeta	10 110	0.99	0.36	0.78	0.98	1.20	-0.99	3.13
Downbeta	9 573	1.22	0.39	1.00	1.23	1.45	-0.49	2.78
Fin	19 683	8.03	2.18	6.33	8.24	9.03	-1.81	12.66
GM	19 683	7.10	1.63	6.18	7.38	8.14	-7.25	10.65
Law	19 683	8.99	4.73	4.98	8.41	13.18	-0.70	17.66
IV	19 683	0.02	0.01	0.02	0.02	0.03	0.01	0.09
VOL	19 683	0.03	0.01	0.02	0.03	0.03	0.01	0.09
Size	19 683	22.20	1.27	21.29	22.02	22.92	19.88	26.08
MB	19 683	1.89	1.62	0.80	1.43	2.40	0.18	9.17
Lev	19 683	0.46	0.20	0.30	0.46	0.61	0.06	0.89
State	19 683	0.47	0.50	0.00	0.00	1.00	0	1

表2呈现了本文主要变量的描述性统计结果。样本公司会计稳健性的平均值为0.03，中位数为0.02，表明我国上市公司整体会计稳健性水平较低，标准差为0.04，最大值为0.17，最小值为-0.16，表明不同公司会计稳健性程度差异较大。Beta的中位数为1.15，大于平均值1.14，表明我国企业面临的系统性风险分布为左偏，这与美国市场刚好相反（Bali等，2016）。MB最小值为0.18，最大值为9.17，标准差为1.62，这说明我国上市公司的成长能力存在较大的差异。资产负债率（Lev）的中位数和平均值均为0.46，表明我国约有50%以上的公司，其总负债约为总资产的一半，说明我国上市公司的财务风险较高。

（二）相关性分析

表3为主要变量的Pearson相关系数矩阵。

表3 主要变量的Pearson相关系数矩阵

变量	ESP_P	Beta	Fin	IV	VOL	Size	MB	Lev
EPS_P	1							
Beta	−0.0927***	1						
Fin	0.0676***	−0.0627***	1					
IV	−0.1513***	0.1491***	0.1107***	1				
VOL	−0.1138***	0.2654***	0.1047***	0.8863***	1			
Size	0.3032***	−0.0411***	−0.0595***	−0.3377***	−0.2504***	1		
MB	−0.0913***	0.0117	0.0889***	0.3508***	0.2616***	−0.4838***	1	
Lev	0.0111	−0.0113	−0.0484*	−0.0182	0.0204*	0.4621***	−0.4790***	1

注：***、*分别表示在1%、10%水平上显著。

表3的结果表明，除关联变量VOL和IV相关系数为0.8863外，其他变量的相关系数均低于0.5，说明本研究的主要变量之间不存在严重的多重共线性。

（三）回归结果分析

表4为系统性风险与会计稳健性的回归结果，通过表4可以看出，D·R·Beta的系数在原始Basu模型和扩展Basu模型中均在1%水平上显著为负，验证了本文的第一个假设。在控制变量方面，D·R·MB的系数在5%水平上显著为负，表明会计稳健性与市账比呈负相关关系。

表4 系统性风险与会计稳健性

变量	模型（1）	模型（3）	模型（4）
D	−0.0010 （−1.02）	0.0062 （1.47）	0.0065 （0.30）
R	0.0029*** （2.94）	−0.0359*** （−9.79）	−0.0422* （−1.84）
D·R	0.0608*** （18.02）	0.1320*** （8.45）	0.0699 （0.95）
Beta		−0.0151*** （−6.68）	−0.0075*** （−3.59）

续表

变量	模型（1）	模型（3）	模型（4）
D·Beta		-0.0048 (-1.37)	-0.0001 (-0.04)
R·Beta		0.0400*** (10.65)	0.0258*** (7.23)
D·R·Beta		-0.0705*** (-5.68)	-0.0401*** (-3.50)
Size			0.0127*** (20.32)
MB			-0.0011*** (-3.47)
Lev			-0.0208*** (-5.43)
State			0.0040*** (3.30)
R·Size			0.0013 (1.19)
R·MB			0.0003 (0.70)
R·Lev			-0.0125** (-2.24)
R·State			-0.0026 (-1.33)
D·Size			-0.0005 (-0.53)
D·MB			0.0005 (0.88)
D·Lev			0.0093 (1.53)
D·State			-0.0023 (-1.20)

续表

变量	模型（1）	模型（3）	模型（4）
D·R·Size			-0.0014 （-0.41）
D·R·MB			-0.0046** （-2.53）
D·R·Lev			0.1500*** （7.22）
D·R·State			-0.0091 （-1.42）
_cons	0.0344*** （54.41）	0.0501*** （19.37）	-0.2310*** （-16.46）
N	19 683	19 683	19 683

注：***、**和*分别表示在1%、5%和10%的水平上显著；括号内的数值为 t 值。

表5为好消息和坏消息分组回归结果，坏消息组中R·Beta系数在5%水平上显著为负，好消息组中的R·Beta系数在1%水平上显著为正，说明识别坏消息的及时性与系统性风险负相关，识别好消息的及时性与系统性风险正相关，这一结果验证了本文的H1a及H1b。

表5　**好消息与坏消息分组回归**

变量	坏消息组（模型（5））	好消息组（模型（5））
R	0.0961*** （6.33）	-0.0359*** （-9.79）
Beta	-0.0199*** （-7.31）	-0.0151*** （-6.68）
R·Beta	-0.0304** （-2.58）	0.0400*** （10.65）
_cons	0.0563*** （16.81）	0.0501*** （19.37）
N	10 880	8 803

注：***、**分别表示在1%、5%的水平上显著；括号内的数值为t值。

表6为治理环境调节作用的分析结果，从中可以看出D·R·GM·Beta的系数在模型（6）和模型（7）中均在5%水平上显著为正，这证明了本文的第二个假设，

即治理环境可以减弱系统性风险对会计稳健性的负向影响。

表6 系统性风险、治理环境与会计稳健性

变量	模型（1）	模型（6）	模型（7）
D	-0.0014 (-1.52)	0.0138** (2.37)	0.0107 (0.51)
R	0.0034*** (3.56)	-0.0412*** (-7.43)	-0.0568** (-2.47)
D·R	0.0556*** (18.56)	0.2370*** (5.50)	0.1920** (2.55)
GM		0.0018*** (4.94)	0.0025*** (6.90)
Beta		-0.0144*** (-6.74)	-0.0062*** (-3.19)
D·GM		-0.0008 (-1.41)	-0.0006 (-1.10)
R·GM		0.0010 (1.53)	0.0012* (1.75)
D·R·GM		-0.0139** (-2.53)	-0.0146*** (-2.89)
D·R·GM·Beta		0.0079** (2.16)	0.0085** (2.49)
D·Beta		-0.0064** (-1.99)	-0.0017 (-0.57)
R·Beta		0.0388*** (10.76)	0.0248*** (7.35)
D·R·Beta		-0.1340*** (-4.58)	-0.1070*** (-4.00)
Size			0.0125*** (21.04)
MB			-0.0012*** (-4.31)
Lev			-0.0229*** (-6.33)

续表

变量	模型（1）	模型（6）	模型（7）
State			0.0043*** （3.71）
R·Size			0.0015 （1.45）
R·MB			0.0005 （1.20）
R·Lev			-0.0094* （-1.72）
R·State			-0.0023 （-1.17）
D·Size			-0.0005 （-0.50）
D·MB			0.0006 （1.20）
D·Lev			0.0105* （1.88）
D·State			-0.0021 （-1.19）
D·R·Size			-0.0015 （-0.50）
D·R·MB			-0.0051*** （-3.28）
D·R·Lev			0.1310*** （7.04）
D·R·State			-0.0055 （-0.92）
_cons	0.0337*** （56.57）	0.0360*** （10.12）	-0.2440*** （-17.82）
N	21 441	21 441	21 441

注：***、**和*分别表示在1%、5%和10%的水平上显著；括号内的数值为t值。

（四）进一步检验

1.上行系统性风险和下行系统性风险与会计稳健性

Ang等（2006）指出系统性风险可分为上行系统性风险与下行系统性风险，并认为如果市场宏观经济情况恶化，下行系统性风险会导致证券价格的下降；上行系统性风险则与之相反。为了研究系统性风险对会计稳健性的影响究竟来源于上行系统性风险还是下行系统性风险，本文也将系统性风险进行了分解，并分别进行回归。

本文通过调整12个月内市场上低于样本平均值的观察值，使用下行β来衡量下行风险，具体地说，使用超额市场收益小于该会计年度平均超额市场收益的日收益率来估计模型（2）。

$$R_{i,t} - Rf_{i,t} = \alpha_i + \beta_i(Rm_t - Rf_t) + \varepsilon_{i,t}$$

其中，所有变量如前所述，β_i为下行β（Downbeta）。重复这个过程，通过调整12个月内市场上高于样本平均值的观察值来估计上行β（Upbeta）。

分别用上行系统性风险Upbeta、下行系统性风险Downbeta代替系统性风险Beta，对模型进行回归，回归分析的结果见表7。结果表明，将系统性风险分为上行系统性风险和下行系统性风险后，D·R·Upbeta的系数和D·R·Downbeta的系数在Basu模型中均显著为负，说明企业面临的系统性风险对会计稳健性的影响分别来源于上行系统性风险和下行系统性风险。

表7 上行系统性风险和下行系统性风险与会计稳健性

变量	上行系统性风险 EPS_P	下行系统性风险 EPS_P
D	0.0067* (1.67)	0.0047 (1.01)
R	-0.0108*** (-4.44)	-0.0171*** (-4.34)
D·R	0.1210*** (8.09)	0.0942*** (5.51)
Upbeta	0.0036 (1.59)	
D·Upbeta	-0.0047 (-1.25)	
R·Upbeta	0.0258*** (8.08)	

续表

变量	上行系统性风险 EPS_P	下行系统性风险 EPS_P
D·R·Upbeta	-0.0682*** (-5.21)	
Downbeta		-0.0130*** (-5.89)
D·Downbeta		-0.0042 (-1.17)
R·Downbeta		0.0162*** (4.24)
D·R·Downbeta		-0.0281** (-2.26)
_cons	0.0282** (12.54)	0.0504*** (18.57)
R-squared	0.0820	0.0689
N	10 110	9 573

注：***、**和*分别表示在1%、5%和10%的水平上显著；括号内的数值为t值。

2.控制特质风险波动和总风险波动后系统性风险与会计稳健性

进一步，总风险可以分类为系统性风险与非系统性风险，本文将对非系统性风险（特质风险波动）与总风险波动进行回归分析。

由模型（2）可以计算得出特质风险波动与总风险波动两个非系统性风险的指标。特质风险波动（IV）为模型（2）中残差的标准差；总风险波动（VOL）则为公司i在会计年度结束后第4个月开始的12个月内超额收益率（$R_{i,t}-Rf_t$）的标准差。检验结果见表8，可知无论是否在回归分析中加入系统性风险β，D·R·IV系数均在1%水平上显著为正，表明特质风险与会计稳健性呈正相关关系；在加入系统性风险β后，D·R·VOL的系数在5%水平上显著为正，表明总风险与会计稳健性呈显著的正相关关系。在控制了特质风险和总风险的情况下，加入系统性风险β进行分析，D·R·Beta的系数均在1%水平上显著为负，这一结果表明在考虑了特质风险和总风险后，系统性风险与会计稳健性依然显著负相关，说明控制了特质风险和总风险后，企业面临的系统性风险依旧会降低企业的会计稳健性。

表8 控制特质风险和总风险波动后系统性风险与会计稳健性

变量	特质风险 EPS_P	特质风险 EPS_P（加入β）	总风险 EPS_P	总风险 EPS_P（加入β）
D	-0.0000 (-0.00)	0.0090 (0.38)		
R	-0.0411* (-1.73)	-0.0237 (-0.98)		
D·R	0.0022 (0.03)	-0.0020 (-0.03)		
IV	-0.0977 (-0.99)	-0.1340 (-1.31)		
D·IV	-0.0523 (-0.34)	0.0392 (0.25)		
R·IV	-0.2370* (-1.72)	-0.4480*** (-2.85)		
D·R·IV	1.7630*** (3.38)	2.1260*** (4.00)		
VOL			0.1290* (1.82)	0.2290*** (3.09)
D·VOL			-0.0322 (-0.31)	-0.0723 (-0.68)
R·VOL			0.1580 (1.31)	-0.2420* (-1.75)
D·R·VOL			0.2270 (0.72)	0.7840** (2.41)
Beta		-0.0057*** (-2.66)		-0.0097*** (-4.43)
D·Beta		-0.0008 (-0.24)		0.0008 (0.23)

续表

变量	特质风险 EPS_P	特质风险 EPS_P（加入β）	总风险 EPS_P	总风险 EPS_P（加入β）
R·Beta		0.0278*** （7.37）		0.0280*** （6.96）
D·R·Beta		-0.0402*** （-3.51）		-0.0462*** （-3.94）
_cons	-0.2240*** （-15.17）	-0.2250*** （-14.91）	-0.2430*** （-16.61）	-0.2430*** （-16.34）
Controls	控制	控制	控制	控制
R-squared	0.1923	0.1967	0.1880	0.1915
N	19 683	19 683	19 683	19 683

注：***、**和*分别表示在1%、5%和10%的水平上显著；括号内的数值为t值。

五、稳健性检验

（一）系统性风险与会计稳健性的稳健性检验

1.杠杆调整的Beta值

本文采用杠杆调整的Beta值Betau代替Beta进行稳健性检验，Betau的计算方法参考Laveren et al.（1996）的模型：

$$\beta_u = \beta \times E/(E + D) \tag{8}$$

其中，β_u为无杠杆的Beta值，β为有杠杆的Beta值，D为公司债务的市场价值，E为公司股权的市场价值。

计算出Betau后用Betau代替Beta分别对模型（3）和模型（4）进行回归，表9为回归结果。由表9可知，使用杠杆调整的Beta值Betau代替Beta并重复前文的研究后，D·R·Betau的系数α_7在原始Basu模型和扩展后的Basu模型中均在1%水平上显著为负，可以看出，更换系统性风险的度量方法后，稳健性检验的回归结果与前述回归结果一致，表明本研究结论的稳健性较强。

表9 杠杆调整的Beta与会计稳健性

变量	模型（1）	EPS_P（原始）	EPS_P（扩展后）
D	-0.0010 (-1.02)	0.0040 (1.38)	0.0135 (0.60)
R	0.0029*** (2.94)	-0.0085*** (-3.15)	-0.0707*** (-3.04)
D·R	0.0608*** (18.02)	0.1410*** (14.75)	0.1650** (2.17)
Betau		-0.0191*** (-7.97)	-0.0131*** (-4.56)
D·Betau		-0.0069* (-1.87)	-0.0079* (-1.73)
R·Betau		0.0205*** (4.96)	0.0413*** (8.41)
D·R·Betau		-0.1280*** (-10.92)	-0.1080*** (-6.54)
_cons	0.0344*** (54.41)	0.0458*** (25.28)	-0.2210*** (-15.36)
Controls	未控制	未控制	控制
R-squared	0.0582	0.0680	0.1910
N	19 683	19 683	19 683

注：***、**和*分别表示在1%、5%和10%的水平上显著；括号内的数值为t值。

2.工具变量2SLS

为了缓解可能会同时影响Beta与会计稳健性的遗漏变量问题，拟采用工具变量2SLS回归方法，参考Nikolaev（2010），本文以Beta模型残差作为工具变量，一方面模型残差影响Beta，但是不会直接影响企业会计稳健性水平，满足相关性与外生性条件。具体做法如下：

首先，在第一阶段，对已有文献中影响Beta的变量进行回归，包括公司资产负债率（Lev）、公司规模（Size）、公司属性（State）、市账比（MB）、公司盈利能力（ROA）、可操纵性应计利润（DA）以及年度（Year）和行业（Industry），得到模型残差ε：

$$Beta = \alpha_0 + \alpha_1 ROA + \alpha_2 DA + \alpha_3 MB + \alpha_4 Lev + \alpha_5 State + \alpha_6 Size + \sum Year + \sum Industry + \varepsilon_{i,t} \quad (9)$$

第一阶段回归结果见表10。可以看出，公司盈利能力、市账比以及企业规模越大，企业面临的系统性风险越小；DA、Lev和State的系数均显著为正，说明其对企业面临的系统性风险存在正向影响。

用模型（9）中得到的残差$\varepsilon_{i,t}$代替Beta（记为Betaresidual）带入模型（3）和模型（4）进行第二阶段的回归，回归结果与主回归结果一致。

表10 **第一阶段检验结果**

变量	Beta
ROA	-0.1000*** （-3.17）
DA	0.0423** （2.26）
MB	-0.0089*** （-4.95）
Lev	0.0555*** （5.03）
State	0.0168*** （4.79）
Size	-0.0362*** （-17.46）
Year	控制
Industry	控制
_cons	1.7560*** （37.61）
R-squared	0.2980
N	19 683

注：***、**分别表示在1%、5%的水平上显著；括号内的数值为t值。

表11为第二阶段的回归检验结果。从中可以看出用残差Betaresidual代替Beta后，所得到的结果与模型（3）和模型（4）的结果一致，D·R·Betaresidual的系数在两个模型中都在1%水平上显著为负，即系统性风险与会计稳健性之间存在显著的负相关关系。

在第二阶段回归中用Betaresidual代替Beta后，坏消息样本组中R·Betaresidual的系数依旧在1%水平上显著为负，而在好消息样本组中，该系数在1%水平上显著为正，与前述主回归结果一致，进一步证实了H1a以及H1b。

表11 第二阶段检验结果

变量	模型（1）	EPS_P（模型（3））	EPS_P（模型（4））	坏消息组	好消息组
D	-0.0010 (-1.02)	0.0541*** (5.86)	0.0185 (0.78)		
R	0.0029*** (2.94)	-0.0346*** (-5.33)	-0.1600*** (-6.67)	0.2430*** (7.79)	-0.0346*** (-5.33)
D·R	0.0029*** (2.94)	0.2780*** (8.71)	0.3130*** (3.80)		
Betaresidual		-0.0485*** (-10.72)	-0.0415*** (-10.21)	-0.0939*** (-15.09)	-0.0485*** (-10.72)
D·Betaresidual		-0.0454*** (-5.90)	-0.0186** (-2.43)		
R·Betaresidual		0.0331*** (5.20)	0.0644*** (11.67)	-0.1550*** (-6.02)	0.0331*** (5.20)
D·R·Betaresidual		-0.1880*** (-7.10)	-0.1650*** (-6.07)		
_cons	0.0344*** (54.41)	0.0897*** (16.92)	-0.1680*** (-11.74)	0.1440*** (19.02)	0.0897*** (16.92)
Controls	未控制	未控制	控制	—	—
R-squared	0.0582	0.0848	0.2025	0.0806	0.0173
N	19 683	19 683	19 683	10 880	8 803

注：***、**分别表示在1%、5%的水平上显著；括号内的数值为t值。

（二）系统性风险、治理环境与会计稳健性的稳健性检验

采用政府与市场关系（GM）和法律环境（Law）这两个指标代替金融市场化程度（Fin）对治理环境进行衡量。这两个指标分别采用樊纲等编写的《中国分省份市场化指数报告（2018）》中的“政府与市场关系”和“市场中介组织的发育与法律制度环境得分”来衡量。“政府与市场关系”按年度计算得分，政府与市场得分越低，说明政府干预程度越强。采用模型（6）和模型（7）进行回归分析，表12为回归结果。这一结果表明用政府与市场关系、法律环境分别代替金融市场化程度进行稳健性检验后，D·R·GM·Beta系数和D·R·Law·Beta的系数均显著为正，

得到的回归结果与本研究上述调节作用的回归结果一致，表明本研究存在一定的稳健性。

表12　　系统性风险与治理环境对会计稳健性的影响

变量	GM（模型（6））	GM（模型（7））	Law（模型（6））	Law（模型（7））
D	0.0138** (2.37)	0.0107 (0.51)	0.0046 (1.09)	
R	-0.0412*** (-7.43)	-0.0568** (-2.47)	-0.0351*** (-8.61)	
D·R	0.2370*** (5.50)	0.1920** (2.55)	0.1980*** (9.30)	
GM	0.0018*** (4.94)	0.0025*** (6.90)		
Beta	-0.0144*** (-6.74)	-0.0062*** (-3.19)	-0.0154*** (-7.21)	-0.0080*** (-5.32)
D·GM	-0.0008 (-1.41)	-0.0006 (-1.10)		
R·GM	0.0010 (1.53)	0.0012* (1.75)		
D·R·GM	-0.0139** (-2.53)	-0.0146*** (-2.89)		
D·R·GM·Beta	0.0079** (2.16)	0.0085** (2.49)		
Law			0.0002* (1.80)	-0.0001 (-1.13)
D·Law			0.0003* (1.71)	0.0005*** (2.84)
R·Law			-0.0000 (-0.12)	-0.0001 (-0.43)
D·R·Law			-0.0063*** (-3.64)	-0.0035** (-2.18)
D·R·Law·Beta			0.0064** (2.36)	0.0033*** (3.00)

续表

变量	GM（模型（6））	GM（模型（7））	Law（模型（6））	Law（模型（7））
D·Beta	-0.0064** (-1.99)	-0.0017 (-0.57)	-0.0062* (-1.90)	-0.0013 (-0.42)
R·Beta	0.0388*** (10.76)	0.0248*** (7.35)	0.0400*** (11.05)	0.0265*** (8.63)
D·R·Beta	-0.1340*** (-4.58)	-0.1070*** (-4.00)	0.0054*** (4.62)	-0.0738*** (-5.47)
_cons	0.0360*** (10.12)	-0.2440*** (-17.82)	0.0478*** (17.92)	-0.2200*** (-16.92)
Controls	未控制	控制	未控制	控制
R-squared	0.0771	0.2049	0.0721	0.1921
N	19 683	19 683	19 683	19 683

注：***、**和*分别表示在1%、5%和10%的水平上显著；括号内的数值为t值。

六、结论与建议

本文选取2007—2018年沪、深A股上市公司的数据，对企业面临的系统性风险、治理环境与会计稳健性之间关系进行实证研究，并将系统性风险分解为上行系统性风险和下行系统性风险，进一步研究系统性风险对会计稳健性的影响。结果发现，会计稳健性与系统性风险之间存在显著的负相关关系，上行系统性风险和下行系统性风险都会导致这一关系的产生，同时发现治理环境可以缓解系统性风险对会计稳健性的负向影响。

我国现在面临国际的外部风险输入和新发展阶段自身周期性和结构性问题叠加的双重压力，系统性风险逐步攀升。本文的结论为上市公司应对经济内外部环境的重大不确定性和突发公共事件，从而有效地防范和化解系统性风险具有积极的作用：（1）帮助上市公司更好地认识和把控企业所面临的系统性风险，针对企业可能面临的系统性风险采取相应的措施，进而提高企业的会计稳健性；（2）企业作为宏观市场经济中的微观个体，研究治理环境对系统性风险与会计稳健性的调节作用，有助于帮助政府改善其治理环境，提高企业的会计稳健性，具体而言，政府可以通过加强资本市场基础制度建设，健全具有高度适应性、竞争力、普惠性的现代金融体系；充分发挥市场在资源配置中的决定性作用，更好地发挥政府作用；加快形成完备的法律规范体系、高效的法治实施体系、严密的法治监督体系，分别从金融市场化程度、政府干预程度以及法治建设的角度对治理环境进行优化；（3）当下政府可以从优化营商环境入手，找准持续改善营商环境的方向，同时加快政府职能的转变，优化政府服务以缓解高系统性风险对企业会计信息质量的冲击，帮助企业更快、更好地发展；（4）由于会计稳健性被视为衡量企业会计信息质量的一个重要标准，上市企业可以通过有效地防范和应对系统性风险来提高企业的会计稳健性水平，进而提高企业的会计信息质量，这对我国企业的发展与进步具有积极的意义。

参考文献

[1] 陈小林，张雪华，闫焕民．事务所转制、审计师个人特征与会计稳健性［J］．会计研究，2016（6）：77-95.

[2] 代冰彬，陆正飞，张然．资产减值：稳健性还是盈余管理［J］．会计研究，2007（12）：37-44.

[3] 管考磊．公司成长性、审计质量与会计稳健性——来自中国上市公司的经验证据［J］．会计与经济研究，2014（5）：55-67.

[4] 惠晓峰，杜长春．上市公司信息披露与贝塔系数［J］．哈尔滨工程大学学报，2009（9）：1077-1081.

[5] 江伟．会计稳健性与管理层薪酬对会计业绩的敏感度［J］．暨南学报，2007（5）：32-38.

[6] 梁利辉，陈一君．我国文化产业上市公司会计稳健性研究［J］．管理论坛，2014（11）：39-42.

[7] 刘运国，吴小蒙，蒋涛．产权性质、债务融资与会计稳健性——来自中国上市公司的经验证据［J］．会计研究，2010（01）：43-50，95.

[8] 索玲玲，杨克智．我国上市公司会计稳健性与股利分配的实证研究［J］．中央财经大学学报，2015（8）：64-71.

[9] 于成永，刘利红．会计稳健性的影响因素和经济后果——基于文献综述的分析［J］．南京审计学院学报，2016（6）：81-89.

[10] 张兆国，刘永丽，谈多娇．管理者背景特征与会计稳健性——来自中国上市公司的经验证据［J］．会计研究，2011（7）：11-18.

[11] 朱茶芬，李志文．国际控股对会计稳健性的影响研究［J］．会计研究，2008（5）：39-45.

[12] 朱松，夏冬林．制度环境、经济发展水平与会计稳健性［J］．审计与经济研究，2009

（6）：57-63.

［13］郑登津，闫天一．会计稳健性、审计质量和债务成本［J］．审计研究，2016（2）：74-81.

［14］赵刚，梁上坤，王玉涛．会计稳健性与银行借款契约——来自中国上市公司的经验证据［J］．会计研究，2014（12）：18-24.

［15］AHMED A S，DUELLMAN S.Accounting conservatism and board of director characteristics：an empirial analysis［J］．Journal of Accounting and Economics，2007，43（2-3）：411-437.

［16］ANG A，CHEN J，XING Y.Downside risk［J］．The Review of Financial Studies，2006，19（4）：1191-1239.

［17］BASU S.The conservatism principle and the asymmetric timeliness of earnings［J］．Journal of Accounting and Economics，1997（24）：3-37.

［18］BALL R.Infrastructure requirements for an economically efficient system of public financial reporting and disclosure［J］．Brookings - Wharton Papers on Financial Services，2001：127-169.

［19］BALI T G，ENGLE R F，MURRAY S.Empirical asset pricing，the cross section of stock returns［M］.Hoboken，New Jersey：John Wiley & Sons，Inc.，2016.

［20］BEATTY A，WEBER J，YU J J.Conservatism and debt［J］．Journal of Accounting and Economics，2008，45：154-174.

［21］BENOIT S，COLLIARD J E，HURLIN C，et al. Where the risks lie：a survey on systemic risk［J］．Review of Finance，2017，21（1）.

［22］BUSHMAN R，PIOTROSKI J. Financial reporting incentives for conservative accounting：the influence of legal and political institutions［J］．Journal of Accounting and Economics，2006，42（1-2）：107-148.

［23］DYE R.An evaluation of essays on disclosure and the disclosure literature in accounting［J］．Journal of Accounting and Economics，2001（32）：181-235.

［24］EISFELDT A L，RAMPINI A A.Managerial incentives，capital reallocation，and the business cycle［J］．Journal of Financial Economics，2008，87（1）：177-199.

［25］FAMA E F，FRENCH K R.Industry Costs of Equity［J］．Journal of Financial Economics，1997（43）：153-193.

［26］FAMA E F，FRENCH K R.The value premium and the CAPM［J］．Journal of Finance，2006，61（5）：2163-2185.

［27］FRANCIS J，WANG D.The joint effect of investor protection and Big 4 audits on earnings quality around the world［J］．Contemporary Accounting Research，2008，25（1）：157-191.

［28］GRAHAM J，HARVEY C，RAJGOPAL S.The economic implications of corporate financial reporting［J］．Journal of Accounting and Economics，2005，40（1-3）：3-73.

［29］GARCÍA LARA J，GARCÍA OSAMA B，PENALVA F.Accounting conservatism and corporate governance［J］．Review of Accounting Studies，2009，14：161-201.

［30］JOHNSON M，KASZNIK R，NELSON K.The impact of securities litigation reform and the disclosure of forward-looking information by high technology firms［J］．Journal of Accounting Research, 2001, 39 (2): 297-327.

[31] KOTHARI S P, SHU S, WYSOCKI P.Do managers withhold bad news [J]. MIT Sloan Research Paper No.4556-05, 2007.

[32] LANG M, LUNDHOLM R.Corporate disclosure policy and analyst behavior [J]. The Accounting Review, 1996 (71): 467-493.

[33] LAVEREN E , DURINCK E , CEUSTER M D , et al.Beta estimation and unlevering.Calculating betas for belgian listed firms [J]. Business Economics Working Papers, 1996 (12) .

[34] LEUZ C, NANDA D, WYSOCKI P D.Earnings management and investor protection: an international comparison [J]. Journal of Financial Economics, 2003, 96 (3): 505-527.

[35] LEWELLEN J, NAGEL S.The conditional CAPM does not explain asset-pricing anomalies [J]. Journal of Financial Economics, 2006, 82 (2): 289-314.

[36] NIKOLAEV V.Debt covenants and accounting conservatism [J]. Journal of Accounting Research, 2010, 48 (1): 51-89.

[37] RYAN S.G.A survey of research relating accounting numbers to systematic equity risk, with implications for risk disclosure policy and future research [J]. Accounting Horizons.1997, 11 (2): 82-95.

[38] SHARPE W F.Capital asset prices: a theory of market equilibrium under conditions of risk [J]. Journal of Finance, 1964, 19 (3): 425-442.

[39] WATTS R L.Conservatism in accounting, Part I: explanations and implications [J]. Accounting Horizons, 2003a, 17 (3): 207-221.

Systemic Risks, Governance Environment and Accounting Conservatism

Hongxian Zhen, Huiying Yu, Junhua Qin, Min Xuan

Abstract This article takes the 2007—2018 Shanghai and Shenzhen A-share listed companies as the research object to study the impact of systemic risks faced by enterprises on the stability of accounting, as well as the governance environment (financial marketization, the relationship between government and the market, intermediary organization development and legal score). The regulatory effect on the relationship between the two. The study found that there is a significant negative correlation between systemic risk and accounting robustness, that is, the higher the systemic risk faced by an enterprise, the lower the level of accounting robustness of the enterprise, and the higher the systemic risk of upward and downward systemic risks.The lower the level of corporate accounting robustness; the governance environment can mitigate the negative impact of systemic risks on the level of accounting robustness. After changing the measurement methods of variables and considering endogenous issues, the conclusions are basically consistent with the text. This article provides new governance ideas to prevent systemic risks, improve the quality of accounting information, improve the external governance environment, and promote the healthy development of China's capital market.

Key words systemic risk; accounting conservatism; governance environment; moderating effect

第14辑，2022年
No.14，2022
会计与控制评论
Review of Accounting and Control

创新导向型国企混改路径及其对经营绩效的影响研究
——基于物产中大的案例研究①

史真鸣[1]　田　莲[1]　陈宇祺[2]　李　翔[1②]　顾家琪[1]

（1.南京财经大学　南京　210023；
2.南京市金陵中学　南京　210002）

摘　要　在顶层设计层面，国有企业混合所有制改革被确定为国企改革的一个突破口。2019年以来，“十四五”规划确立了混合所有制改革的地位和模式，从中央到地方各级国企开启了混合所有制改革的浪潮。但是，混合所有制改革影响企业绩效的路径是什么，仍需进行细致的深入研究；只有如此，混合所有制改革配套以相应的绩效路径改革，方能更有效率地发挥混改的制度优势。本文着眼于创新导向型国企，研究此类国企如何找准混改方向、选择混改路径以提升企业创新能力并进而提高经营绩效，以期对同类国企混改发挥理论指引作用。本文采用先理论后案例的研究方式，集中研究在股权改革可能影响国企创新绩效的潜在路径中，究竟是何

① 本文是国家社会科学基金一般项目（71272102）的阶段性成果。
② 作者简介：史真鸣，南京财经大学硕士研究生，研究方向为企业制度与审计理论和方法；田莲，南京财经大学硕士研究生，研究方向为公司治理与财务管理；陈宇祺，南京市金陵中学高三学生，研究方向为经济数学与统计；李翔，任职于南京财经大学会计学院，教授，副院长，本文通讯作者，电子邮箱，lixiang@nufe.edu.cn，联系电话，15905190066；顾家琪，南京财经大学硕士研究生，研究方向为公司治理与财务管理。

种机制在创新导向型国企混改中有效发挥绩效引领作用，并基于此提出创新导向型国企混改的配套机制改革路径。本文发现，创新导向型国企混改对其经营绩效的提升主要通过资源引入、决策优化、运营高效、高管激励、员工激励五个维度来实现。本文对国企混改的理论完善和实践指导具有显著价值。

关键词 国有企业 混合所有制改革 创新 绩效

一、研究问题

中国制造的崛起，越来越伴随着创新特征。国有企业在创新层面，也突出涌现出诸多填补国内空白以及国际领先的成功案例。但从创新的产出和贡献来看，国企创新的效率和效果仍显著低于民营企业。这一现状说明，国有企业在创新绩效方面，仍存在着基础制度供应不足的体制性障碍。这些体制性障碍中，重要的一点在于股权结构与国企治理的制度特征难以充分支撑创新效率的高要求。

正因如此，针对创新导向型国企，引入“混改”以克服股权结构单一和公司治理的制度不足，就变得十分必要。理论上，列入混改计划的国企，因其经营发展的瓶颈因素各有不同，其混改着重解决的问题和目标自然存在差异。对于创新导向型国企来说，其创新能力是其在市场竞争中能够持续获得竞争优势的基础；那么，该类企业实施混合所有制改革，目标自然应定位于提升其创新能力和创新绩效。

更进一步，上述目标能否达成，并不简单取决于是否进行了混改。只有厘清混改这一“形”之下所进行的创新机制改革之“神”，方能真正找到混改提升企业创新绩效的钥匙。也就是说，混合所有制改革，能够为创新型企业提供提升创新绩效的基本条件，但如果没能科学匹配以恰当的机制改革，仍然不能实质性推动创新绩效的提升。这意味着，针对创新型企业，研究混改对于其绩效提升的关键路径，从诸多股权结构与绩效的理论路径中，找到对于创新型企业真正重要和有效的路径，是其混改能否获得成功的关键因素。这构成了本文的研究问题。

本文在理论分析的基础上，采用了问卷调查和案例研究的方式，探求混改对创新绩效的影响路径。其中，问卷调查主要以企业管理专家为调查对象，收集其对于如下两类问题的判断：一是混改是否对某一绩效影响机制产生显著作用，二是该机制能否显著影响创新绩效。在收集专家意见的基础上，本文认为，针对绩效影响机制的上述两个问题的答案均为“显著”时，该机制才可能构成混改影响创新绩效的关键机制。在案例研究中，本文以物产中大集团股份有限公司（以下简称“物产中大”），针对理论分析和问卷调查得出的关键机制，验证了案例公司的做法对机制是否切实有效。

二、文献回顾

既往研究多集中于以下三个主题：混改能否改进绩效、混改采取何种方式方可有效以及混改通过何种路径影响绩效。

关于混改能否改进绩效，现有研究通常认为具有促进与提升作用（Guy S.Liu，2015；邓康林和高扬，2010；魏成龙等，2011；郝阳和龚六堂，2017；许召元，2015；乔惠波，2017）。对于混改对创新能力的提升方面，绝大部分学者对此持肯定态度，认为混改能够显著提升企业的创新投入与产出，并增强企业的创新效能。有的学者选用了我国在某一期间内的上市公司为样本，以累计超额收益率为研究指标，得出整体上市这一改革方式能够显著提升企业绩效（邓康林和高扬，2010）。魏成龙等（2011）则是在此基础上又选取了盈利能力、营运能力、资本结构等相关指标建立模型，提出股改与整体上市只能在短期内提升业绩，而改革后的运营调整、战略决策、治理机制改善才能在较长时间内持续提升企业业绩。康玲（2016）和付梦璇（2018）虽然选用了不同的案例企业，但都利用了平衡计分卡这一研究模型从财务与非财务层面对公司绩效进行了评价，认为混改能够在企业的部分层面优化绩效，但在学习成长、客户维度方面并不能给企业带来较大的影响和帮助。郝阳、龚六堂（2017）则把目光转向高管薪酬、企业税务负担、投资现金流等因素，并以此构建了评价分析模型进行研究。结果表明，混改后的企业受到相对灵活的民营资本影响，既能够提升员工满意度、增强员工对于绩效与薪酬的关注，又能够减轻企业纳税负担，实现国有资本与民营资本的良性协调发展。即使如此，也有极少数研究倾向于认为混改具有负面效果。例如，La Porta（1999）认为，改革很可能会导致企业调整员工结构甚至裁员，失业率的提高导致社会整体不得不承担更多压力，失业员工购买能力的下降又会直接影响商品价格，提高市场风险。但总体来说，负面说不构成学术界的主要看法。

关于混改的有效方式，一般可以理解为企业选择怎样的方式来实现异质资本的有机融合。从学者对混改顶层设计的研究层面来看，国企混改应当首先确定有效的制度，保障各个经济主体之间能在混改中处于平等地位（夏小林，2014）。其次，国企应该确定合适的混改范围。而混改范围的具体大小，在很大程度上受到当时的制度环境、管理机制的影响，甚至方案实施的具体方式与可操作性也会被纳入考虑范围（Fuchus 和 Uebelmesser，2022）。同时，确定混改范围后可按照资源互补的需求来制定具体的混改实施顺序与计划，从而达到良好的改革效率与效果（毛新述，2020）。此外，有的学者强调了公有制经济对于国企改革的重要作用，认为公有制应当充分发挥其引领与规划的作用（何自力，2014）。綦好东、郭俊超等（2017）则进一步强调了制度设计在混改中的地位，突出了建立更全面、更多元、更合理的激励机制的重要性。也有不少学者致力于研究混改的具体落实方案。可达成部分共识的是，企业在选择混改路径时，应当充分考虑各混改路径的适用性与可操作性，结合自身能力逐步实施改革。具体方式上，可选择整体上市、引入机构或民间投资者、对子公司实施并购或重组、引入员工持股计划等（邱霞，2015）。綦好东等（2017）认为，通过整体上市引入民营资本，可以促进公司完善治理机制，规范公司的信息披露制度与运营管理体系。郭奕阳（2018）认为，国企借助混改实现首次公开募股能够拓宽国有资产的流通范围，实现快速增值，同时，还能优化国企的产权结构。在引入战略投资者方面，有的学者认为这样可促进国企积极变革自身的治理机制、业务流程、商业思维等（綦好东，2017）。张军（2017）在此基础上进一步对战略投资者的选择做了研究，认为应当综合考虑战略投资者的行业优势与企业形象，这样才能使国企在混改后充分借助战投的经营管理、异质资源等优势来完善自身机制、提升企业效能。在引入员工持股方面，也有不少学者对此展开了讨论。有的学者通过案例研究指出，实施员工持股的重点在于建立一个长期运行的机制来实现职工利益与企业发展的捆绑（李宏娟和张晓文，2017）。同时，上述学者还指出了现阶段国企在推进员工持股时存在的问题，如制度不清晰、新旧体制交接不顺畅、政策落实有障碍等问题，提出政策的制定与执行应当结合企业实际情况。郑志刚（2015）则在此基础上进行了补充，认为国有资本持有优先股亦是国企混改可考虑的一条路径，该路径能够更好地实现国有资本的增值。

关于混改影响绩效的具体路径，学者认为影响因素包括股权集中度、股权结构、企业的政策性负担、员工激励等（顾露露，2021；盛丰，2012；李文贵等，2015；吴延兵，2014；陈林和唐杨柳，2014；王业雯和陈林，2017）。还有一些学者则对混改为何会产生上述效果进行了研究，并将目光聚焦到了公司治理机制上。有的学者从董事会结构的角度出发，认为混改优化了董事会的架构，使得董事会能够代表全体股东的利益，实现了中小股东的利益保护，从而能够提升公司决策的质量并影响企业绩效（叶蓓，2017）。乔惠波（2017）则在此基础上进一步提出混改在落地时必须充分考虑企业未来的战略规划、内外部环境等因素，充分契合企业治理特点，才能更好地实现治理能力的提升。这一方面的研究，仍然显得不够丰富，大多主要是从宏观、全局的视角研究混改，且选用的案例多采用了单一的混改方式，对于那些具体微观层面、采用复合混改方案的案例研究并不多见，对创新导向型企业混改的案例研究更是稀少。

三、创新导向型国企混改影响绩效的机制

本文通过问卷调查的形式，期望收集不同群体对于创新导向型国企混改影响经营绩效的看法。在设计问卷之初，对既有文献中关于混改影响绩效的路径进行了梳理，并将其划分为资源引入、决策优化、运营高效、高管激励、员工激励五个维度，进而建立混改可能对国企绩效带来影响的潜在路径集（见表1）。只有该路径能显著被混改所影响，且能显著提高企业的创新能力，本文才将其认定为对创新导向型国企而言更为有效的混改作用路径。

在选择问卷发放对象时，本文主要覆盖了营利性企业、政府部门、高校及科研院所、非营利组织等。由于本文探讨的重心在于创新导向型国企，因此，营利性企业人员构成本次问卷发放的重点。最终，本次调查收回有效问卷179份。其中，营利性企业占68.16%；高校及科研院所占12.29%；政府部门占13.41%；非营利组织占6.15%。从受访者工作单位的性质来看，本次问卷调查基本覆盖了所需调查的各类性质单位，比例相对均衡合理，能够较为全面地体现社会各方面人群对于混改的态度。在收回的来自营利性企业的问卷中，有46.72%来源于高新技术企业。一般来说，高新技术企业从事着更多的价值创造与创新工作，更符合创新导向型企业的定义。从人员层次来看，企业高管、中层干部、基层员工占比分别为20.50%、40.16%和39.34%，相对均衡的人员占比使得本次问卷的结果能够较好地反映营利性企业内部各阶层人员的想法与诉求。

对问卷数据进行整理，获得的结果见表2。

表1　混改影响国企绩效的路径集

机制	路径	含义	文献来源
资源引入	引入运营资金	混改引入充足的资金保障企业运营和创新活动的顺利开展	代昀昊，2018
	引入专业技术	专业技术帮助国企突破创新瓶颈，降低技术壁垒，增强企业核心竞争力	张继德等，2018
	引入市场渠道	民营资本带来更为丰富的市场渠道，促进企业高效实现技术成果商业化	綦好东等，2017
	引入资质认证	民营资本的认证资质帮助国企拓展新的业务领域或市场，降低准入门槛	綦好东等，2017
	引入管理经验	民营资本先进的管理经验改变国企僵化的治理机制与业务模式，提升企业效能	张继德等，2018

续表

机制	路径	含义	文献来源
决策优化	非国有股东发挥决策制衡	民营股东的制衡降低国企的政策性负担，提高决策的科学性，规范公司治理	李文贵、余明桂，2015
	非国有股东董事参与决策	非国有股东董事具有更为丰富的市场经验，能够提高决策科学性，减少不当决策	刘汉民等，2018
	独立董事享有“独立”地位	独立董事的专业知识可提高决策科学性，避免控股股东侵占中小股东利益	叶康涛等，2011
	监事会独立尽责监督决策	监事会独立性的提升促使其更加勤勉尽责地监督董事会决策	刘运国等，2016
运营高效	整合重组低效资产	剥离、出让非经营性的低效、无效资产，提高企业资源配置效率	许召元等，2015
	整合精简机构人员	对重复、冗余的机构和人员进行精简，降低企业运营成本	曾庆生和陈信元，2006
	优化调整业务布局	对业务布局进行整体优化，剥离低效业务单元，巩固优势产业的同时拓展新兴业务	杨兴全等，2020
	促进内控有效运行	内控制度的优化促进业务流程的科学化，内控有效运行促进业务活动的规范化	刘运国等，2016
	提升风险防控能力	民营资本先进的风险评估与防控机制帮助国企更好地降低决策风险	刘运国等，2016
高管激励	引入市场化的选聘与退出机制	“优胜劣汰”的机制促使管理层更加勤勉尽责地做出利于企业长远发展的决策	郝阳和龚六堂，2017
	优化高管晋升机制	将高管个人发展与企业发展相捆绑，促使管理层站在公司发展的立场进行决策	杨兴全等，2020
	建立有竞争性的薪酬制度	实现高管个人利益与企业目标的一致化，促使高管勤勉尽责	郝阳和龚六堂，2017
员工激励	提升企业对优秀人才的吸引力	灵活的人才政策与管理体制吸引优秀人才加盟，为企业注入新动力	杨兴全等，2020
	优化员工培训与培养成效	畅通培养通道，提升员工工作的内驱力；培养的先进技术反哺企业创新活动	王淑敏，2020
	优化员工激励机制	长短期激励结合，实现员工与企业利益捆绑，调动其工作积极性	王淑敏，2020
	提升员工满意度	混改引入人性化的管理与激励机制，提升员工满意度，激发其工作活力	曾庆生和陈信元，2006

表2 问卷结果汇总表

机制	混改影响路径总体得分	路径影响创新总体得分	路径	高新技术企业受访者				其他受访者			
				混改影响路径		路径影响创新		混改影响路径		路径影响创新	
				原始分	标准化	原始分	标准化	原始分	标准化	原始分	标准化
资源引入	5.68	5.77	引入运营资金	5.64	44.78	5.93	66.42	5.52	35.82	5.51	35.07
			引入专业技术	6.19	85.82	6.38	100.00	5.76	53.73	6.05	75.37
			引入市场渠道	6.06	76.12	5.91	64.93	5.75	52.99	5.55	38.06
			引入资质认证	6.03	73.88	5.96	68.66	5.45	30.60	5.48	32.84
			引入管理经验	5.91	64.93	6.19	85.82	5.76	53.73	5.75	52.99
决策优化	5.47	5.40	非国有股东发挥决策制衡	5.88	62.69	6.03	73.88	5.29	18.66	5.30	19.40
			非国有股东董事参与决策	5.91	64.93	6.09	78.36	5.27	17.16	5.27	17.16
			独立董事享有“独立”地位	5.85	60.45	5.91	64.93	5.17	9.70	5.14	7.46
			监事会独立尽责监督决策	5.75	52.99	5.78	55.22	5.19	11.19	5.04	0.00
运营高效	5.68	5.58	整合重组低效资产	6.06	76.12	5.91	64.93	5.35	23.13	5.37	24.63
			整合精简机构人员	5.97	69.40	5.88	62.69	5.46	31.34	5.39	26.12
			优化调整业务布局	6.22	88.06	6.06	76.12	5.74	52.24	5.50	34.33
			促进内控有效运行	6.09	78.36	5.90	64.18	5.58	40.30	5.50	34.33
			提升风险防控能力	6.03	73.88	5.81	57.46	5.50	34.33	5.50	34.33
高管激励	5.81	5.77	引入市场化的选聘与退出机制	6.09	78.36	5.91	64.93	5.77	54.48	5.60	41.79
			优化高管晋升机制	6.06	76.12	6.13	81.34	5.57	39.55	5.71	50.00
			建立有竞争性的薪酬制度	6.31	94.78	6.00	71.64	5.79	55.97	5.81	57.46
员工激励	5.68	5.94	提升企业对优秀人才的吸引力	5.81	57.46	6.15	82.84	5.65	45.52	5.89	63.43
			优化员工培训与培养成效	5.93	66.42	6.22	88.06	5.58	40.30	5.81	57.46
			优化员工激励机制	6.00	71.64	6.25	90.30	5.68	47.76	5.89	63.43
			提升员工满意度	5.78	55.22	6.16	83.58	5.49	33.58	5.76	53.73

结合问卷分析结果，本文将混改对该路径的影响效果、该路径影响创新能力效果两项得分均在60分以上的路径进行了梳理，并以上述问卷设计的五个维度进行了分类，总结出创新导向型国企混改影响其绩效的作用机制。

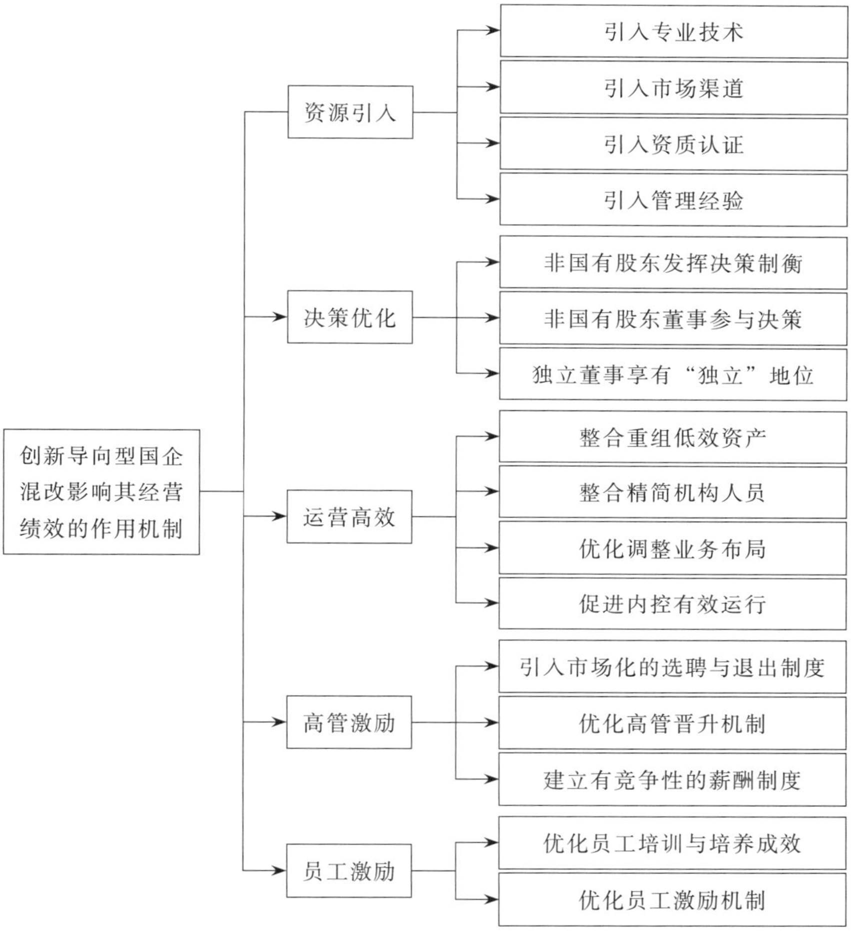

图1　创新型国企混改影响其经营绩效的作用机制

四、物产中大混改影响绩效的机制分析

（一）公司简介

物产中大集团是浙江省属特大型国有控股上市公司，以“一体两翼”为发展战略，主要经营内容涵盖智慧供应链集成服务、金融服务和高端制造三个主业。2015

年，物产中大响应国家对于国企改革的号召，大力推进混改进程，成为省内首家完成混改的大型国有企业。混改后，物产中大借助新的异质资源开始了新一轮的改革与发展。公司借混改的契机，对公司的资产进行了重新梳理，剥离低效、无效的非经营性资产并变现，将资源集中到公司的核心业务单元。同时，借助民营资本的优势异质资源，大力推进智慧供应链集成服务、创新金融业务，并开始涉足医药健康、绿色能源等新兴业务板块，努力实现企业的多元化发展，增强企业的核心竞争能力。

（二）混改同步的机制改革分析

本文接下来将从创新导向型国企混改影响绩效的机制的各个维度来展开机制分析。本文把人才激励划分成高管与基层员工两个层面，分别来分析物产中大如何在混改中加强对于人员的激励，因此，本文将从资源引入、决策优化、运营高效、高管与员工激励五个方面进行机制分析。

1.资源引入

（1）技术、渠道、专业经验赋能，加速推动企业创新

物产中大在对战略投资者进行比选时，综合考虑了资金、市场经验、专业技术等因素。首次混改中，案例公司为了实现“流动4.0”计划的实施、整合供应链资源，着重引入了技术实力强、相关产业资源丰富、市场运作成熟的战略投资者。以其引入的三花控股为例，该企业致力于制冷控制元器件、汽车零部件等的研发制造，在相关产业具有先进的研发能力与专业技术。物产中大引入其战略资源后，借助三花控股的技术优势，突破自身汽车零部件生产的技术难关，提升企业创新成果转化效率。同时，物产中大引入的部分战略投资者具有丰富的科技型企业投资经验，使其可借助相关科技企业的资源与技术进行相关现代化技术平台的研发与搭建，加快实现线上业务模式的创新。此外，物产中大还引入了具有丰富金融资产管理经验的战略投资者，这些机构的市场经验恰好与物产中大未来涉足的金融服务产业相契合，能够为其产业发展提供宝贵的运作经验与市场资源。

（2）进一步扩大资金来源，保障企业创新资金需求

在创新活动所需资源中，资金是极为重要的资源之一。企业进行创新研发的全过程都离不开大量资金的支持，因此，混改带来资金来源的扩大能够大大支持企业的创新活动。

混改前，物产中大的主要资金来源为政府拨款与举债，资金来源的不足、融资能力的约束使得其财务结构较不稳健，财务风险较大，大大限制了企业的创新能力。混改后，物产中大实现了整体上市，使其能够从市场上直接获得资金，提升了其长期融资能力。同时，上市这一融资方式给公司带来的大量资金降低了企业的综合资本成本，减轻了公司的财务负担。此外，混改后物产中大整体规模扩大、市场地位上升，其企业形象也有了进一步改善。因此，其信用评级也有了明显提升，银

行对其的授信额度也不断提高。

2.决策优化

(1)股权的制衡促使企业做出更多创新决策

在混合所有制改革中，对企业的股权结构进行重塑是最首要也是最典型的一步，股权结构的制衡也是企业借助混改来完善治理机制的起点。实现股权的多元化与合理制衡能够合理分配股东大会上各个股东的话语权，促使各个股东之间的利益趋于统一，使得企业重大战略决策更能体现全体股东的意志。而民营股东的特性使得其更需要通过日常经营获得更多收益，从而提升企业整体的创新决策倾向，促使企业做出更多创新决策。

公司分两步走实现了股权结构的改革。首先是在2015年首次混改，通过整体上市、引入多名战略投资者、建立合伙企业实现股权持股的方式，打破了原先一股独大的局面。混改后各个大股东的持股比例差距有所缩小，持股比例的相对平衡更有利于股东之间的制衡，尤其是战略投资者等民营股东占比的增大能够使其更好地制衡国有股东决策。混改前物产中大的前十大股东中，非国有资本仅占4.64%，其余股东均为国有性质的资本。混改后，多家战略投资者的引入使得前十大股东中非国有股东的股份占比达到7.41%，员工持股占比达到7.01%，大大提升了非国有资本成分，实现了对国有股东的分散与制衡（如图2所示）。第二步是2016年公司实施“二次混改”，在子公司层面全面推行股权结构改革。同时在“二次混改”的过程中，又对员工持股计划进行了革新、引入了动态调整机制，进一步优化了股权的制衡效果。

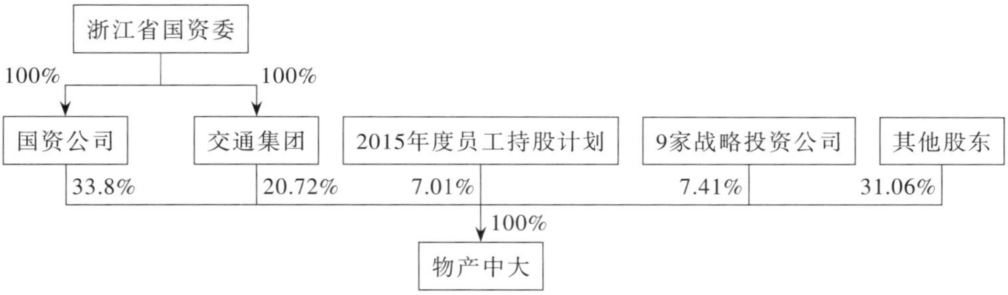

图2 物产中大第一次混改后股权结构图

混改后的股权制衡给物产中大带来了更多的创新决策。首先，在原有业务领域，公司在2015年创新地提出了“流通4.0”的计划，致力于打造贯穿全产业链的创新供应链集成平台。其次，在业务模式方面，着重研发了云服务平台与外贸综合服务平台，引入线上交易模式，对原有的线下售车模式进行了有效扩充，综合服务平台的搭建也能够提高业务伙伴的满意度。最后，是拓展新业务方面，物产中大在混改后的2年内开展了一系列战略合作，进军大健康、绿色环保能源等新兴产业，重塑了公司的业务布局，为企业创造了新的利润增长点。

（2）非国有董事、独董提升企业创新决策的专业性

除了股权结构的优化外，混改还优化了物产中大的董事会结构，提升了董事会的决策能力与治理水平。具体来看，可从董事会规模、非国有股东指派董事的占比、独立董事三个角度来分析（见表3）。

表3　**混改前后董事会成员变化表**

混改前			混改后		
董事姓名	提名方	职务	董事姓名	提名方	职务
陈继达	物产集团	董事长	王挺革	物产集团	董事长
王竞天	物产中大	董事	周冠女	物产中大	董事
董可超	物产中大	董事	陈继达	物产中大	董事
张力	物产中大	董事	宋宏炯	物产集团	董事
朱清波	物产集团	董事	沈光明	物产集团	董事
汪一兵	浙江财务开发公司	董事	姚慧亮	交通集团	董事
沈进军	—	独董	何向东	浙江天堂硅谷资产管理集团	董事
黄董良	—	独董	沈进军	—	独董
朱红军	—	独董	贲圣林	—	独董
—	—	—	谢伟鸣	—	独董
—	—	—	沈建林	—	独董

资料来源：物产中大2014年、2015年年报数据整理。

首先是董事会规模，混改前的董事会总人数仅9人。混改后，兼并重组、引入战略投资者等因素使得公司体量明显扩大，业务布局也有了较大的扩充与调整。为了更好地加强决策水平、及时处理公司事务，物产中大将董事会人数扩大至11人。董事人数的增加不仅可使董事会在决策讨论中获得更多层面的创新意见，同时也在一定程度上提高了国有股东指派的董事支配决策的难度，建立了更为公平的决策机制，降低了代理成本，进而推动董事会做出更多创新决策，以促进公司发展。

其次，从董事会成员性质来看，混改后有7位董事会成员发生了变更。这部分成员中，由物产集团、物产中大选派5名董事，由新股东交通集团、天堂硅谷分别指派1名董事。新董事的引入，既满足了控股股东的利益诉求，又丰富了董事会成员的性质。增加非国有股东的董事会席位，一方面可以借助其丰富的现代化企业运作经验、提高企业创新决策的科学性；另一方面，赋予非国有股东参与公司治理的权力、调动其参与决策的积极性，能够使其更有动力监督控股股东的决策行为，避

免国有股东在决策时过度保守、限制创新决策的行为，提高企业创新意愿，进而促进企业创新。

最后从独立董事层面来看，物产中大在混改后又增加了1名独立董事席位，同时扩大了独立董事的来源。为了支撑企业未来发展的创新导向，企业在聘请独立董事时，选聘了来自互联网、创新金融等领域的专家，以匹配企业的战略发展方向。这些独立董事借助其专业能力与思维，能够帮助企业探索新的创新发展点、找到新的发展方向，还能在企业具体的创新实施中给出指导意见、提高企业创新效率。此外，来源多样的独立董事也能够使其在监督董事会决策时表现得更为“独立”，有效避免企业做出不利于创新发展的决策。

3.运营高效

（1）低效资产、机构人员的整合重组为企业创新腾挪更多资源

混改前，物产集团与物产中大都存在着较多的不良资产。这些不良资产的存在既降低了资产周转率、提高了企业的运营成本，又占用了宝贵的资源，制约了企业创新业务的开展。为解决上述问题，物产中大本次混改，集中精力对集团内原有的不良资产进行了剥离并集中清算。首先，物产中大对可能会影响未来持续经营能力的股权资产——物产中拓进行了剥离。2014年，在混改前的准备阶段，物产集团将下属46.13%物产中拓的股权进行了分割，并将其出让给浙江省综合资产经营公司，后又由交通集团接收。其次，物产中大又将不符合上市要求的、与主营业务不相关的非经营性资产进行了分离并出售，优化了企业资源的布局，提高了资产周转水平与运营效率。

（2）业务布局的优化调整提升企业运营效率

混改前，物产集团所从事的不少业务单元都与下属成员公司存在重叠，既提高了恶性竞争的风险，又提高了集团整体的运营成本。同时，各个业务单元的运行都需要人员、经费、专业技术支持，业务单元的交叉重叠也使得集团内重复消耗了大量不必要的资源。各个业务单元之间存在的资源错配等问题，也限制了企业创新活动的开展。

为了改善上述局面，物产集团与物产中大借助混改进行了整合，从根本上解决了主体不同带来的关联交易等问题。同时，物产中大还对各个公司的业务布局进行了优化重组，消灭原先存在的业务交叉重叠现象，使得各个公司的业务范围差异化拓展，避免了恶性竞争。在两次混改的调整下，物产中大已逐渐形成了智慧供应链集成服务、金融服务和高端实业协同发展的“一体两翼”战略布局。

业务布局的优化还可以实现职能相近的机构与人员的整合，降低重复的人力成本，进一步节约了企业的运营成本。同时，集团整体业务布局的调整还可以促使各成员公司关系更紧密，共享各自的技术骨干、先进技术、市场渠道等资源，充分发挥混改带来的资源协同，有效地提高集团整体的运作效率，使得企业更有精力和能

力投入创新研发工作，进而影响企业绩效。

4.高管与员工激励

（1）高管激励

从企业高管的层面分析，其自身诉求与企业目标并不一致，代理成本的存在导致其并没有从事创新活动的意愿和动力。况且，推动研发创新需要投入大量的时间、资源，且收益也无法保证，风险较大。因此，国企高管往往会选择规避相关风险的决策，从而影响了企业的创新。

为此，物产中大在混改中引入了市场化的选聘与退出机制，实施任期制度。在此制度下，企业高管不再属于原先的政府人员体系，打破了“铁饭碗”的思维，所有高管的任期都是有限的，且均从市场上进行选拔。高管为了能够持续任职、在经理人市场上保持良好的口碑，就不得不做出更多有利于企业长远发展的决策。此外，物产中大还调整了高管的薪酬结构，将原先的固定薪酬制度转为浮动薪酬体系，浮动部分的薪酬数额取决于高管的业绩考核结果，这样的举措也促使了高管目标与企业目标的一致化。

（2）员工激励

员工是企业创新活动的实际参与者，也是企业价值创造的源泉。物产中大对于员工的激励，主要从人才吸引、人才培养、优化激励三个层面入手。

首先是人才吸引角度，物产中大借助混改重新优化整合了内部机构与人员，进一步对各岗位职责进行了明确。同时，业务布局的优化也使得物产中大对于人员需求有了更明确的指向。在此基础上，物产中大建立了多渠道的市场化人才吸引机制，包括人才补贴、住房保障、政策协助等，采用校招、社招、重点人才猎头定点招聘等方式从多渠道吸引高质量人才的加盟。

其次是人才培养角度，物产中大与不少科研院所合作，在日常项目研发中积极推进人才的培养与创新。同时，该公司还成立了浙江物产管理学院作为企业人才培育中心，为企业源源不断地输送优质人才，推动实现核心人才的专业化。

最后是引入员工持股计划，建立长短期目标相结合的员工激励体系，这也是物产中大实施混改的另一项重点内容。在长期激励方面，首次混改建立的员工持股计划中，重点推进了核心技术人员与业务骨干的股权激励，这对于充分调动其创新积极性、促进创新产能的提高是十分有帮助的。2016年的“二次混改”中，物产中大又革新了员工持股计划。在原先有限合伙企业为载体的基础上又引入了动态调整计划，员工所能获得的股份数额并非一成不变的，而是定期衡量员工对公司的贡献大小，动态调整其股权份额。这样一来，员工的长远利益与企业发展利益相捆绑，员工为了能享受到更多公司发展的红利就会更积极地投入创新等价值创造活动。在短期激励方面，物产中大建立了“1+X”研发方案，设立专项基金用于激励研发创新活动中取得重大突破的人才，从而提高了员工的创新积极性，促进了公司创新效率的提升。

此外，企业还针对不同员工设置了不同的带薪假期、特殊群体关怀等活动，大大提升了员工满意度与激励效果。

五、物产中大混改效果

本文为了更为全面地反映创新导向型国企混改的成效，在财务指标的基础上引入了非财务指标的分析。同时，也选用了研发投入等指标建立创新能力评价框架，通过量化的方式来分析混改对企业创新能力的影响。

（一）创新能力提升

1. 研发投入提升

在2015年实施混改之前，物产中大虽然制定了“一体两翼”的战略布局，但一直没有机会和能力投入更多的研发活动，因此，其在往年报告中并未对具体的研发数据进行公开披露。混改后，2015年公司重新调整了业务布局，开始将创新作为发展重心之一，并首次提出年均研发投入增长率达到8%以上的规定。从表4中可以看出，目标提出的首年，研发投入即达5 139.91万元，且大量投入于新产品研发、老旧生产技术更新迭代、吸引技术人才等支出。2016年“二次混改”后，企业又大幅加大在医疗健康、机电、绿色污染处理等业务上的研发力度，研发投入急剧增长到8 801.32万元，增长率高达71.24%。到2020年，研发投入达到2015年的7倍多，年均增长率达50%，远超8%的增长目标。物产中大自2015年后的研发投入强度持续递增，且并没有受到增长速度波动的影响，这表示物产中大在营收增长的同时也一直在不断投入创新研发，混改后物产中大的创新意愿不断增强，且可用于研发投入的资源也越来越多。

表4 企业研发投入情况

年份	2015	2016	2017	2018	2019	2020
研发投入（万元）	5 139.91	8 801.32	15 424.47	20 762.08	29 148.43	37 280.56
研发投入增长率（%）	—	71.24	75.25	34.60	40.39	27.90
营业收入（亿元）	1 823.60	2 068.98	2 762.17	3 001.25	3 585.06	4 035.70
营业收入增长率（%）	-14.88	13.46	33.50	8.656	19.45	12.57
研发投入强度	0.028	0.043	0.06	0.07	0.08	0.09

资料来源：案例公司年报。

除了研发资金投入以外，企业创新还离不开人才投入。与资金投入不同，技术人才凭借的是其专业基础知识、实践技能、工作经验等无形的智力资本，将企业的有形资源转化为无形的生产力，进而形成可商业化的新产品或技术。一般来说，企业研发人员越多，说明企业对于创新活动越重视，更有可能实现技术突破。

从表5中可以看出，自2015年混改实施以来，物产中大对于技术创新人才的投入力度不断加大，研发人员数量也出现明显增长。2016年首次混改完成后，研发人员相比2015年的增长还较为温和。“二次混改”实施完成后，物产中大建立了完善的研发型创新人才储备库，2017年的研发人数猛增至2015年的近5倍，年增长率更是达到243.40%，强大的人才基础为技术创新提供了软实力的保障。除了研发人员的绝对数量，研发人员占企业全部员工人数之比这一相对数指标也体现了企业对技术创新与研发的重视程度。“二次混改”完成后，2017年企业的研发人员占比猛增至2.86%，相比混改之前增长了4倍有余。即使2018—2019年的研发人员数量有轻微回落，但波动幅度处于合理水平，且2020年人数再次回升至下降前的水平，研发人员占比也一直处于稳定状态。

表5　企业研发人员数量情况

年份	2015	2016	2017	2018	2019	2020
研发人员	118	159	546	494	490	518
研发人员增长率（%）	—	34.75	243.40	-9.52	-0.81	5.71
员工总数	18 154	18 068	19 091	20 163	20 332	18 549
研发人员占比（%）	0.65	0.88	2.86	2.45	2.41	2.79

资料来源：案例公司年报。

结合研发投入的数据分析来看，物产中大在混改后投入技术创新的意愿有了明显的提高，反映出企业在整体运营战略与经营决策上对于技术研发与创新也是越来越重视的。此外，在加大研发投入的同时，物产中大还对过去的人才挖掘与培养计划进行了完善，引入了更灵活的评价体系用于创新人才的绩效考核，激发了员工的创新动力，也给企业增加了创新的活力。

2.研发投入资本化程度提升

只有企业具有技术和条件完成无形资产的研发并使该资产能够投入使用或用于销售，该部分研发投入才有可能被资本化。因此，对资本化指标进行分析，可在一定程度上衡量企业的研发能力，即企业投入研发的资金有多少能够被有效转化为成果。

前文已经对研发投入进行了分析，物产中大在混改前几乎不存在研发投入，且研发活动的周期较长、前期大多是费用化成本，因此，2015年的资本化金额也为0。混改后，除了扩大研发资金与人员的投入，物产中大还积极与科研院所开展合作，通过“产学研”相结合来提升企业内部的研发水平，促进研发成果的有效转化。2016年开始，前期的研发投入逐渐满足资产确认条件。2017年，前期投入的部分新兴机电项目建成投用，资本化金额猛增至1 193.23万元。此后2年，多个前期研发的项目完成验收，资本化金额不断提高，增长速度也逐年加快。但受到新冠肺炎疫情的影响，2020年不少项目进度出现了停滞，验收被推迟，资本化金额也出现了较大下降，该趋势在特殊情况下可被接受。从相对数来分析，研发投入资本化的比例更能衡量企业的创新研发能力。从表6可以看出，自混改以来研发投入资本化的比例也是不断上升的，与研发投入资本化金额的变化趋势基本吻合。

表6 企业研发投入资本化水平 金额单位：万元

项目	2015	2016	2017	2018	2019	2020
研发投入资本化	0	33.73	1 193.23	1 560.02	2 853.50	425.19
研发投入费用化	5 139.91	8 767.59	14 231.24	19 202.06	26 294.93	36 855.37
研发投入	5 139.91	8 801.32	15 424.47	20 762.08	29 148.43	37 280.56
资本化比例（%）	0	0.38	7.74	7.51	9.79	1.14

资料来源：物产中大年报数据。

混改后研发支出资本化的金额和比例均持续增加，表明案例公司的研发与成果转化能力在不断增强，企业的创新能力有了显著提升。

3. 专利申请数量提升

企业研发创新的成果往往具有多种形式，就技术型企业而言，专利技术与企业研发活动紧密相连。专利的研发是以企业的实际生产需要或市场需求为出发点，运用企业生产资源与技术进行设计和研究，最终得出专利研发成果，实现经济用途。因此，对专利申请数量进行分析，也可以看出企业创新研发的能力。在2015年实施混改前，物产中大基本没有申请专利。2016年，物产中大在绿色能源、污染处理等方面的技术研发都获得了显著成果，专利申请数量显著上升至20个。2019年、2020年专利申请数量分别达到78和77个。由此可以看出，物产中大在混改后的研发投入与研发中心的建设，大大提升了企业创新的能力和市场竞争力，符合其长远发展的需求。

（二）经营绩效提升——财务层面

1. 盈利能力

本文选取案例公司2013—2020年净资产收益率、基本每股收益等指标，从横向与纵向角度分析其在混改前后盈利能力的变化。

如图3所示，在2015年实施混改之前，净资产收益率波动较大，且呈下降趋势，由先前的领先于行业平均水平退步到与行业持平甚至稍有落后。经过混改，物产中大通过吸收合并其母公司获得大量优质资产，且通过业务布局的重组与整合，其汽车、房地产、金融服务等业务能力都大大加强。同时，母公司先前的供应链集成服务板块也由物产中大整体接收，大大扩张了其资产规模，提高了物产中大的盈利能力和持续发展能力。即使在2015—2016年，经济大环境发生恶化，汽车销售、房地产等行业都受到较大冲击，行业整体的净资产收益率出现较大滑坡甚至转为负值，物产中大仍然能保持良好的成长态势，不仅净资产收益率并未发生下降，甚至还有稳健的上升趋势。而发生趋势逆转的这2年正是物产中大大刀阔斧开展混合所有制改革的年份，通过其与行业的趋势差异可知，混改在一定程度上提升了其盈利能力。虽然在2017年后，净资产收益率出现小幅度下降，但其波动趋势也与大环境相吻合，且下降幅度远小于行业平均水平的下降幅度，在行业平均水平发生较大波动时，案例公司的表现也相对稳定。由此可见，混改在较长的时间内也提升了其盈利能力的稳定性。

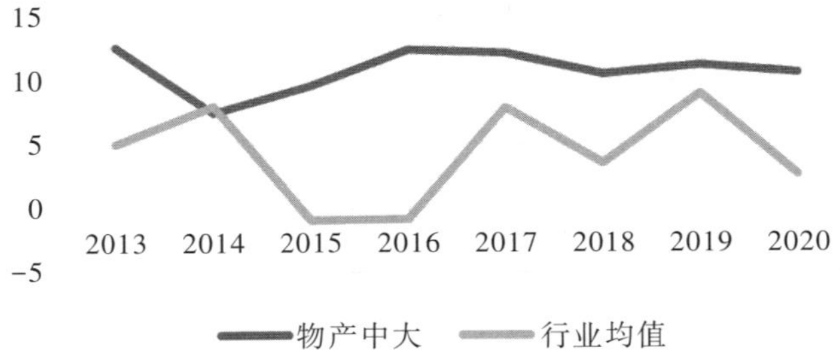

图3　2013—2020年案例公司净资产收益率与行业均值对比图

从图4可知，2014年由于筹备吸收合并物产集团与整体上市，企业发行大量股份导致股数上升，基本每股收益也因此出现了大幅下跌。但在2015年混改后，案例公司在其后2年内基本每股收益持续上升。与此同时，行业平均水平一直处于下降状态。这种差异化的趋势表明混改对于物产中大的资本盈利水平有了较为显著的提升。2017年，案例公司发放股票股利，且为了扩张企业规模又以资本公积来转增股本，两项措施同时带来了股份数的大幅提升，基本每股收益在此作用下也出现了下降。但即便如此，案例公司的每股收益仍然高于行业平均水平。2018年后基本每股收益再次回升，且在行业均值出现显著下降时仍能保持相对稳定，显示出物产中大在混改后盈利能力的稳定性。

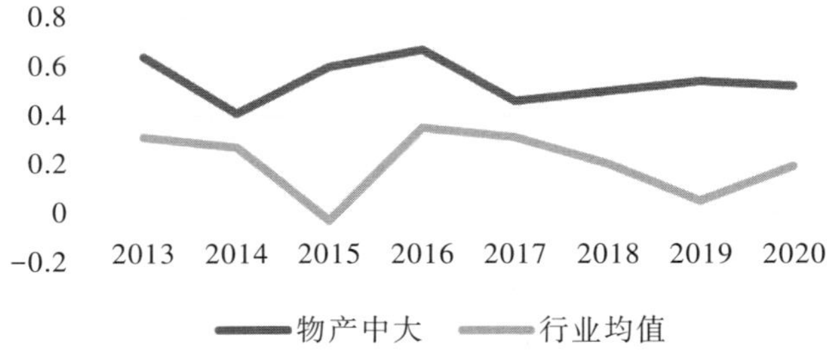

图4　2013—2020年物产中大基本每股收益与行业均值对比图

2. 营运能力

本文从关乎经营全过程的存货、应收账款、总资产入手，选取了物产中大2013—2020年的相关指标数据，来分析混改对其营运能力的影响。

由图5物产中大存货周转率与行业均值对比可知，混改前物产中大的业务布局并不合理、低效无效资产偏多，且公司在混改前主要从事的是汽车、房地产等重资产行业，其存货流动性并不会太高，物产中大的周转率低于行业平均水平。2015年，公司通过混改实施了业务布局的优化重组，在原先相对单一的业务布局下，又引入了供应链集成服务、金融服务等新产业，这些产业相对属于“轻资产”的运营模式。存货种类的多样化使得企业的存货周转速度加快，企业不再仅仅进行汽车等重资产的周转。同时，混改带来治理机制的优化，使得企业的经营决策更加科学，运营效率也有所提高。此外，混改中战略投资者的引入使得企业充分利用了外部资本的技术优势，通过新一代的技术平台，企业将业务运营中的各类市场渠道、项目资源、客户数据进行整合，借助互联网技术进行有针对性的服务推广，在提升运营效率、降低运作成本的同时也提升了企业的客户服务质量与效率。战略投资者的渠道优势还帮助物产中大大力拓展海外市场，积极与各地政府合作开发大项目，提高存货转化效率，也给企业增加了新的利润增长点。最后，在“二次混改”的过程中，企业再次对业务布局进行了调整，将房地产业务整体出让，大大降低了企业后续存货运转的压力。经过以上举措，物产中大重新建立了更为合理的存货结构，其业务模式也从单一的商品流通贸易商转向多元业务布局的智慧供应链集成服务商，大大提高了存货转化效率、压缩了存货周转与资金占用的时间。

图5 2013—2020年物产中大存货周转率与行业均值对比图

在以上举措的综合作用下，案例公司2015年的存货周转率迅猛增长，达到8.99次，超过行业均值的两倍。此后2年，存货周转率也持续提高，在2017年达到19.12次，不仅大幅超过行业平均水平，增长幅度也比行业平均水平更大。虽然2018年存货周转率出现了小幅度的波动，但在大环境和经营周期的影响下也相对合理，且2019年之后又回升至先前的水平。

图6为物产中大应收账款周转率与行业均值对比，混改前物产中大的应收账款

周转率呈下降趋势，且低于行业平均水平。2015年实施混改后，物产中大吸收合并母公司并进行了资产与业务的整合重组，减少了内部交易，将原先由关联交易带来的应收账款转变为公司内部的账务结算，减少了应收账款金额。同时，混改时对于业务布局的优化重组，使得物产中大与上下游之间的关系链条更为简洁，业务账款的周转清算也更为高效。因此，物产中大2015年的应收账款周转率大幅提高至72.83次，远高于行业平均水平。2016年，由于混改带来的规模与协同效应衰减，应收账款周转率出现了回落。但随着公司“二次混改”的效应逐渐发挥，业务布局也进一步优化调整，成员公司的结构与业务也在不断优化，公司内部运营机制不断完善，使得应收账款的周转速度也不断加快，2017年的应收账款周转率出现回升。2018年，周转率又出现了轻微下滑。但综合行业情况来看，2018年行业整体的应收账款周转率断崖式下降，物产中大的周转率水平不仅逆势超越行业平均，且波动幅度较小，在随后2年也保持相对稳定甚至有所提升。

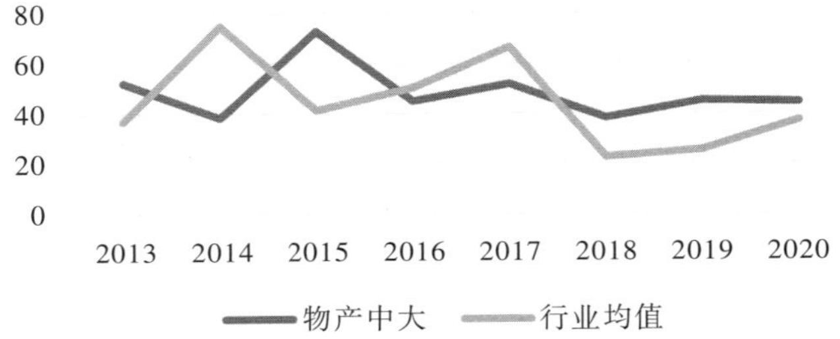

图6　2013—2020年物产中大应收账款周转率与行业均值对比图

由图7物产中大总资产周转率与行业均值对比可知，在混改前，案例公司的总资产周转率呈下降趋势，且低于行业均值。2015年实施混改后，总资产周转率大幅提升，远超行业平均水平，且在未来年度持续波动上升。虽然2016年稍有下降，但也是混改规模效应减退后的正常结果，之后年度再次稳步上升。同时，物产中大混改后的资产周转率水平与行业平均水平的差距也在不断扩大，说明虽然行业大环境起到了一定作用，但混改的作用也在实质上提高了公司的资产配置效率与经营管理效率。

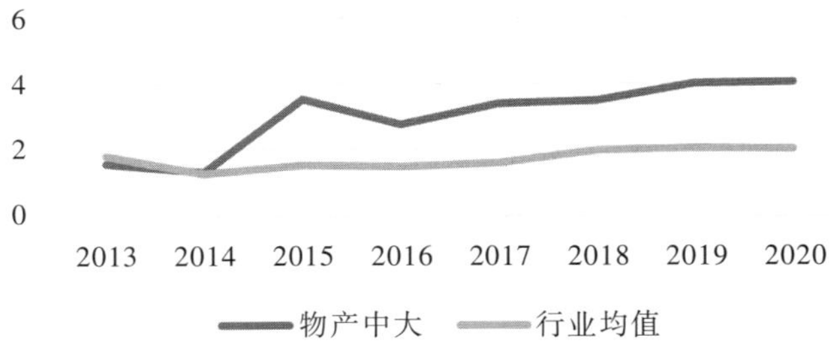

图7　2013—2020年物产中大总资产周转率与行业均值对比图

3. 偿债能力

本文选取了物产中大2013—2020年流动比率、速动比率两个短期偿债能力指标，以及资产负债率这一长期偿债能力指标，通过对上述指标的分析来探索混改对于案例公司偿债能力的影响。

表7 物产中大2013—2020年偿债能力指标

年份	流动比率		速动比率		资产负债率（%）	
	案例公司	行业均值	案例公司	行业均值	案例公司	行业均值
2013	0.79	0.60	0.41	1.02	79.19	59.81
2014	0.76	0.68	0.42	2.07	75.97	68.28
2015	0.70	0.62	0.65	1.73	69.73	62.01
2016	0.69	0.55	0.73	1.62	68.99	54.54
2017	0.69	0.54	0.66	2.31	69.33	53.71
2018	1.12	1.01	0.74	1.35	66.25	53.03
2019	1.14	1.02	0.77	1.47	67.16	55.02
2020	1.11	1.01	0.74	1.25	68.21	53.41

数据来源：Wind数据库、案例公司年报整理。

由表7可知，2017年以前，案例公司的流动比率逐年下降，表明其短期偿债能力较不稳定，呈负面趋势。但该趋势与行业平均水平的趋势基本相符，且数值上高于行业平均水平。2017年后，流动比率稍有上升，也与行业平均水平的变化趋势吻合。速动比率出现了相对大幅的上升，在之后几年也处于波动状态，且相较于行业平均水平仍有一定差距。混改对物产中大的短期偿债能力虽然有一定的积极影响，但是影响并不是很大。尤其是速动比率与行业均值还存在一定差距，表明相较于同行业其他企业，物产中大的短期偿债能力相对较弱，这也为物产中大后续改革指明了方向，即应当加大力度提高流动资产的管理能力、加强资金周转与存货转化。

本文选用资产负债率的数据来分析混改对于物产中大长期偿债能力的影响。由前文对于物产中大混改前后业务布局的变化分析可知，案例公司在混改前主要涉足的重资产行业在影响其存货周转水平的同时也会带来较高的资产负债率。而在混改后，一方面混改带来了大量的资金注入，使得企业不必大量举债以支撑业务发展，减轻了财务负担；另一方面混改后业务布局的优化重组既降低了大量存货挤占的资金，又减少了关联交易对于资金的占用，提高了企业的资金周转效率。从表7可以看出，物产中大自2013年以来，资产负债率不断下降，尤其是在混改当年下降幅度明显。虽然物产中大的资产负债率与行业均值相比还有一定差距，表示其相较于同行业其他公司偿债能力还相对较弱。但从另一角度考虑，适当的高负债也能使公司的资本成本下降、利润增加，使得财务杠杆作用得到充分发挥，同时也体现了投资方对于该公司长远发展的信心。

此外，混改后案例公司的银行授信额度不断提升，2015年总额度从208.32亿元跃升至1 047亿元，并在接下来几年里波动增长，2020年总额度达到1 474亿元。这表明案例公司有着充足稳定的资金来源，一方面可以作为企业的应急资金来源，另一方面也提升了企业的偿债能力。

4. 发展能力

本文选取了营业收入、净利润、净资产三大指标的增长率对案例公司混改前后成长能力的变化进行分析。

表8 物产中大2013—2020年发展能力指标

年份	营业收入增长率（%）		净利润增长率（%）		净资产增长率（%）	
	案例公司	行业均值	案例公司	行业均值	案例公司	行业均值
2013	1.88	17.21	24.34	46.49	4.92	4.44
2014	-5.74	-13.62	-35.59	-0.11	27.80	13.74
2015	380.82	-13.00	302.28	-0.53	203.10	30.89
2016	13.46	9.87	37.57	4.01	7.51	38.82
2017	33.50	40.87	15.78	0.00	11.02	9.51
2018	8.66	16.80	7.27	-88.05	10.77	6.55
2019	19.45	13.93	14.04	-388.73	5.54	-26.34
2020	12.54	-3.43	0.43	-139.81	10.59	5.81

数据来源：Wind数据库、案例公司年报整理。

如表8所示，混改前物产中大的营收增长率较低，不仅远低于行业均值，波动幅度也很大。混改当年，由于合并重组、引入战投等举措，企业规模急剧扩大，原先归属于母公司的收入也纳入了物产中大的计算范畴，导致2015年的营收增长率由之前的负值上涨至380.82%。2016年，营业收入增长率回落至合理水平。随着“二次混改”的效应体现，物产中大的业务布局不断优化，治理能力也不断提升，2017年物产中大的营收增长率再次猛增至33.5%。而2018年受到大环境影响，营收增长率出现较大幅度下降，但在2019年即回升，且再次超越行业均值。即使在2020年行业均值转为负值时，案例公司的增长水平也保持相对稳定。由此说明，混改对于物产中大增加营业收入、提高发展能力有着一定的积极作用。

混改前物产中大的净利润呈下降趋势。混改将母公司的业务单元并入企业后，为企业带来了新的利润增长点，使得2015年企业的净利润增长率猛增至302.28%。2016年，随着混改的规模效应减退，净利润增长率回落至正常水平，但也远超行业均值。即使在2017年以后净利润增长率出现了下降，结合行业平均水平分析，物产中大的利润增长水平仍然处于业内前列。

混改前物产中大的净资产增长与行业平均水平基本吻合，2015年股权重组、吸收合并、引入战略投资者等举措带来了净资产的快速增加，增长率也出现了爆炸式上升。2016年净资产增长率回落至合理水平。2017年，随着“二次混改”效应的体现，净资产增长率再次上升，且在行业整体增长放缓时，其不仅超越了行业平均水平，且保持相对稳定。

综上所述，物产中大在混改后的生产运营能力大大增强，经营的稳健性也获得了提升，进而带来成长能力的提升。

（三）经营绩效提升——非财务层面

除了传统的财务指标，市场地位、员工满意度等非财务指标能够更全面地反映企业的发展前景。前文已选用了与创新能力相关的非财务指标对案例公司混改前后的变化进行了分析，本部分将从员工素质和行业地位两个层面来进一步分析。

1. 员工素质

本文对于案例公司员工素质的分析，将从员工构成、薪酬情况、人均创造收益三方面来展开。

从员工的专业构成来分析，混改前案例公司在人员构成上不存在较大变化。2015年混改实施后，案例公司加大了对生产、技术人员的投入力度，以支持业务单元重组带来的人员需求变化。随着混改政策的不断优化，物产中大对于人员的整合与精简也不断推进，混改时吸收合并母公司带来的大量销售人员也在2016年精简至合理水平。此后几年更是继续加大了对生产和技术型员工的投入，人数持续上升至2019年的3 567人、5 914人。2020年企业对整体员工规模进行调整，生产、销售人数出现少量下滑，但技术人员总数仍相对稳定，保持在5 565人，可以体现物产中大在混改后对于技术研发创新的重视程度。另外，从学历层次上看，物产中大在混改后重新调整了人力资源策略。在战略转型与创新业务需求不断扩大的情况下，其对于高学历人才的需求也大幅提高。以硕士人数为例，2015年硕士人数由215人增至564人，到2020年更是达到了967人，是2014年的4倍有余。此外，本科层次的人数也在不断上升，从2014年的2 156人波动上升至2020年的6 510人。

从薪酬激励的层面上看，物产中大借助混改建立了灵活的薪酬结构，创新考评机制，实现员工权责匹配。同时，企业还针对不同员工设置了不同的带薪假期、特殊群体关怀等活动，大大提升了员工满意度与薪酬激励效果。企业人均薪酬从混改前2014年的11.4万元持续上涨至2020年的24.12万元，员工收入的大幅提高也带来了较高的员工满意度与产出。

为了更好地衡量员工构成优化、薪酬激励提升带来的效果，本文选用了人均创造收益这一指标分析物产中大混改前后的员工素质变化。由表9可知，物产中大混改前的人均创造收入和人均创造利润都处于较低水平。混改后，两个指标均出现了显著上升，且在其后的几年均处于持续上升状态。人均创造营业收入从2014年的317.07万元上涨到2020年的2 177.83万元；人均创造利润更是翻了三倍，增长到2020年的14.8万元。这两项指标的持续提高，表明物产中大在混改后实施的人力资源政策与人才配置计划能够契合企业发展实际，能够有效激发企业创新动能、提升企业持续竞争力。

表9　　物产中大2013—2020年人均创造收益情况　　单位：万元

年份	2013	2014	2015	2016	2017	2018	2019	2020
人均创造收入	386.12	371.07	1 002.16	1 141.45	1 450.48	1 492.10	1 766.18	2 177.83
人均创造利润	4.83	3.50	7.60	11.87	11.72	11.90	13.45	14.80

数据来源：Wind数据库。

2. 行业地位

对于企业行业地位的衡量可从世界500强排名的角度来分析（见表10）。自2016年实施“二次混改”后，企业资源优化配置基本完成，业务布局得到了改良，混改效应逐渐开始发挥。2017年后，案例公司在世界500强中的排名开始逐年提升，从混改前的345名逐渐提升至2020年的210名。同时，该公司在中国500强的排名也在不断上升，2016年混改完成后立即上升至30名，且在未来几年保持稳定，2020年达到第28名，体现了公司的行业领导者地位。

表10　　物产中大2013—2020年企业500强排名情况

年份	2013	2014	2015	2016	2017	2018	2019	2020
世界500强排名	364	345	339	359	348	270	249	210
中国500强排名	125	135	145	30	31	26	29	28

数据来源：案例公司年报、《财富》中文网。

（四）混改效果小结

综上可以看出，混改能够有效改善案例公司的经营绩效。从财务指标看，混改后盈利能力、营运能力、发展能力均有了较为显著的优化，不少指标不仅远超行业平均水平，而且仍在快速发展。但是，混改对案例公司的偿债能力，尤其是短期偿债能力的改善作用并不显著，这表明公司还应继续提高资本运营效率，改善资本结构，控制成本费用，以降低财务压力、提高偿债能力。从非财务指标看，混改也对案例公司的创新能力、员工素质、行业地位都产生了明显的积极影响。首先从创新能力层面，混改后研发投入资本化程度不断提升，创新成果转化能力不断加强，体现了企业技术研发水平的提高。其次是员工素质，物产中大在混改后不断优化人才结构、提高高层次人才占比，为公司创新能力的增强与长远发展提供了人才保障，扩大了企业发展潜能。最后是行业地位，混改后规模的扩大与业务布局的优化使得物产中大在行业中占据了领导地位，其与行业平均水平的差距也不断拉大。综上所述，混改能够显著提升物产中大的创新能力与经营绩效，体现了良好的改革效果。

六、结论与建议

创新导向型国企混改对其经营绩效的提升主要通过资源引入、决策优化、运营高效、高管激励、员工激励五个维度来实现。本文从创新能力指标、财务指标、非财务绩效指标三方面对物产中大混改后的经营情况进行了分析，发现混合所有制改革能够促进创新导向型国企改善经营绩效。

本文对创新导向型国企如何提升混改效果提出以下三点建议。

第一，建立相对制衡的股权结构，提高非国有董事地位。混改的重点并不是简单地“混”，更重要的是借此契机实现“改”。从股权上看，通过引入非国有资本，国企不仅能借此获得经济资源，还能借此实现股权结构的相对制衡。而要更好地实现“改”，就必须对治理机制做出大的革新，要重视非国有董事的地位，积极扩大非国有董事占比，给予非国有董事充分的话语权，使非国有股东能够通过指派董事来真正地参与公司治理并发表合理意见。只有如此，才能在实质上协调股权的“混”和治理的“改”，进而充分发挥异质资本的协同效应。此外，提高非国有董事地位也有利于企业调动创新意愿、更加注重研发创新，从而更有动力加大创新投入、实现企业创新能力与长期发展能力的提升。

第二，完善员工激励机制。对于国企尤其是创新导向型国企而言，员工是企业持续竞争力的根本源泉与保障，员工的能力和工作动力能对企业的可持续发展产生深远影响。因此，企业借助混改完善员工激励机制，能够有效调动员工积极性，激发创新动能。在完善激励体系时，企业应当结合自身业务特点与发展周期的实际情况，动态调整激励方案。同时，应当注重长短期激励措施的结合，对于不同职级与岗位的员工也应当实行差异化的激励政策。只有如此，才能最大程度地提高员工创新意愿，实现“激励最大化”与“人力价值最大化”的目标。

第三，充分考量民营资本的资源引入能力。国企通过混改引入战略投资者等民营资本，将与其形成长期的战略合作关系。因此，国企在选择混改伙伴时应当审慎选择具有丰富资源、能够促进自身发展的民营资本。在对潜在的战略投资者进行筛选时，应当首先关注潜在战略投资者的优势资源，是否为本企业所需要、是否能与企业原有资源实现优势互补与协同发展。其次，应当了解其企业文化、业务特征、未来发展方向是否与自身相契合，避免在混改后出现严重的“排异反应”。最后，应当充分评估战略投资者的合作意向，是否有长期合作的潜力、是否愿意将自身的优质资源与企业共享。只有满足以上三个条件，引入的民营资本才能使企业发挥充分的资源优势，实现协同效应最大化和效益最大化。

参考文献

[1] 邓康林，高扬. 企业集团整体上市的市场反应 [J]. 财经科学，2010（11）：17-25.

[2] 魏成龙，郑志，张洁梅，等. 国有资本产权市场的政府监管对策研究 [J]. 发展研究，2011（11）：12-17.

[3] 郝阳，龚六堂. 国有，民营混合参股与公司绩效改进 [J]. 经济研究，2017，52（3）：122-135.

[4] 许召元，张文魁. 国企改革对经济增速的提振效应研究 [J]. 经济研究，2015，（4）：122-135.

[5] 乔惠波. 混合所有制企业公司治理研究 [J]. 经济体制改革，2017（4）：102-108.

[6] 康玲. 基于EVA与BSC的企业业绩评价体系设计——以保利房地产（集团）股份有限公司为例 [J]. 财会通讯，2016（20）：151-160.

[7] 付梦璇. 基于平衡计分卡视角的国有企业混合所有制改革绩效研究 [D]. 保定：河北大学，2018.

[8] 夏小林. 国企与改革（上）——兼评被污名化的“国资一股独大”[J]. 管理学刊，2014，27（3）：1-15.

[9] 唐振达，李国正，何劲军. 基于扎根理论的地方国企混改层级选择问题研究 [J]. 财会通讯，2022（08）：94-99，152.

[10] 毛新述. 国有企业混合所有制改革：现状与理论探讨 [J]. 北京工商大学学报（社会

科学版），2020，35（3）：21-28.

［11］何自力．发展混合所有制经济要坚持社会主义方向［J］．山东社会科学，2014（11）：23-26.

［12］綦好东，郭骏超，朱炜．国有企业混合所有制改革：动力、阻力与实现路径［J］．管理世界．2017（10）：8-19.

［13］邱霞．混合所有制改革的路径分析［J］．西部论坛，2015，25（2）：33-39.

［14］郭奕阳．高管薪酬激励、整体上市与公司业绩——基于分类国有上市公司的实证研究［J］．财会通讯，2018（24）：41-48.

［15］张军．国企混合所有制改革中投资者选择的风险控制［J］．财务与会计，2017（13）：65-66.

［16］李红娟，张晓文．员工持股试点先行：值得期待的国企混合所有制改革——基于江苏、江西国有企业员工持股改革分析［J］．经济体制改革，2017（4）：96-101.

［17］郑志刚．国企公司治理与混合所有制改革的逻辑和路径［J］．证券市场导报，2015（6）：4-12.

［18］顾露露，张凯歌．集权式股权结构会影响信息技术企业创新吗——非执行董事的中介效应［J］．科技进步与对策，2021，38（2）.

［19］盛丰．生产效率，创新效率与国企改革——微观企业数据的经验分析［J］．产业经济研究，2012（4）：37-46.

［20］李文贵，余明桂．民营化企业的股权结构与企业创新［J］．管理世界，2015（4）：112-125.

［21］吴延兵．不同所有制企业技术创新能力考察［J］．产业经济研究，2014（2）：53-64.

［22］陈林，唐杨柳．混合所有制改革与国有企业政策性负担——基于早期国企产权改革大数据的实证研究［J］．经济学家，2014（11）：13-23.

［23］王业雯，陈林．混合所有制改革是否促进企业创新［J］．经济与管理研究，2017，38（11）：112-121.

［24］叶蓓．董事会异质性、多元化战略与企业价值［J］．华东经济管理．2017，31（3）：146-153.

［25］代昀昊．机构投资者、所有权性质与权益资本成本［J］．金融研究．2018（9）：143-159.

［26］张继德，刘素含．从中国联通混合所有制改革看战略投资者的选择［J］．会计研究，2018（7）：28-34.

［27］刘汉民，齐宇，解晓晴．股权和控制权配置：从对等到非对等的逻辑——基于央属混合所有制上市公司的实证研究［J］．经济研究，2018（5）：175-189.

［28］叶康涛，祝继高，陆正飞，等．独立董事的独立性：基于董事会投票的证据［J］．经济研究，2011，46（1）：126-139.

［29］刘运国，郑巧，蔡贵龙．非国有股东提高了国有企业的内部控制质量吗？——来自国有上市公司的经验证据［J］．会计研究，2016（11）：61-68，96.

［30］曾庆生，陈信元．国家控股、超额雇员与劳动力成本［J］．经济研究，2006（5）：

74-86.

[31] 杨兴全，任小毅，杨征. 国企混改优化了多元化经营行为吗？[J]. 会计研究，2020（4）：58-75.

[32] 王淑敏. “国企混改”背景下的员工激励路径分析 [J]. 经济师，2020（7）：259-260.

[33] Liu G S，Beirne J，Sun P. The performance impact of firm ownership transformation in China：mixed ownership vs. fully privatised ownership [J]. Journal of Chinese Economic and Business Studies，2015，13（3）：197-216.

[34] La Porta，Lopez-de-Silanes. The benefits of privatization：evidence from mexico [J]. Quarterly Journal of Economics，1999（14）：1193-1242.

Research on the path of innovation-oriented state-owned enterprises' mixed reform and its impact on business performance：A Case study based on WCZD

Zhenming Shi, Lian Tian, Yuqi Chen, Xiang Li, Jiaqi Gu

Abstract At the top-level design level, the reform of mixed ownership of state-owned enterprises has been identified as a breakthrough in the reform of state-owned enterprises. Since 2019, the "Fourteenth Five-Year Plan" has established the status and mode of mixed ownership reform, and state-owned enterprises at all levels from the central to local levels have launched a wave of mixed ownership reform. However, the path of mixed ownership reform affecting enterprise performance still needs to be studied in detail. Only in this way can mixed ownership reform be carried out with the corresponding performance path reform, and the institutional advantages of the mixed ownership reform can be more effectively brought into play. This paper focuses on innovation-oriented state-owned enterprises, and studies how such state-owned enterprises find the right direction of mixed reform, choose the path of mixed reform to improve the innovation ability of enterprises and thus improve business performance, with a view to playing a theoretical guiding role in the mixed reform of similar state-owned enterprises. This paper adopts the research method of "theory first and then case", focusing on the research of which mechanism can effectively play the performance leading role in the innovation-oriented mixed reform of state-owned enterprises in the potential path that the equity reform may affect the innovation performance of state-owned enterprises, and proposes the supporting mechanism reform path of the innovation-oriented mixed reform of state-owned enterprises based on this. This paper finds that the innovation-oriented state-owned enterprises' mixed reform improves their business performance mainly through five dimensions: resource introduction, decision-making optimization, operational efficiency, executive motivation and employee motivation. This paper has significant value for the theoretical improvement and practical guidance of the mixed reform of state-owned enterprises.

Key Words state-owned enterprises; mixed ownership reform; innovation; performance

第14辑，2022年
No.14，2022
会计与控制评论
Review of Accounting and Control

产品市场竞争加剧了企业短贷长投的期限错配风险吗？①

刘媛媛[1]　张兆悦[2]　黄正源[3]

（1.东北财经大学会计学院　大连　116025；
2.中国三峡新能源（集团）股份有限公司 北京 100053；
3.上海财经大学会计学院 上海 200433）

摘　要　产品市场竞争作为公司治理机制的补充或替代，对防范化解企业风险、把控企业短贷长投带来的系统性金融风险具有重要作用。本文选择2008—2019年沪、深A股上市公司为研究样本，研究了产品市场竞争对企业短贷长投的可能影响。研究发现：产品市场竞争会加剧企业短贷长投。进一步检验发现，在货币政策宽松时，产品市场竞争对企业短贷长投的影响会减弱；受到融资约束较大、处于成长期的企业，产品市场竞争对企业短贷长投的影响更强。本文旨在为处于产品市场竞争中的企业提高合理的投融资策略，也为监管部门提供政策思路。

关键词　产品市场竞争　短贷长投　投融资期限错配

① 基金项目：国家社科基金重点项目“双重成本约束下企业集团管理控制模式选择机理及方法研究”（19AGL014）；教育部规划基金项目“环境规制与业绩目标复合压力视角下高管激励与企业环保投资研究”（21YJA630063）。

一、引　言

短贷长投是我国大部分企业解决融资问题的常用策略。作为企业购置固定资产的便捷手段，短贷长投也像一味“慢性毒药”，一旦面临缩贷、现金周转不灵，极易发生资金链断裂的风险。在“打好防范化解重大风险攻坚战”和“守住不发生系统性金融风险的底线”的大背景下，短贷长投成为我国诸多系统性金融风险的根源（李扬，2014）。短贷长投现象在我国无论是经济整体还是企业层面都有发生，已成为监管方、学术界日益关注的问题。企业用短期贷款资金来满足投资性资金支出的需要，即企业负债融资期限与投资资产期限不匹配，虽然可以缓解企业的流动性风险，但也可能出现资金缺口导致企业无法持续经营或偿债压力提高（白云霞等，2016）。因此，研究我国企业短贷长投的影响因素与缓解机制，严格将短贷长投风险控制在合理的范围内，有利于防范短贷长投引发的资金链断裂风险，因而具有重要的理论和实际意义。

已有文献表明，我国企业通常不会主动用短期资金满足长期投资需要，而是更多受到外界环境等因素的影响（白云霞等，2016；钟凯等，2018）。加强银行与企业之间关系、放开银行管制、适当提高货币政策水平能够有效降低企业短贷长投的水平（王红建等，2018；肖继辉等，2019）。随着我国追求高质量的经济发展和企业市场化进程的不断推进，特别是面对变幻莫测的国际形势和周边环境，提升市场竞争力成为必然选择。作为实体经济的重要依托，产品市场是其价值流转增值和实现的重要环境。不难发现，突破市场瓶颈、创新产品、抢占市场份额的压力，易催生庞大的投资计划及直线上升的负债。若负债新增比例与收入增长出现严重不协调的情况，短贷长投则成为弥补资金缺口的常备选择。因此，产品市场竞争引发的扩张需求若得以精准预算，短贷长投可能会降低现金流紧张的风险。当然，产品市场竞争也极易引发大量无效资产投入，使企业陷入短贷长投的怪圈。

市场竞争作为提高和推动世界经济质量和效率的重要驱动力，是连接宏观经济与企业之间的不可或缺的关键点（Shleifer and Vishny，1997）。一方面，产品市场竞争发挥着治理效应。Chhaochharia等（2015）研究发现，竞争的市场环境可以被看成是一种公司治理机制，作为企业生产经营所面对的最直接的市场环境，直接决定了企业的生产经营的方针策略和风险。因此，研究企业短贷长投问题应当重点关注这一外部市场因素。激烈的市场竞争环境会给企业带来外部压力，可能会给企业带来退出市场和末位劣势的风险，对企业的生产经营和资金周转造成风险，债权人也承担着更多的放贷风险。同时，处于激烈的产品市场竞争环境下，企业出于应对监管部门以及市场的压力的目的，会适当增加对外报送的信息，外部投资者可以借此获取更多企业评估信息，降低了企业与外部投资者之间的信息壁垒，从而有利于企业进行融资。另一方面，产品市场竞争发挥着掠夺效应。企业生产经营活动、财务运营等活动会受到产品市场竞争环境的影响，主要通过制定驱逐对手的产品定价、竞争性市场占有率、信息壁垒发挥效应。因此，我国产品市场竞争对企业短贷长投的影响是怎样的？激烈的产品市场竞争是否会加剧企业的短贷长投风险呢？具体的作用机制又是怎样的呢？

本文研究产品市场竞争对企业短贷长投的影响，并进一步分析企业在行业内的市场竞争地位、所处企业生命周期的异质性差异、融资约束的影响，以及货币政策的调节作用。具体而言，本文提出并尝试探索以下三方面的问题：第一，产品市场竞争提高了企业短贷长投水平吗？第二，如果产品市场竞争对企业短贷长投的促进效应存在，在不同的货币政策机制影响下，企业短贷长投决策所受产品市场竞争的影响是否有差异呢？第三，针对产品市场竞争对于企业短贷长投的影响，异质性条件下（行业竞争地位、企业生命周期和融资约束）是否存在效应差异？从这三方面开展研究，可能有以下几方面意义：第一，本文通过信息不对称理论和掠夺理论，更好地帮助读者理解外部市场环境对微观企业行为（短贷长投）的影响，丰富了产品市场的微观基础理论。第二，本文按照企业在行业内的市场竞争地位、企业所处的生命周期和企业受到的融资约束，分别验证产品市场竞争对企业短贷长投的影响，得出不同的结论，丰富了关于企业短贷长投的文献研究。第三，本文还分析了货币政策在产品市场竞争与企业短贷长投之间的调节作用，为市场竞争策略的制定提供建议和理论依据。

二、理论分析与研究假设

市场竞争是提高和推动世界经济质量和效率的重要驱动力（Shleifer and Vishny，1997）。一方面考虑市场竞争的掠夺效应，市场竞争越激烈，企业获得竞争优势的可能性会降低，进而对企业的投融资和财务决策产生影响（Haushalter等，2007）；另一方面，通过破产清算威胁（Jarrad and Harford，1999）、声誉机制以及信息标杆效应（蒋荣等，2007）等发挥其外部治理机制，对降低企业代理成本、改善资金融资、提高企业业绩等方面有着积极的影响。

产品市场竞争越激烈，行业内均衡利润会越接近产品市场的平均利润，因此，处于市场竞争激烈行业的企业，由于盈利空间的缩小，企业融资受到较高的限制。企业在市场竞争程度高的行业环境中，由于企业的资本或资金能够增值的空间不断缩小，为了降低被掠夺的风险，为了获得更高的融资水平，企业通常会增加负债（Hendel，1996）。钟田丽等（2004）也研究发现，在我国资本市场，行业竞争激烈的企业，由于收益率难以达到再融资政策条件，导致企业股权融资不足，无法进行内源融资。根据优序融资理论，当企业自有资金不足以满足企业投资需求时，企业会借助外部渠道筹集资金，因此，会增加负债融资，银行贷款成为主要的融资渠道。

在竞争程度越高行业的企业，行业进入门槛越低，公司面临的竞争威胁越大，竞争威胁主要来自新的市场参与者以及原有的对手。因此，为了降低来自竞争对手的掠夺威胁，企业会考虑披露无效信息（Verrecchia，1983）。一方面，对于财报信息披露，高竞争环境下的大多数公司对于专有信息会选择减少披露（Verrecchia and Weber，2006）。另一方面，对于非财报信息披露，雷新途和方柳卿（2020）研究发现，市场竞争带来的竞争威胁与年报中非财务信息的前瞻性信息披露充分程度之间具有负相关关系。竞争性行业趋势展望和公司战略规划是前瞻性信息反映的最核心内容，因此，公司减少其信息披露的充分性，可以有效保持或提高与市场参与者以及银行之间的信息不对称，最大限度地降低掠夺风险的可能性和成本。由于长期贷款还款期限长、贷款违约风险高，因此，长期贷款的发放需要建立在银行对企业生产经营、现金周转等情况的详细了解的基础上（白云霞等，2016），产品市场竞争加剧，银企间信息不对称加剧，对此银行会倾向于发放短期贷款，降低其承担的贷款风险以及对企业后续资金运用的监控成本。因此，企业只能通过不断续借短期贷款来满足自身的投资需求，由此扩大了企业的短贷长投规模。

Bolton等（1990）提出，由市场竞争引发的侵略风险会对企业的资金决策产生影响，由此提出掠夺理论。为了应对企业面临的掠夺风险，企业会抓住投机机会，进行多元化投资等保持现有的市场份额和抵御外部竞争，由于投资带来的资金需求加大，企业用资金储备作为保证的需求提高。因此，产品市场竞争越激烈，企业投资需求越大，对长期投资资金的需求越大。

基于上述分析，一方面，产品市场竞争越激烈，企业的长期资金供给越少。激烈的产品市场竞争，使得企业盈利下降，企业内源融资受到约束，企业只能更多地考虑外源融资。而外源融资，考虑到企业披露的非有效信息导致的信息不对称带来的道德风险、代理成本与债务违约风险，为了缩小风险敞口，银行和第三方投资机构的信贷规模会缩减，减少了企业长期贷款，企业长期资金供给减少；另一方面，产品市场竞争越激烈，企业长期投资需求越大。为了应对市场竞争带来的抢先占领市场空间份额、掠夺定价、潜在进入的市场参与者威胁，企业会进行多元化经营和扩大投资，加大了长期投资资金需求。因此，产品市场竞争越激烈，企业长期投资需求越大，长期资金供给越少，促使企业不断通过续借短期资金支持长期投资，加剧了企业的投融资期限错配及短贷长投。由此，提出假设：

H1a：激烈的产品市场竞争会加剧企业短贷长投。

此外，当产品市场竞争发挥公司治理效应时，能够有效降低公司的代理成本，减少企业操纵会计信息达到自利目的的情况，使企业投融资期限更加匹配。由于产品市场竞争会带来破产清算的威胁，因此，可以有效遏制管理层的投机行为。根据破产清算假说，在企业竞争激烈的市场环境中，面对企业破产和失业风险，管理层会减少自利行为提高治理效率以规避损失（Jarrad and Harford，1999）。

Machlup（1978）提出，产品市场的竞争被认为具有淘汰作用。为了降低被淘汰的可能性，企业会尽量减少或放弃对过度和无效投资的选择，因此，企业长期投资需求减少。程宏伟和刘丽（2008）认为，处在激烈的竞争环境中，企业做出的投资决策会更小心，总体上会降低其投资成本。因此，在激烈的市场竞争中企业为了更好地把握投资机会和规避投资损失，会减少不必要的长期投资资金，缓解了企业过度投资行为。

同时，产品市场竞争越激烈，越有助于声誉标杆机制在股东和经理人市场发挥积极影响，产品市场竞争发挥监督激励作用（Tottori等，2012）。产品市场的激烈竞争提高了首席执行官之间衡量绩效的能力，也增加了企业间的监督活动（Holmstrom，1998）。同时，通过对企业业绩指标的影响，使得外部投资者对企业财务信息掌握得更充分，降低了企业对外的信息壁垒，使得企业更容易通过贷款、债券等方式进行融资，有效缓解了企业的资金约束和财务困难（王家庭等，2010）。融资渠道的拓宽，增加了企业获取长期融资的可能性，从而减少了企业短期融资；激烈的产品市场竞争会在经理人之间以树立标杆经营业绩的方式对经理人进行标杆管理。关于企业生产经营、财务周转等相关信息披露的增多，也使得外部投资者如银行等金融机构能够获取更多企业业绩信息，更容易全方位了解和评估企业所处的行业地位，有效缓解了内外信息不对称的情况，使其及时掌握企业经营能力和财务状况，缓解了企业长期资金的融资约束，提高了企业长期资金的可得性。

基于以上分析，一方面，产品市场竞争越激烈，长期资金需求越低。产品市场竞争产生的破产清算威胁，有助于企业迫于外部环境压力自觉完善生产经营。为更好地把握投资机会，降低投资风险，企业会减少不必要的长期投资资金，有效缓解了管理层为了获取个人利益而进行高风险投资的长期投资需求；另一方面，产品市场竞争加剧，长期资金供给将增加。产品市场竞争通过经理人声誉和标杆效应，改善企业信息披露水平，缓解银行或外部投资者与企业之间的信息不对称问题，发挥产品市场的监督作用，从而提高了企业长期资金的可得性。因此，产品市场竞争加剧，长期投资资金需求的减少和长期投资贷款可得性的提高，使得企业信贷期限结构将更为契合其投资活动，降低企业短贷长投程度。由此，提出假设：

H1b：激烈的产品市场竞争会抑制企业短贷长投。

三、研究设计

（一）样本选择与数据来源

本文选取2008—2019年沪、深两市A股上市公司为研究样本。样本选取过程中做了如下剔除：ST、*ST以及金融保险行业的上市公司，模型所需数据不全的公司。产品市场竞争、企业短贷长投指标及其他控制变量测算所需数据均来自CSMAR数据库和Wind数据库。货币政策指标数据是根据中国人民银行网站的各年度《中国货币政策执行报告》手工搜集所得。最终得到了23 896个数据观测值，且为避免受极端值的影响，对连续变量进行了双侧1%的缩尾处理。

（二）变量测度

1. 被解释变量

企业短贷长投（SFLI）：参考钟凯等（2016）对资金缺口的衡量方法，采用以下步骤计算短贷长投：第一，计算企业的长期资金在本期的增加值，公式为，本期长期借款+一年内到期的非流动负债-前期长期借款；第二，计算代理变量，构建固定资产等投资活动现金支出-（长期借款本期增加额+本期权益增加额+出售固定资产现金流入），即得到企业长期资金的缺口，并进行资产标准化处理。指标越大，表明企业长期融资资金不足以满足企业长期投资活动的资金缺口越大，因此，短贷长投的现象越严重。

2. 解释变量

产品市场竞争（PMC）：从行业层面，借鉴杨兴全和尹兴强（2015）的方法，采用HHI指数，即用企业个体占其所在行业的营业收入比值的平方和来表示，数值越小，表明行业市场集中度越低，市场结构较为松散，行业市场竞争程度越大。同时，也考虑用行业内市场参与者企业的数量，即用行业内企业数量的自然对数（Ln_N）来表示或者用行业内销售额排名前n家销售额总和占整体的比值（CR_N）来衡量行业的市场集中度，进行稳健性检验。

3. 控制变量

参考已有文献，本文选择如下控制变量：公司规模（Size）、财务杠杆（Lev）、现金资产比率（Cash）、公司年龄（Age）、盈利能力（ROA）、产权性质（State）、抵押能力（FA）、期初流动比率（LR）、第一大股东持股比例（Big1）、企业成长性（Grow）、年度（Year）。此外，参考伊志宏等（2010）等文献，考虑到产品市场竞争指标是分行业度量的，为了避免与行业虚拟变量引发的多重共线性问题，本文没有对行业变量进行变量控制，只控制了年份固定效应。本文主要变量定义见表1。

表1　变量定义表

变量类型	变量名称	变量符号	变量定义
被解释变量	短贷长投	SFLI	构建固定资产等长期资产支付的现金-（本期长期借款增加额+本期应付债券增加额+本期权益增加额+经营活动现金净流量+处置固定资产等长期资产收回的现金净额），利用期初总资产标准化
解释变量	产品市场竞争	PMC	（公司营业收入/行业营业总收入）的平方和
控制变量	公司规模	Size	期末公司总资产的自然对数
	财务杠杆	Lev	负债总额 / 资产总额
	现金资产比率	Cash	经营活动产生的现金流量净额/期初总资产
	公司年龄	Age	观测年度减去企业成立年份加1的自然对数
	盈利能力	ROA	净利润 / 总资产
	产权性质	State	若为国有企业，该值取1，否则取0
	抵押能力	FA	固定资产比率，固定资产 / 总资产
	企业成长性	Grow	营业收入增长率
	期初流动比率	LR	期初的流动资产 / 期初的流动负债
	第一大股东持股比例	Big1	第一大股东持股数量 / 总股数
	年度	Year	年份虚拟变量

（三）模型构建

通过构建模型（1）来检验产品市场竞争对企业短贷长投的影响，验证主假设：

$$SFLI_{i,t} = \alpha_0 + \alpha_1 \times PMC_{i,t} + \sum Control + \varepsilon_{i,t} \tag{1}$$

模型中，i代表单位个体，t代表年份，ε为残差项，$SFLI_{i,t}$代表企业短贷长投的程度，$PMC_{i,t}$代表企业所面临的产品市场竞争，$\sum Control$代表所有控制变量。

四、实证结果与分析

（一）描述性统计分析

全样本主要研究变量的描述性统计结果（见表2）。从表2可以看出，短贷长投的均值为-0.117，最小值为-1.571，最大值为0.253，75分位数接近于0，表明有约25%的企业存在严重的短贷长投行为，该数值与既有研究基本一致（钟凯等，2016；马红等，2018），也侧面说明了我国企业存在风险偏好、选择激进的投融资财务策略行为。产品市场竞争的均值为0.297，和中位数0.252相近，说明行业的产品市场竞争强度分布均匀。最小值为0.202，最大值为0.828，说明我国现在一些行业市场参与者众多，行业内企业竞争激烈，有些行业则接近垄断。

表2 全样本的描述性统计表

变量名称	观测值	平均值	标准差	最小值	p25	p50	p75	最大值
SFLI	23 896	-0.117	0.235	-1.571	-0.163	-0.0726	-0.00300	0.253
PMC	23 896	0.297	0.127	0.202	0.218	0.252	0.322	0.828
Size	23 896	22.14	1.259	19.70	21.23	21.97	22.86	26.00
Lev	23 896	0.428	0.202	0.0535	0.267	0.423	0.583	0.877
Cash	23 896	0.163	0.123	0.0110	0.0756	0.128	0.215	0.606
Age	23 896	2.794	0.362	1.609	2.565	2.833	3.045	3.434
ROA	23 896	0.0457	0.0441	-0.0837	0.0177	0.0383	0.0669	0.200
State	23 896	0.391	0.488	0	0	0	1	1
FA	23 896	0.215	0.158	0.00190	0.0918	0.184	0.306	0.709
Grow	23 896	0.199	0.451	-0.525	-0.00290	0.121	0.284	3.390
LR	23 896	0.302	0.214	0.0286	0.149	0.249	0.393	1.128
Big1	23 896	0.351	0.148	0.0877	0.233	0.331	0.452	0.750

（二）相关系数检验

为了初步检验产品市场竞争与企业短贷长投之间的相关关系，以及检验模型中的变量是否存在严重的多重共线性问题，本文对模型（1）所涉及的变量进行了Pearson相关性分析。表3列示了主要变量的相关系数和方差膨胀系数的检验结果。由表3可以看出，产品市场竞争（PMC）和企业短贷长投（SFLI）的Pearson相关系数检验在1%水平显著为-0.024，由于产品市场竞争指标由HHI指标衡量，说明HHI越小，产品市场竞争（PMC）越激烈，企业短贷长投水平越高，表明产品市场竞争加剧了企业短贷长投。表3中最后一行列示的相关系数的VIF值均小于经验值5，说明模型中的变量不存在明显的多重共线性问题。

表3 相关性分析表

变量	SFLI	PMC	Size	Lev	Cash	Age	ROA	State	FA	Grow	LR	Big1
SFLI	1											
PMC	−0.024***	1										
Size	−0.112***	−0.092***	1									
Lev	0.049***	−0.089***	0.518***	1								
Cash	−0.117***	0.140***	−0.248***	−0.395***	1							
Age	−0.048***	−0.095***	0.192***	0.155***	−0.150***	1						
ROA	−0.281***	0.00800	−0.083***	−0.369***	0.281***	−0.088***	1					
State	0.021***	−0.055***	0.330***	0.288***	−0.055***	0.142***	−0.111***	1				
FA	0.067***	−0.119***	0.051***	0.045***	−0.287***	−0.026***	−0.070***	0.171***	1			
Grow	−0.430***	0.019***	0.048***	0.062***	−0.00300	−0.037***	0.157***	−0.060***	−0.078***	1		
LR	−0.010***	−0.057***	0.403***	0.715***	−0.162***	0.141***	−0.222***	0.175***	−0.306***	0.022***	1	
Big1	−0.007***	−0.054***	0.194***	0.083***	0.023***	−0.122***	0.088***	0.208***	0.069***	0.00700	0.071***	1
VIF	1.56	1.04	1.54	3.21	1.39	1.11	1.28	1.25	1.47	1.06	2.73	1.12

（三）多元回归分析

表4列示了产品市场竞争对企业短贷长投影响的回归结果。第（1）列报告了仅控制年度的回归结果，PMC的系数为-0.0586，t值为-4.9429，在1%水平上显著；第（2）列报告了加入所有控制变量的结果，产品市场竞争对企业短贷长投的回归系数为-0.0376，在1%水平上显著，说明在整体样本中，随着企业所面临的产品市场竞争的增强，企业短贷长投的程度加深。具体而言，在保证控制变量不变的前提下，产品市场竞争强度每增加1个单位，企业短贷长投水平提高0.0376个单位，平均短贷长投强度提高0.321（0.0376/0.117）倍。综上，总体上产品市场竞争提高企业短贷长投水平，研究结果支持了本文的假设H1a。

表4　　产品市场竞争与企业短贷长投回归分析

变量	SFLI（1）	SFLI（2）
PMC	-0.0586*** （-4.9429）	-0.0376*** （-3.6412）
Size		-0.0277*** （-20.9094）
Lev		0.1181*** （10.1477）
Cash		-0.1813*** （-14.6337）
Age		-0.0472*** （-11.4289）
ROA		-1.0585*** （-31.9334）
State		0.0073** （2.3849）
FA		-0.0422*** （-4.2538）
Grow		-0.2116*** （-71.6973）
LR		-0.0832*** （-8.4099）

续表

变量	SFLI（1）	SFLI（2）
Big1		0.0446*** （4.8744）
年份	控制	控制
常数项	−0.0748*** （−9.4173）	0.7127*** （24.3575）
N	23 896	23 896
adj.R^2	0.031	0.294

（四）稳健性检验

1.样本选择偏误检验。

在日益开放和成熟的资本市场环境下，我国的一些上市公司已经获得了通过债券进行融资的资格。而本文研究的短贷长投的融资渠道主要为短期贷款，为了避免通过债券融资对结果造成偏误，要剔除通过发行债券获取资金融资的企业观测值。参考马红等（2018）的做法，存在应付债券有余额的观测样本数据，说明该企业已经取得债券融资，将其从前文样本中剔除之后，重新对模型（1）进行回归检验。表5的第（1）列，是剔除了已经取得债券融资资格并已获得债券融资的观测样本量之后的回归结果，回归结果显示PMC的系数为−0.0481，在1%水平上显著，与主检验结果基本一致，产品市场竞争的掠夺效应发挥作用。

表5 **稳健性检验的回归结果**

变量	（1） 剔除样本	（2） 替换SFLI	（3） 替换PMC为n	（4） 替换PMC为CR_4	（5） 滞后一期PMC
PMC	−0.0481*** （−3.6017）	−0.0314*** （−3.0729）	0.0030** （2.2346）	−0.0168** （−2.5084）	−0.0410*** （−3.8612）
Size	−0.0340*** （−14.0597）	−0.0227*** （−17.3298）	−0.0276*** （−20.7890）	−0.0275*** （−20.6211）	−0.0268*** （−18.5725）
Lev	0.1017*** （5.6598）	0.1257*** （10.9224）	0.1190*** （10.2144）	0.1192*** （10.2278）	0.1398*** （11.0851）
Cash	−0.1803*** （−9.9629）	−0.1907*** （−15.5778）	−0.1843*** （−14.9112）	−0.1827*** （−14.7556）	−0.2065*** （−14.9456）
Age	−0.0609*** （−10.4073）	−0.0430*** （−10.5343）	−0.0462*** （−11.1655）	−0.0466*** （−11.2763）	−0.0326*** （−7.1195）

续表

变量	(1) 剔除样本	(2) 替换SFLI	(3) 替换PMC为n	(4) 替换PMC为CR_4	(5) 滞后一期PMC
ROA	-1.1444*** (-22.3126)	-1.1078*** (-33.8229)	-1.0542*** (-31.8287)	-1.0548*** (-31.8435)	-1.0145*** (-28.3894)
State	0.0012 (0.2534)	0.0039 (1.2815)	0.0078** (2.5383)	0.0081*** (2.6467)	0.0131*** (4.0631)
FA	-0.0739*** (-4.6991)	-0.0006 (-0.0656)	-0.0364*** (-3.6673)	-0.0416*** (-4.1806)	-0.0365*** (-3.4341)
Grow	-0.2170*** (-49.4573)	-0.2053*** (-70.3962)	-0.2118*** (-71.7665)	-0.2116*** (-71.6685)	-0.2049*** (-63.0132)
LR	-0.1094*** (-6.8590)	-0.0204** (-2.0827)	-0.0828*** (-8.3623)	-0.0816*** (-8.2616)	-0.0851*** (-8.1044)
Big1	0.0531*** (3.7944)	0.0377*** (4.1667)	0.0478*** (5.2137)	0.0468*** (5.1238)	0.0357*** (3.6204)
年份	控制	控制	控制	控制	控制
常数项	0.9090*** (17.5447)	0.5831*** (20.1684)	0.6812*** (22.7968)	0.6963*** (24.0302)	0.5744*** (17.9555)
N	11 146	23 896	23 896	23 896	20 016
adj.R^2	0.300	0.299	0.294	0.294	0.285

2.变量衡量偏误

第一，替换被解释变量的度量。为了更准确度量企业长期投资增加额，借鉴钟凯（2016）的做法，由于本文主要以长期贷款作为长期性资金来源，因此，剔除非流动资产在一年内到期的金额，结果见表5第（2）列，PMC的回归系数为0.0314，且在1%水平上显著，回归结果与上文结果基本一致，产品市场竞争加剧了企业短贷长投。第二，替换解释变量的度量。有两种替换衡量方法：

其一，可竞争市场理论认为，市场上企业之间的竞争是市场竞争的主要表现形式。因此，参考杨婧等（2020）的做法，将行业内企业可观测的数量取对数，作为更换度量指标。该值越大，作为市场参与者的企业数量越多，企业间竞争越激烈，从而市场竞争越激烈。回归结果见表5第（3）列，解释变量PMC的系数为0.0030，且在5%水平上显著，表明由于行业内市场参与企业数量的增加，带来了产品市场的竞争程度不断提高，企业短贷长投水平提高，与上文结果基本一致。

其二，参考张永冀等（2014）的做法，根据市场份额，用行业内销售额排名前四企业的销售额总和占整体的比值（CR_4）来表示，其公式如下：

$$CR_4 = \sum_{i=1}^{n} \frac{X_i}{X} = \sum_{i=1}^{n} S_i \tag{2}$$

其中，X为行业销售额总额，X_i代表第i个企业的个体销售额，S_i代表第i个企业的市场占有率。因此，CR_4指数越小，产品市场竞争程度越大。回归结果见表5第（4）列，产品市场竞争PMC的回归系数为-0.0168，且在5%水平上显著，说明产品市场竞争能够提高企业短贷长投水平，与上文结果基本一致。

3.反向因果检验

第一，将产品市场竞争滞后一期处理。根据动态竞争理论，企业会不断通过与竞争对手之间的往来进攻等来保持市场地位，从而获得竞争优势，因此，竞争优势不具有长期性，可能会随着竞争加剧而不断变化。为了缓解本文可能存在的反向因果，导致产品市场竞争对企业短贷长投的关系的估计结果产生偏误，本文将产品市场竞争（HHI指数）进行滞后一期处理。回归结果见表5第（5）列，产品市场竞争PMC系数为-0.0410，在1%水平上显著，与上文结果基本一致。第二，利用工具变量进行检验。参考庞瑞芝等（2021）的做法，为了进一步检验反向因果导致的内生性问题，本文分别使用滞后一期和滞后二期的赫芬达尔指数作为工具变量（IV），并通过两阶段最小二乘回归检验。表6的第（1）和第（2）列，使用滞后一期PMC进行2SLS回归，结果显示滞后一期产品市场竞争的F值为17 143.08。表6的第（3）和第（4）列，使用滞后二期PMC进行2SLS回归，结果显示滞后二期产品市场竞争的F值为6 057.76，远高于10.0的临界值，说明不存在工具变量与解释变量之间弱关系的问题。工具变量过度识别检验显示P值为0.9634，显著高于0.1，不能拒绝过度识别检验的原假设，表明使用的滞后期PMC满足外生性要求。根据第二阶段回归结果，解释变量PMC的估计系数与主回归结果基本一致，均在1%水平上显著为负，说明产品市场竞争加剧了企业短贷长投。

表6 **工具变量检验（PMC滞后一期、PMC滞后二期）**

变量	PMC滞后一期		PMC滞后二期	
	（1） 第一阶段 PMC	（2） 第二阶段 SFLI	（3） 第一阶段 PMC	（4） 第二阶段 SFLI
PMC		-0.0449*** （0.012）		-0.0466*** （0.013）
IV	0.9140*** （0.002）		0.8169*** （0.002）	
Size	0.0001 （0.000）	-0.0268*** （0.001）	0.0007** （0.000）	-0.0264*** （0.002）

续表

变量	PMC滞后一期		PMC滞后二期	
	(1) 第一阶段 PMC	(2) 第二阶段 SFLI	(3) 第一阶段 PMC	(4) 第二阶段 SFLI
Lev	-0.0020 (0.002)	0.1397*** (0.013)	-0.0038 (0.003)	0.1596*** (0.014)
Cash	0.0002 (0.002)	-0.2065*** (0.014)	0.0033 (0.003)	-0.2404*** (0.015)
Age	-0.0023*** (0.001)	-0.0327*** (0.005)	-0.0050*** (0.001)	-0.0232*** (0.005)
ROA	-0.0046 (0.005)	-1.0147*** (0.036)	-0.0197** (0.009)	-0.9492*** (0.039)
State	0.0011** (0.000)	0.0132*** (0.003)	0.0032*** (0.001)	0.0172*** (0.003)
FA	0.0030* (0.002)	-0.0364*** (0.011)	0.0021 (0.003)	-0.0444*** (0.012)
Grow	-0.0022*** (0.000)	-0.2050*** (0.003)	-0.0017** (0.001)	-0.2069*** (0.004)
LR	0.0004 (0.002)	-0.0851*** (0.010)	-0.0011 (0.002)	-0.0883*** (0.011)
Big1	0.0010 (0.001)	0.0358*** (0.010)	0.0003 (0.002)	0.0304*** (0.011)
年份	控制	控制	控制	控制
常数项	0.0336*** (0.005)	0.6693*** (0.033)	0.0642*** (0.008)	0.6306*** (0.037)
N	20 016	20 016	16 555	16 555
R-squared	0.947	0.286	0.880	0.291
弱工具变量检验	F（21，19 994）=17 143.08		F（20，16 534）=6 057.76	
	P=0.0000		P=0.0000	
过度识别检验	P=0.9634			

五、进一步分析

（一）异质性分析

根据上文分析，产品市场竞争提高了企业的短贷长投水平。因此，本文将进一步从行业内产品市场竞争地位差异、企业生命周期差异以及融资约束差异考虑产品市场竞争对企业短贷长投的影响。

1. 市场竞争地位差异

行业内由于市场地位的差异，企业遭受到的掠夺性影响可能会不一致。因此，为了进一步检验行业内市场竞争地位差异的影响，本文用勒纳垄断势力指数（PMC）衡量行业内企业的市场竞争地位高低。参考Peress（2010）的研究，首先计算企业的边际成本，用营业成本减去管理和销售费用；其次用边际贡献比营业收入。PMC越大，企业营业收入对边际成本的离散程度越高，说明企业在行业内竞争势力越大，在该行业内的市场地位越高，对商品价格的制定能力也越强。

根据勒纳垄断势力指数（PMC）的行业年度中位数将样本分为行业内市场地位较高组和较低组，对模型（1）进行分组回归，并进行组间差异检验。表7列示了产品市场竞争对企业短贷长投的竞争地位异质性回归结果，组间差异检验显著，结果可信度较高。在高竞争地位组掠夺企业中，产品市场竞争程度（PMC）的系数为-0.0702，在1%的水平下显著；而在低竞争地位组被掠夺企业中，产品市场竞争程度（PMC）的系数为-0.0090，但不显著。表明由于企业在行业内所占据的竞争地位的差异，企业会根据自身的竞争优劣、竞争地位的变动以及竞争对手等因素，综合选择和规划企业自身的竞争战略。一方面，行业内处于竞争优势地位的企业为了保持现有的市场地位会偏好采取更积极的市场战略进行扩张，需要融入新资金扩大生产经营规模，进行投资，来保证市场价格的话语权和竞争中的优势地位，因此，会提高短贷长投水平。另一方面，竞争地位低的被掠夺企业面对激烈的产品市场竞争，只能被动接受市场变化，作为价格接受者，利润水平低，财务风险大，因此，进行短贷长投的意愿并不强烈。

2. 企业生命周期差异

根据企业生命周期理论，企业的经营周期会随着企业生命周期的变化而变化，在企业生命的各个阶段，会产生不同的生产销售需求、组织特征、战略决策等。因此，企业在不同生命阶段战略投资需求、发展目标各不相同，产品市场竞争对企业短贷长投的影响也会有差异。本文借鉴谢佩洪等（2017）的做法，综合企业在长期资产投资等方面的活动，借款、股票债券发行等方面的活动以及除此之外的经营活动三个方面，将现金的流入和流出情况作为划分不同阶段的依据。

表7 市场竞争地位和企业生命周期的异质性分析

变量	(1)	(2)	(3)	(4)	(5)
	市场竞争地位		企业生命周期		
	掠夺企业	被掠夺企业	成长期	成熟期	衰退期
PMC	-0.0702*** (-4.1266)	-0.0090 (-0.7140)	-0.0498*** (-2.6585)	-0.0234** (-2.2892)	0.0100 (0.4424)
Size	-0.0340*** (-15.0614)	-0.0215*** (-13.4727)	-0.0445*** (-18.7680)	-0.0070*** (-5.2431)	-0.0218*** (-7.1116)
Lev	0.1126*** (5.6281)	0.1048*** (7.4010)	0.4437*** (20.7902)	-0.1217*** (-9.6792)	-0.0717*** (-2.9979)
Cash	-0.1673*** (-8.6609)	-0.2118*** (-13.2460)	-0.3760*** (-14.5390)	-0.0659*** (-5.6406)	-0.2056*** (-8.4158)
Age	-0.0463*** (-6.6097)	-0.0472*** (-9.4695)	-0.0648*** (-9.0226)	-0.0290*** (-6.8397)	-0.0470*** (-4.8484)
ROA	-0.9013*** (-16.3784)	-0.9676*** (-20.1391)	-0.6631*** (-9.5609)	-1.4268*** (-45.7455)	-1.2853*** (-19.0252)
State	0.0041 (0.7563)	0.0047 (1.3324)	0.0053 (0.9599)	-0.0072** (-2.3299)	0.0051 (0.7859)
FA	-0.0127 (-0.7922)	-0.0709*** (-5.7245)	-0.0199 (-1.0793)	-0.0297*** (-3.0054)	-0.0792*** (-3.3096)
Grow	-0.2488*** (-52.8719)	-0.1753*** (-47.1865)	-0.2433*** (-51.8229)	-0.1489*** (-38.5114)	-0.1563*** (-25.6104)
LR	-0.0434*** (-2.8938)	-0.1068*** (-7.9994)	-0.1484*** (-8.6191)	-0.0220* (-1.9035)	-0.0221 (-1.1385)
Big1	0.0533*** (3.5511)	0.0349*** (3.1250)	0.0484*** (2.8988)	-0.0165* (-1.8296)	0.0451** (2.2318)
年份	控制	控制	控制	控制	控制
常数项	0.8081*** (16.3214)	0.6083*** (17.1767)	0.9997*** (19.3883)	0.3053*** (10.3862)	0.6616*** (9.5590)
N	10 305	13 591	10 679	8 842	4 375
adj.R^2	0.306	0.241	0.343	0.388	0.270
Suest	5.88 (0.0153)				

为了检验企业生命周期是否影响产品市场竞争加剧企业的短贷长投，本文将企业按照现金流组合标准分为成长期、成熟期和衰退期进行分组回归，组间差异显著。表7中，第（3）列成长期企业，产品市场竞争（PMC）的系数为-0.0498，在1%水平上显著；第（4）列成熟期企业，PMC系数为-0.0234，在5%水平上显著；第（5）列衰退期企业，PMC系数为0.0100且不显著。

该结果表明，对于成长期企业，一方面，由于采购和销售渠道的不确定性较大，对于产品无论是供应商还是消费者的议价能力都不确定，从而无法获得稳定的利润率。同时，由于企业的盈利空间较小，企业难以通过内部留存等方式获得支持。另一方面，这一周期的企业竞争战略大多是要提高市场占有率和市场空间，不断丰富完善自身的核心竞争力，大量的投资支出使得企业长期投资需求加大。因此，匮乏的融资渠道无法满足企业长期投资需要，进而加大了企业的资金缺口，市场竞争对企业短贷长投的影响程度最大。

处于成熟期的企业已经积累了一定的市场份额，供销渠道完善、生产经营模式成熟，企业在市场上的投资机会也不断增加，企业会选择更多的资本投资。表现为企业的投资和筹资现金流为负，资金需求增加，产品市场竞争显著影响短贷长投。但相比于成长期企业经营性现金流相对充裕，有一定盈余积累，产品市场竞争的影响程度相对较低。

由于产品样式更新乏力等因素，市场对衰退期企业的产品需求逐渐下降，产品供过于求，加上投资机会的减少和新投资前景的不确定性，使得衰退期企业短贷需求下降，市场竞争不发挥竞争加剧效应。

3. 融资约束差异

考虑到KZ、WW指标的衡量都是用企业内生性财务变量进行计算，会产生相互影响，可能会带来测量偏误。因此，本文参考Hadlock等（2010）的方法，使用SA指数衡量，用与企业资金融资约束直接相关的企业规模和年龄来构建指数。

$$SA = -0.737 \times Size + 0.043 \times Size^2 - 0.040 \times Age$$

其中，Size是用企业的员工人数取对数，Age用企业从注册到现在的成立时长衡量。指数越大，企业受到的资金融资的限制也越多。按照SA指数的行业年度均值将样本分为企业财务资金约束较高组和较低组，重新对模型（1）进行分组回归，并进行组间差异检验。如表8第（1）和（2）列所示，在低融资约束组，产品市场竞争（PMC）系数为-0.0240，在10%水平上显著；在高融资约束组，产品市场竞争（PMC）系数为-0.0667，在1%水平上显著为负。表明企业面临的财务融资约束越多，企业短贷长投的水平越高。

表8 融资约束的异质性分析

变量	(1) 低融资约束	(2) 高融资约束	(3) 融资能力强	(4) 融资能力弱
PMC	−0.0240* (−1.8324)	−0.0667*** (−3.9489)	−0.0165 (−1.4610)	−0.0656*** (−3.6238)
Size	−0.0269*** (−15.1152)	−0.0277*** (−13.1275)	−0.0226*** (−15.6898)	−0.0400*** (−16.4970)
Lev	0.1077*** (6.1190)	0.1296*** (8.3487)	0.1077*** (8.2238)	0.1419*** (7.1364)
Cash	−0.1278*** (−7.4081)	−0.2597*** (−14.3017)	−0.1458*** (−10.3846)	−0.2088*** (−9.9402)
Age	−0.0468*** (−7.1663)	−0.0048 (−0.4299)	−0.0221*** (−4.7419)	−0.0708*** (−10.1130)
ROA	−1.1791*** (−24.6883)	−0.9369*** (−20.3652)	−0.9814*** (−25.7498)	−1.1143*** (−20.1337)
State	−0.0053 (−1.0977)	0.0158*** (4.0415)	0.0092*** (2.8262)	0.0049 (0.8887)
FA	−0.0220 (−1.4690)	−0.0572*** (−4.3073)	−0.0226** (−2.1593)	−0.0662*** (−3.6260)
Grow	−0.1956*** (−42.1948)	−0.2223*** (−58.3924)	−0.1408*** (−32.9922)	−0.2361*** (−55.7191)
LR	−0.0720*** (−4.6735)	−0.0873*** (−6.7643)	−0.0880*** (−7.6178)	−0.0603*** (−3.6830)
Big1	0.0698*** (5.3112)	0.0210 (1.6382)	0.0600*** (5.9752)	0.0424*** (2.6490)
年份	控制	控制	控制	控制
常数项	0.6776*** (17.4723)	0.6021*** (10.8251)	0.4598*** (14.3921)	1.0482*** (19.8410)
N	11 753	12 143	13 385	10 511
adj.R^2	0.267	0.324	0.210	0.355
Suest	2.70 (0.1002)		3.86 (0.0495)	

同时，用经营活动现金流量波动性衡量企业融资能力，经营活动现金流量波动性越小，企业融资能力越强。按均值将样本划分为融资能力强和融资能力弱组，对模型（1）进行分组回归，通过组间差异检验，结果见表8第（3）和（4）列。在融资能力强组，产品市场竞争（PMC）系数为-0.0165，不显著；在融资能力弱组，产品市场竞争（PMC）系数为-0.0656，在1%水平上显著。说明融资能力弱的企业，其短贷长投水平更高。

以上结果表明，企业受到融资约束越大，融资能力越弱，企业短贷长投水平越高，产品市场竞争的加剧作用更显著；而自身融资能力强，受到融资约束小的企业，产品市场竞争加剧企业短贷长投的影响会降低。

（二）货币政策的调节机制分析

货币政策是指央行控制和调节我国货币供给和信用量的方针政策，对调节和推进国家经济、金融发展起到重要影响，对于应对突发的流动性金融危机更是起到了积极的作用。货币政策的经济调整主要通过信用贷款、市场价格两个路径影响实体经济。信贷渠道，主要是通过调整银行信用贷款资产进而影响企业的财务储备；市场价格渠道，则更多是通过影响贷款的手续费、债券注册和代理费用等融资费用，进而对企业产生影响。但考虑到我国政治经济等因素，利率市场化程度仍较低，信用贷款渠道是我国货币政策发挥影响的主要途径（叶康涛等，2009；饶品贵等，2013）。货币政策的变动会改变信贷市场货币的供应总量，进而改变企业投融资环境。

韩东平等（2015）认为，货币政策处于紧缩期间，放贷条件会更为严格，整体信贷市场处于收紧状态，企业会面临更加严重的资金约束。在产品市场竞争环境下，行业内投资机会是有限的，加上紧缩的货币政策导致企业再次融资产生不确定性，为了把握现有的市场投资机会，企业会利用相对容易获取的短期贷款用于长期投资活动。而在紧缩的信贷市场环境下，长期融资拥有更高的融资资金费用和更容易发生的信贷违约风险，使得银行等金融机构的放贷审核更加谨慎（Mojon等，2002）。而且，紧缩货币政策下企业会更多地选择用短期资金取代长期资金满足投资的需要（段云等，2012），加上银行考虑到信贷违约风险，更愿意发放短期贷款降低监督成本，降低代理矛盾，从而降低了企业长期贷款的可得性，使得企业的长期投资部分以短期信贷资金为基础。

同时，从货币政策调整与实体经济发展之间的匹配角度，钟凯等（2016）认为，由于货币政策主要通过信贷市场发挥作用，所以银行作为发放贷款的一方，在货币政策适度性水平提高时，会更多考虑信贷期限与企业实体生产经营所需活动期限的匹配程度，从而有效降低了企业短贷长投的水平。

为考察外部环境货币政策是否对产品市场竞争与企业短贷长投之间关系具有调

节效应，本文构建了模型（2）和（3）进行检验：

$$SFLI_{i,t} = \beta_0 + \beta_1 MP_{i,t} + \sum Control + \varepsilon_{i,t} \quad (2)$$

$$SFLI_{i,t} = \gamma_0 + \gamma_1 \times PMC_{i,t} + \gamma_2 MP_{i,t} + \gamma_3 \times PMC_{i,t} \times MP_{i,t} + \sum Control + \varepsilon_{i,t} \quad (3)$$

其中，MP用M2增长率衡量，M2为广义货币供给，等于狭义货币供给加上商业银行的定期存款和邮储存款。指标越大，表明货币供给成长率越高，企业处于较宽松的货币政策环境中，反之，则说明货币政策趋紧。

表9中第（1）列显示了模型（1），在整个样本期间内产品市场竞争（PMC）对短贷长投的影响，PMC系数为-0.0376，在1%水平上显著，说明产品市场竞争加剧企业短贷长投。第（2）列显示了模型（2），在整个样本期间内货币政策（MP）对短贷长投的回归分析，回归系数为-0.3003，在1%水平上显著，说明货币政策总体上缓解了企业的短贷长投。第（3）列显示了模型（3），在货币政策的调节下，产品市场竞争对企业短贷长投的影响，在模型（1）的基础上加入货币政策（MP）、产品市场竞争和货币政策的交互项（$PMC_{i,t} \times MP_{i,t}$），交互项的系数为0.7475，在1%水平上显著，说明宽松的货币政策对产品市场竞争和短贷长投的关系起到消极的作用。

表9　　货币政策的调节机制分析

变量	（1）	（2）	（3）	（4）紧缩	（5）宽松
PMC	-0.0376*** (-3.6412)	-0.0376*** (-3.6412)	-0.0458*** (-4.3065)	-0.0655*** (-3.9799)	-0.0197 (-1.5532)
MP		-0.3003*** (-3.5919)	-0.3031*** (-3.6261)		
$PMC_{i,t} \times MP_{i,t}$			0.7475*** (3.2176)		
Size	-0.0277*** (-20.9094)	-0.0277*** (-20.9094)	-0.0277*** (-20.8748)	-0.0328*** (-18.4701)	-0.0200*** (-10.1110)
Lev	0.1181*** (10.1477)	0.1181*** (10.1477)	0.1183*** (10.1604)	0.1681*** (10.7158)	0.0514*** (3.0099)
Cash	-0.1813*** (-14.6337)	-0.1813*** (-14.6337)	-0.1821*** (-14.6980)	-0.1956*** (-11.4964)	-0.1855*** (-10.3849)
Age	-0.0472*** (-11.4289)	-0.0472*** (-11.4289)	-0.0473*** (-11.4502)	-0.0412*** (-6.9918)	-0.0533*** (-9.4426)
ROA	-1.0585*** (-31.9334)	-1.0585*** (-31.9334)	-1.0617*** (-32.0228)	-0.8987*** (-20.6211)	-1.3338*** (-26.3117)

续表

变量	(1)	(2)	(3)	(4)紧缩	(5)宽松
State	0.0073** (2.3849)	0.0073** (2.3849)	0.0073** (2.3991)	0.0214*** (5.1192)	-0.0124*** (-2.8388)
FA	-0.0422*** (-4.2538)	-0.0422*** (-4.2538)	-0.0435*** (-4.3779)	-0.0381*** (-2.8263)	-0.0680*** (-4.7033)
Grow	-0.2116*** (-71.6973)	-0.2116*** (-71.6973)	-0.2117*** (-71.7180)	-0.2215*** (-57.1694)	-0.1933*** (-42.8782)
LR	-0.0832*** (-8.4099)	-0.0832*** (-8.4099)	-0.0840*** (-8.4955)	-0.0842*** (-6.2966)	-0.0943*** (-6.5256)
Big1	0.0446*** (4.8744)	0.0446*** (4.8744)	0.0443*** (4.8400)	0.0452*** (3.6126)	0.0306** (2.3176)
年份	控制	控制	控制	控制	控制
常数项	0.7127*** (24.3575)	0.7661*** (22.5858)	0.7685*** (22.6547)	0.8538*** (21.5277)	0.6245*** (14.5984)
N	23 896	23 896	23 896	14 366	9 530
adj.R^2	0.294	0.294	0.294	0.297	0.295
Suest				3.16 (0.0754)	

表9中的第(4)、(5)列按照货币政策的宽松程度进行了分组检验。本文以全行业年度样本的货币政策的均值，将样本分为货币政策宽松组(MP=1)和紧缩组(MP=0)，分别进行产品市场竞争对企业短贷长投的多元回归，并通过组间差异检验，分组结果有效。第(4)列显示了货币政策紧缩组，PMC系数为-0.0655，在1%水平上显著，说明在紧缩的货币政策作用下，产品市场竞争提高了企业的短贷长投水平。笃(5)列显示了货币政策宽松组，PMC系数为-0.0197，回归结果不显著。虽然在紧缩和宽松的货币政策下，产品市场竞争都加剧短贷长投，发挥掠夺效应，但相比紧缩货币政策下，宽松货币政策下产品市场竞争对短贷长投的影响程度降低。从全栏本分组检验结果，可以得出结论，宽松的货币政策对产品市场竞争和企业短贷长投的关系起到消极的作用。

(三)敏感性分析

为了证实在我国企业短贷长投的存在性以及产品市场竞争是否对短贷长投具有加剧作用，参考马红等(2018)的研究方法，构建模型(4)，得出企业短期贷款对长期投资的回归系数来判断敏感性。同时，加入产品市场竞争与短期贷款的交互项（$PMC_{i,t} \times Sd_{i,t}$），同时沿用模型（1）中的控制变量。

$$Inv_{i,t} = \beta_0 + \beta_1 \times Sd_{i,t} + \sum Control + \varepsilon_{i,t} \tag{4}$$

$$Inv_{i,t} = \gamma_0 + \gamma_1 \times Sd_{i,t} + \gamma_2 \times PMC_{i,t} \times Sd_{i,t} + \sum Control + \varepsilon_{i,t} \tag{5}$$

其中：Inv代表企业购买专用资产等长期性投资活动的资金支出，并进行标准化处理；Sd代表企业短期贷款，用企业短期信贷资金增量（企业贷款现金总和-长期借款本期增加额）来衡量，并进行标准化。若β_1显著为正，说明短贷长投现象在我国企业中普遍存在。若γ_2显著为正，说明产品市场竞争能够加剧短贷长投。

表10报告了产品市场竞争对企业短贷长投敏感性的回归结果。第（1）列短期贷款（Sd）系数为0.9126，在1%水平上显著，证明了我国企业长期投资对短期贷款资金存在依赖，存在一定的短贷长投现象。第（2）列产品市场竞争（PMC）系数为0.2734，在1%水平上显著，说明产品市场竞争一定程度上促进了企业投资规模的扩张，也侧面验证了企业为了降低市场竞争的掠夺威胁等而抢占市场份额。第（3）列产品市场竞争与短期贷款的交互项（$PMC_{i,t} \times Sd_{i,t}$）系数为2.1969，在1%水平上显著，说明产品市场竞争加剧了企业长期投资对短期贷款资金的依赖，加剧了企业短贷长投。

表10　　产品市场竞争对短贷长投敏感性分析

变量	(1)	(2)	(3)
	Inv	Inv	Inv
Sd	0.9126*** (143.0984)	0.9108*** (142.7918)	0.6401*** (53.9684)
PMC		0.2734*** (5.7792)	0.4422*** (9.4752)
$PMC_{i,t} \times Sd_{i,t}$			2.1969*** (26.8336)
Size	0.0677*** (10.3336)	0.0678*** (10.3644)	0.1122*** (16.9807)
Lev	−0.1324** (−2.3667)	−0.1284** (−2.2970)	−0.0868 (−1.5876)
Cash	−0.0862 (−1.3542)	−0.1148* (−1.7999)	−0.0633 (−1.0149)

续表

变量	(1)	(2)	(3)
	Inv	Inv	Inv
Age	−0.0551*** (−2.8009)	−0.0495** (−2.5134)	−0.0695*** (−3.6077)
ROA	0.1164 (0.7007)	0.1568 (0.9447)	0.0325 (0.2005)
State	−0.0061 (−0.4381)	−0.0055 (−0.3953)	−0.0091 (−0.6662)
FA	0.0709 (1.5469)	0.0949** (2.0641)	0.0911** (2.0287)
Grow	0.0095 (0.6635)	0.0076 (0.5333)	0.0031 (0.2191)
LR	−0.3409*** (−7.7507)	−0.3281*** (−7.4587)	−0.3136*** (−7.2925)
Big1	0.1333*** (3.0792)	0.1433*** (3.3109)	0.1189*** (2.8089)
年份	控制	控制	控制
常数项	−1.1476*** (−8.0555)	−1.2604*** (−8.7743)	−2.2695*** (−15.6132)
N	15 431	15 431	15 431
adj.R^2	0.610	0.611	0.629

（四）排他性检验

前文假定企业短贷长投中的短期资金主要来源于银行短期贷款。企业还可以利用良好的商业信誉，通过延期付款等方式获取商业融资，并将商业信用融资作为短期资金满足长期投资资金需求。此外，根据买方市场理论，在产品市场交易中强势买方的议价能力较强，信用关系良好，因此，企业更容易充分发挥信用优势巩固和提高竞争实力，通过商业信用获得的资金会更加充裕，对银行的需求减少，替代关系显著。为了排除这一竞争性解释对结果的影响，进一步剔除商业信用融资额。第一，利用资产负债表计算商业信用融资本期增加额，即利用本期通过商业信用获取的融资资金（应付账款、应付票据和预收账款的总和）减去前期商业信用融资资金总额；第二，在前文企业短贷长投的代理变量的基础上扣除商业信用本期增加额。

利用模型（1）进行全样本回归分析，若产品市场竞争对企业短贷长投的影响降低，则说明商业信用是企业短期资金的主要来源；同时，根据行业内市场竞争地位划分市场竞争地位高的企业和竞争地位低的企业，如果在竞争地位高的企业样本中，产品市场竞争对企业短贷长投的加剧影响降低，则支持买方市场理论及强势市场竞争地位高的企业利用商业信用融资满足短期资金需求。

表11中第（1）列显示了模型（1）在整个样本期间内产品市场竞争（PMC）对剔除商业信用融资后的短贷长投的影响，回归系数为-0.0493，在1%水平上显著，说明产品市场竞争加剧企业短贷长投，同时对比未剔除前的-0.0376可以看出，产品市场竞争对企业短贷长投的影响加剧。第（2）列列示了行业内处于较高市场地位的企业样本的分组回归结果，PMC系数为-0.1039，且在1%水平上显著，相比未剔除商业信用融资，产品市场竞争对企业短贷长投的影响加剧。因此，结果排除了商业信用作为企业短期资金主要来源的竞争性解释。

表11　　排他性检验（排除商业信用融资解释）

变量	(1) 全样本 SFLI_a	(2) 市场竞争地位高 SFLI_a	(3) 市场竞争地位低 SFLI_a
PMC	-0.0493*** (-2.9886)	-0.1039*** (-3.6736)	-0.0025 (-0.1304)
Size	-0.0349*** (-16.5079)	-0.0431*** (-11.4856)	-0.0275*** (-11.3356)
Lev	-0.0079 (-0.4250)	0.0101 (0.3030)	-0.0405* (-1.8776)
Cash	-0.2069*** (-10.4665)	-0.1856*** (-5.7806)	-0.2485*** (-10.2106)
Age	-0.0560*** (-8.4956)	-0.0637*** (-5.4742)	-0.0489*** (-6.4435)
ROA	-0.8972*** (-16.9632)	-0.6053*** (-6.6150)	-0.9336*** (-12.7673)

续表

变量	(1) 全样本 SFLI_a	(2) 市场竞争地位高 SFLI_a	(3) 市场竞争地位低 SFLI_a
State	0.0170*** (3.5028)	0.0193** (2.1328)	0.0103* (1.8984)
FA	0.0631*** (3.9834)	0.0812*** (3.0535)	0.0401** (2.1258)
Grow	-0.4106*** (-87.1672)	-0.4757*** (-60.7938)	-0.3480*** (-61.5667)
LR	0.0178 (1.1251)	0.0589** (2.3609)	-0.0000 (-0.0008)
Big1	0.0107 (0.7358)	0.0109 (0.4357)	0.0063 (0.3728)
年份	控制	控制	控制
常数项	0.8997*** (19.2708)	1.0579*** (12.8503)	0.7532*** (13.9733)
N	23 896	10 305	13 591
adj.R^2	0.307	0.315	0.285
Suest		5.83 (0.0158)	

六、结论与启示

本文在期限匹配理论、信息不对称理论、产品市场的掠夺理论和治理理论的基础上，通过实证分析得到以下结论：(1) 产品市场竞争显著加剧了企业短贷长投的水平，这一结论在经过样本选择偏误检验、衡量偏误检验、反向因果检验后仍然存在。(2) 相对于行业内市场竞争地位低的企业，在行业内占据竞争优势的企业产品市场竞争程度对其短贷长投的影响更显著；考虑企业所处的生命周期，处于成长期的企业产品市场竞争对企业短贷长投的影响更显著，成熟期企业次之，而对于处于衰退期的企业影响不大；当期受到较大的融资约束以及自身借贷能力较弱时，由于长期贷款资金可得性降低，企业短贷长投现象在竞争的产品市场环境下更显著。(3) 在货币政策紧缩时期，银行信贷量的降低导致货币供给量的大量减少，产品市场竞争对企业短贷长投的影响更显著。(4) 进一步考察了企业长期投资支出与短期融资资金之间的敏感性，研究结果表明我国企业长期投资对短期贷款存在依赖及短贷长投在我国企业普遍存在，产品市场竞争会加剧企业长期投资对短期贷款资金的敏感性。

本文实证结果表明在我国产品市场竞争会提高企业短贷长投的水平。同时，企业在行业内所处的竞争势力的强弱、企业所在的生命周期不同阶段、受到的融资约束不同和外部货币政策等诸多因素也会对产品市场竞争加剧企业短贷长投产生影响。企业应关注自身所处的行业竞争环境和自身所处的行业竞争地位，要结合企业自身的生产经营、现金储备等情况，合理调整和改善投融资期限不匹配的程度，加强对产品价格的控制力度，防止由于资金链断裂陷入偿债风险和资金约束。尤其是对于财务资金获取能力较差、资金来源受限的企业，更应科学合理设计企业投融资期限结构，在激烈的市场竞争环境下，降低短贷长投水平，对保证企业长期稳步发展、避免产生过度竞争行为有着积极作用。

由于数据来源和处理受限给本文带来了一定的局限性。本文选用赫芬达尔指数衡量产品市场竞争，尽管这一指标是学者们常选的标准，但却未能有效衡量行业进入壁垒等其他特征因素。另外，短贷长投的度量方法可能存在误差。由于企业长期投资支出可能会引起市场流动性的波动，因此，企业可能会用短期贷款资金满足企业流动性活动的需要从而保证投资活动的进行，衡量指标上会有局限。

未来的研究方向可能在以下方面：(1) 对于产品市场竞争的测度，后续研究可以进行更进一步的分类，如按照行业进入壁垒、行业内公司数量等分类来进一步研究产品市场竞争对企业短贷长投的影响。(2) 考虑到流动性对企业短贷长投敏感性的影响，后续研究可以对企业流动性需求进行异质性分析，进一步分析产品市场竞争对企业短贷长投的影响。

参考文献

[1] 陈林，唐杨柳. 混合所有制改革与国有企业政策性负担——基于早期国企产权改革大数据的实证研究 [J]. 经济学家，2014 (11)：13-23.

[2] 邓康林，高扬. 企业集团整体上市的市场反应 [J]. 财经科学，2010 (11)：17-25.

[3] 顾露露，张凯歌. 集权式股权结构会影响信息技术企业创新吗——非执行董事的中介效

应［J］. 科技进步与对策，2021.

［4］郝阳，龚六堂. 国有，民营混合参股与公司绩效改进［J］. 经济研究，2017，52（3）：122-135.

［5］李文贵，余明桂. 民营化企业的股权结构与企业创新［J］. 管理世界，2015（4）：112-125.

［6］乔惠波. 混合所有制企业公司治理研究［J］. 经济体制改革，2017（4）：102-108.

［7］盛丰. 生产效率，创新效率与国企改革——微观企业数据的经验分析［J］. 产业经济研究，2012（4）：37-46.

［8］王业雯，陈林. 混合所有制改革是否促进企业创新［J］. 经济与管理研究，2017，38（11）：112-121.

［9］魏成龙，郑志，张洁梅，等. 国有资本产权市场的政府监管对策研究［J］. 发展研究，2011（11）：12-17.

［10］吴延兵. 不同所有制企业技术创新能力考察［J］. 产业经济研究，2014（2）：53-64.

［11］许召元，张文魁. 国企改革对经济增速的提振效应研究［J］. 经济研究，2015（4）：122-135.

［12］Liu G S，Beirne J，Sun P.The performance impact of firm ownership transformation in China：mixed ownership vs.fully privatised ownership［J］. Journal of Chinese Economic and Business Studies，2015，13（3）：197-216.

Has product market competition intensified short-term loaning and long-term investment?

Yuanyuan Liu, Zhaoyue Zhang, Zhengyuan Huang

Abstract Product market competition，as a supplement or alternative to corporate governance mechanisms，has the potential to play an important role in preventing and resolving risks and controlling systemic financial risks arising from short loans and long investments of enterprises. This paper selects Shanghai and Shenzhen A-share listed companies from 2008—2019 as the research sample and investigates the possible impact of product market competition on the maturity mismatch of corporate short loans and long investments.The study finds that product market competition exacerbates the mismatch of corporate short loans and long investments. Further tests find that the impact of product market competition on the mismatch of corporate short loans and long investments is weakened when monetary policy is loose；the impact of product market competition on mismatch is stronger for firms that are subject to greater financing constraints or at the growth stage. This paper aims to improve reasonable investment and financing strategies for enterprises in product market competition, and also provides policy ideas for regulators.

Key Words product market competition; phenomenon of corporate long-term investment with short-term loans; maturity mismatch of investment and financing

第14辑，2022年
No.14，2022
会计与控制评论
Review of Accounting and Control

企业海外社会责任、制度距离与国际竞争力

靳小翠　朱玲玲

（河南理工大学财经学院　焦作　454000）

摘　要　随着“一带一路”倡议和“双循环”格局的提出和形成，中国企业在海外的社会责任行为和国际竞争力相关议题受到了越来越多的关注。以中国采矿业和建筑业的A股上市公司为样本，探究海外社会责任与企业国际竞争力的关系，并进一步分析制度距离在海外社会责任影响企业国际竞争力过程中的调节作用。研究发现：企业海外社会责任显著正向影响企业的国际竞争力；法律制度距离和文化制度距离越小，企业海外社会责任对国际竞争力的提升效果越明显；经济制度距离对海外社会责任影响企业国际竞争力的调节作用不显著。这些研究结论将有助于企业更好地理解海外分支机构的社会责任行为和其整体国际竞争力的关系，为企业提升国际竞争力找到有效的路径，并且为企业在不同的制度环境下如何更好地通过海外社会责任提升国际竞争力提供更多的实证证据。

关键词　海外社会责任　国际竞争力　制度距离

一、引 言

“一带一路”倡议的提出和双循环发展格局的形成，促使越来越多的中国企业走出国门进行跨国经营。我国已经从跨国投资东道国过渡为跨国投资输出国，在全球产业链的地位已经超过我国在全球GDP的排名，位居世界第一（江小涓和孟丽君，2021），未来中国企业在海外的经营活动范围和深度还将继续发展和扩大。伴随着中国企业海外投资规模进一步扩大和全球产业价值链的动态延伸和重塑，中国企业在国际竞争过程中的竞争力强弱将直接决定本国在国际上的分工地位和利益分配格局（钱学锋和王备，2020）。为此，党的十九大报告明确提出，要加快培育国际经济合作和竞争新优势，并努力“培育具有全球竞争力的世界一流企业”。因此，探索中国企业在走向国际市场的过程中如何更好地提升国际竞争力将是一项亟待解决又任重道远的任务。

企业国际竞争力的形成发展不仅需要以技术和研发创新为核心、不断深入国际化战略、提升全球化配置资源的能力，同时，还需要完善内部经营管理制度、应对各类不确定风险。而实施社会责任活动是企业降低资本成本（徐莉萍等，2020），获得员工认同和消费者支持（Donia and Sirsly，2016），提升企业竞争优势的重要途径（Porter and Kramer，2006；徐天舒，2019）。跨国公司在国际化经营过程中可以通过履行海外社会责任降低其在东道国的风险（Preuss等，2016；Nikolas，2016），树立良好的企业形象，实现自身的国际化战略（Gruber and Schlegelmilch，2015；Rodgers，2019）。因此，企业国际化经营中的海外社会责任表现也将会影响到企业的国际竞争力。当前学者关于企业社会责任与企业竞争力两者关系的研究主要集中在社会责任对企业国内竞争优势的影响（叶陈云等，2018；何音等，2020），而关于企业在海外分支机构的社会责任活动如何提升跨国企业母公司在整个国际上的竞争力的研究还比较少见，还缺乏相应的实证数据支持。这些问题的研究不仅有助于驱动企业履行海外社会责任，提升中国企业国际竞争力，并且也能为政府构建国内国际双循环新发展格局提供有效借鉴。

鉴于此，本文以国内2014—2019年的采矿业、建筑业上市公司为样本，以组织合法性理论、信号传递理论为基础，手工收集中国企业在海外的社会责任数据，实证检验企业海外分支机构的社会责任对企业整体国际竞争力的影响，并进一步研究制度距离在企业海外社会责任和其国际竞争力之间的调节作用。

与现有的研究文献相比，本文的边际贡献主要有以下三个方面：第一，本文利用上市公司数据，实证检验了企业海外分支机构的社会责任表现对企业整体国际竞争力的影响，为跨国公司履行社会责任提供了更多的动机和路径。第二，本文从法律、经济、文化角度多层次分析制度距离对海外社会责任和国际竞争力关系的影响，拓展了海外社会责任和企业国际竞争力的模型，为企业在不同的制度环境下如何更好地实施社会责任和提升国际竞争力提供了更多证据。第三，本文通过分析上市公司的社会责任报告，剥离出企业的海外社会责任表现，并构建海外社会责任评价指标体系，更为全面客观地衡量企业海外社会责任水平，弥补当前关于企业海外社会责任的研究经常使用企业国内外整体社会责任数据来替代企业海外社会责任表现的不足。

二、理论分析和研究假设

（一）海外社会责任与企业国际竞争力

企业社会责任作为一项社会运动，是市民维权、公司治理模式转变、经济全球化等多方力量推动发展起来的。现有的研究主要从合法性、经济性、伦理性三方面剖析企业社会责任的实践后果。其中，合法性是企业生存发展的基本要求，经济性是企业获取利益相关者掌握的关键资源（比如声誉、资本、人力），伦理性是企业积极迎合社会期望（贾敬全和卜华，2014；陈国辉等，2018）。

企业海外分支机构的社会责任会影响企业整体的国际竞争力，主要可能有两方面原因：

一方面，企业海外分支机构的社会责任行为通过提升自身的合法性和伦理性，降低了被处罚的风险，从而提升了企业整体的国际竞争力。基于组织合法性理论，只有海外投资企业的行为被利益相关者认为是“合适”和“适当”的，企业才能获得经营的“许可证”，进入东道国的社会网络（Kostova and Zaheer，1999），因此，企业在海外经营能否成功的关键就在于能否获得东道国的合法性。Zaheer（1995）提出海外公司在东道国存在合法性障碍，需要额外花费大量的费用适应东道国的制度环境差异，降低“海外不利性”（Hymer，1976），而企业承担社会责任能够帮助其获得组织合法性地位（孟猛猛等，2019）。与此同时，组织合法性地位的提高又使得企业海外经营活动迎合了各利益相关者的社会期望，克服了“外来者劣势”，减少了法律诉讼成本（Mezias，2002）、合规成本（Eden and Miller，2004）和其他额外经营成本等，从而提升了企业整体的竞争优势。

另一方面，企业通过海外社会责任行为，释放了一种负责任、能力强的积极信号，从而使得各利益相关者愿意与企业保持长期合作、为企业提供经营发展所需要的核心资源，从而提升了企业整体的国际竞争力。企业在国际化经营过程中，与企业外界的东道国利益相关者和社会公众等总是存在着信息不对称的情况。企业海外分支机构通过履行社会责任，首先，可以向外界传递一种负责任的信号，从而消除企业内外之间的信息不对称，提升利益相关者的认可度，使得利益相关者相信长期合作对自己是有利的，进而提升企业自身的国际竞争力。其次，企业海外分支机构通过实施社会责任活动，也能够向外界表达自己在东道国经营状况良好的信号，并向消费者、员工、政府机构、社会公众等利益相关者树立积极的社会形象（潘镇等，2020），在提升消费者忠诚度、招聘和留住高水平人才、主导战略合作伙伴关系、减少不必要的规制和法律纠纷等方面为企业带来好处（Pharoah，2003）。最后，企业通过海外社会责任实践，将自身与其他企业区别开来，增加了未履行企业社会责任对手的竞争成本或使海外投资企业自身获得不可模仿的资源优势来构建企业竞争优势。

基于此，本文提出第一个假设：

H1：企业海外社会责任对企业国际竞争力具有显著的积极影响。

（二）制度距离对海外社会责任与国际竞争力的调节作用

制度是一系列规范个体行为的规章、守法程序和道德伦理规范（North，1990）。而制度距离是母国和东道国之间在制度环境方面存在的差异（Kostova，1999），包括正式制度距离和非正式制度距离（Estrin等，2009）。正式制度距离是指母国和东道国之间在政治和法律、经济和契约等强制性遵守的社会规则方面的差异程度，包括法律制度距离和经济制度距离，非正式制度距离是指母国和东道国之间在文化认知、信仰和价值观方面的差异程度，主要指文化制度差异。现有文献已经证明制度距离的存在不仅会影响企业的跨国并购绩效（武天兰和范黎波，2020）、投资区位选择（金中坤和潘镇，2020）、进入模式（郭梦瑶等，2021）、创新绩效（李梅和卢程，2019）、海外经营效率（邓子梁和原晓慧，2018），同时也是导致海外投资企业面临“外来者劣势”的主要因素（Miller and Richards，2004；王凤彬和石鸟云，2011）。海外投资企业可能因为自己在东道国“外部人”的身份而面对信息不对称带来的不熟悉性危害、合法性缺失带来的歧视性危害和嵌入性不足带来的关系性危害，从而使得海外投资企业的经济利益受损（Boehe，2011）。

制度距离对海外社会责任与企业国际竞争力关系的影响主要涉及认可度不足和信息不对称两个方面。

在认可度不足方面，制度距离越大的东道国在海外投资中面临越多的制度合法性障碍和外来者劣势（Kostova and Zaheer，1999；陈怀超和范建红，2014）。一方面，海外投资目的国对中国海外投资企业感知到的最显著特征是“非商业目标”和“非公平竞争”的政治实施者（Cui and Jiang，2012），视中国海外投资企业为潜在的负面经济力量（Globerman and Shapiro，2009），引致东道国监管机构对中国海外投资企业进行严格审查。这意味着中国海外投资企业面临合法性获取的障碍，需要投入更多的商业成本（Yiu and Makino，2002）。另一方面，海外投资企业为了获取东道国的要素禀赋、组织合法性、关系网络方面履行的社会责任，为企业提升国际竞争力的同时也会受到制度距离的影响（宋林等，2019）。李琳和郭立宏（2021）通过对17个国家之间合作的发明专利数据检验发现，两类制度距离与跨国合作创新绩效均表现出显著的负相关，肖红军（2014）以中国大陆的海外投资企业为样本实证研究发现，经济制度距离、文化制度距离均显著负向影响企业国际化经营中的海外社会责任绩效。Vyncke和Brengman（2010）研究发现，文化制度距离越大，跨境电子商务在海外目的国越不容易建立消费者对平台的网络信任，同时，消费者对该平台的感知风险也相对更高（李元旭和罗佳，2017）。

在信息不对称方面，制度距离增加了东道国在海外投资过程中识别市场优势、内化和转移各类知识、技术等要素资源的困难程度（Dikova，2010）。企业实施社会责任活动更多是作为一种自发的非制度安排，其本身的实施行为并不能直接提高企业的竞争优势，而是通过社会各界尤其是利益相关者对企业社会责任的行为及表现的感知进行信息传递，进而影响企业社会责任绩效及管理策略（廉春慧和王跃堂，2018）。但是东道国和母国具有的可用资源存在异质性，较大的制度距离很可能意味着海外投资企业和东道国利益相关者的沟通交流、信息传递、资源转移出现阻塞，导致企业无法有效融入东道国的市场，也无法与消费者、员工、供应商，以及政府建立和谐的外部关系，减弱了海外社会责任的“移情效应”。另外，制度距离较大时，海外投资企业很可能无法正确熟悉东道国的制度环境，对环境做出合理的处理，并能及时有效地回应利益相关者的合法诉求（聂爱云等，2020），从而削弱企业的竞争优势。

基于此，本文提出以下假设：

H2：制度距离对海外社会责任和企业国际竞争力的关系起负向调节作用。即投资于制度距离越小的东道国，海外社会责任对企业国际竞争力的提升效果越明显。

三、研究设计

（一）样本选择和数据来源

本文以中国采矿业、建筑业的A股上市公司为研究对象，使用它们2014—2019年间的数据实证分析企业海外社会责任对其国际竞争力的影响，以及制度距离对两者的调节作用。将2014年作为时间起点是因为2013年我国提出“一带一路”倡议之后，中国对外投资宽度和深度都大大提升，选择采矿业、建筑业是因为这两个行业更加贴近海外投资所在地的利益相关者，同时还考虑到相关行业海外社会责任数据的可得性和全面性等问题。企业财务数据来自国泰安数据库；海外社会责任、海外投资目的国数据分别通过历年社会责任报告、公司年报手工搜集；竞争环境数据、法律制度数据、经济制度数据、文化制度数据依次来源于世界经济论坛发布的全球竞争力指数（GCI）、世界银行发布的全球治理指数（WGI）、美国传统基金会发布的全球经济自由度指数（EFW）、霍夫斯泰德指数数据库（HOFSTEDE）。根据企业股票代码和所属年份对上述数据进行匹配，并对样本数据进行如下处理以使样本清晰：剔除数据缺失的样本企业；剔除海外投资目的国在开曼群岛等避税天堂的海外子公司数据。最终样本所涉及的海外投资目的国共有72个国家和地区，样本企业在2014—2019年间每年度的观测值依次为126个、136个、150个、158个、160个、163个，共893个样本。

（二）主要变量定义

1. 被解释变量

企业国际竞争力（EICI）：本文参照刘文炳等（2009）、高玉婷（2016）、朱兰亭和杨蓉（2019）的相关著作，把企业国际竞争力评价体系分为三个部分：竞争环境评价体系、企业资源评价体系、企业能力评价体系。在此基础上，首先借鉴刘文炳等（2009）的做法，从世界500强企业中选取与样本企业相同行业属性的所有企业，以这些企业的各行业指标平均值（经汇率调整后）作为该行业指标的基准值，将各家企业的指标值除以对应行业的指标基准值便得到该企业的指标标准值。由于各家企业的企业资源体系、企业能力体系所包含的评价指标的数量级差别较大，借鉴张怀富等（2019）的计算方法，采用动态功效系数法将总资产、人均资产总额、主营业务收入、人均营业收入、总资产收益率五个国际竞争力连续型评价指标，资产负债率一个国际竞争力居中型评价指标的标准值转化为0~5的标准得分。为了便于下文进行回归分析，最后将各个评价指标的标准得分都按照1：20的比例转换为0~100的百分制形式。

2. 解释变量

海外社会责任（CSR）：借鉴张兆国等（2013）、靳小翠（2017）等学者的做法，本文将针对政府、员工、客户、社会、环境五个大类十三个小类来衡量海外社会责任，具体指标见表1。由于企业社会责任报告中有关的海外社会责任内容大都属于定性描述，所以本文仅考虑定性描述，对相关指标进行赋值，即社会责任报告中有该指标相关信息的描述，则赋值为1，否则赋值为0。然后对赋值的海外社会责任二级指标加和汇总得到每个企业的海外社会责任实际得分，最后将得到的实际得分除以二级指标的个数再乘以一百，就得到各企业海外社会责任评价指数。

表1 海外社会责任的衡量

一级指标	二级指标	相关描述
1.政府责任	1.1合规经营	遵守当地法律法规，杜绝腐败事件，公平竞争等
	1.2经济社会效益	为项目所在国创造税收，推动所在国经济社会发展等
2.员工责任	2.1技能培训	对当地员工进行技能培训，提升工作能力等
	2.2职工权益保障	保障海外员工劳动权利和生命安全等合法权益，健全员工发展制度等
	2.3职工福利待遇	关爱员工，提供医务室、免费餐饮，组织员工活动等
3.客户责任	3.1产品质量	海外产品不断升级创新，得到国际机构质量认证、客户认可，获得荣誉等
	3.2优质服务	提高海外业务服务能力、提升客户满意度等
	3.3项目安全规范	对海外项目开展安全生产监督，规范施工等
4.社会责任	4.1本地化管理	尊重当地习俗、提供就业、培养当地人才、选择本地采购商等
	4.2参与社区公益	参与社区公益、关爱社会弱势群体、支持教育、开展志愿扶贫、社区服务等
	4.3改善基础设施	完善社区基础设施，投资修建运输道路、改善民生等
5.环境责任	5.1保护生态环境	增强当地环境保护、动物栖息地保护，推进生态修复等
	5.2绿色低碳发展	发展清洁生产和能源，提高能源利用效率、减少污染物排放等

3. 调节变量

制度距离（DISTANCE）：借鉴Kogut和Singh（1998）提出的距离测算公式从法律制度距离（LD）、经济制度距离（ED）、文化制度距离（CD）三个方面衡量。

$$DISTANCE=\sum_{i=1}^{n}(I_{ih}-I_{ic})^{2}/nV_{i} \quad (1)$$

其中：I_{ia}表示海外投资企业的母国（中国大陆）在该制度子维度i上的评分；I_{ic}表示东道国c（海外投资目的国）在该制度子维度i上的评分；n表示该制度所包含的子维度数量（例如，若该制度代表的是法律制度，则子维度数量为6），V_i表示该国（或地区）在子维度i上评分的方差。法律制度距离（LD）、经济制度距离（ED）、文化制度距离（CD）依次根据全球治理指数（WGI）的6个维度指标、全球经济自由度指数（EFW）的10个维度指标、霍夫斯泰德（HOFSTEDE）设计的6个维度指标计算得出，由于HOFSTEDE数据库在部分国家的文化制度指标数据存在缺失，本文参考Salomon和Wu（2012）的做法，按照地理邻近且宗教相同的原则寻找他国数据替代，如果仍找不到替补数据，仅按照地理邻近的原则补齐缺失的国家数据。

4. 控制变量

在回归模型中，本文借鉴前人研究的基础上，加入其他可能影响海外社会责任和企业国际竞争力关系的控制变量，行业竞争特征（行业集中度）、市场化特征（市场化指数）、产权特征、企业成长特征（净资产增长率）。

相关变量的定义和衡量方式见表2。

表2 变量的定义

类别	变量	变量名称	测量方法	
被解释变量	EICI	企业国际竞争力	竞争环境（33.33%）	全球竞争力指数（100%）
			企业资源（33.33%）	总资产（50%）
				人均资产总额（50%）
			企业能力（33.33%）	主营业务收入（25%）
				人均营业收入（25%）
				总资产收益率（25%）
				资产负债率（25%）
解释变量	CSR	海外社会责任	根据前文建立的海外社会责任评价指数测算	
调节变量	LD	法律制度距离	基于2014—2019年的全球治理指数（WGI）的6个维度指标，采用公式（1）测算	
	ED	经济制度距离	基于2014—2019年的全球经济自由度指数（EFW）的10个维度指标，采用公式（1）测算	
	CD	文化制度距离	基于2015年的霍夫斯泰德指数（HOFSTEDE）的6个维度指标，采用公式（1）测算	
控制变量	CR	行业集中度	行业内排名前4的公司的主营业务收入占全行业主营业务收入的比例	
	MAR	市场化程度	采用樊纲市场化指数衡量	
	NAT	产权性质	国有企业取1；非国有企业取0	
	GROW	企业成长性	采用净资产增长率衡量	

（三）模型设计

为了研究海外社会责任对企业国际竞争力的影响，本文对2014—2019的不平衡面板数据进行回归分析，并进一步加入海外社会责任和制度距离的交互项以验证制度距离对海外社会责任和企业国际竞争力关系的影响，构建的计量经济模型如下：

$$EICI_{i,t}=\alpha_0+\alpha_1 CSR_{i,t}+\alpha_2 CR_{i,t}+\alpha_3 MAR_{i,t}+\alpha_4 NAT_{i,t}+\alpha_5 GROW_{i,t}+\varepsilon_{i,t} \quad (2)$$

$$EICI_{i,t}=\alpha_0+\alpha_1 CSR_{i,t}+\alpha_1 CSR_{i,t}\times LD_{i,t}+\alpha_3 CR_{i,t}+\alpha_4 MAR_{i,t}+\alpha_5 NAT_{i,t}+\alpha_6 GROW_{i,t}+\varepsilon_{i,t} \quad (3)$$

$$EICI_{i,t}=\alpha_0+\alpha_1 CSR_{i,t}+\alpha_1 CSR_{i,t}\times ED_{i,t}+\alpha_3 CR_{i,t}+\alpha_4 MAR_{i,t}+\alpha_5 NAT_{i,t}+\alpha_6 GROW_{i,t}+\varepsilon_{i,t} \quad (4)$$

$$EICI_{i,t}=\alpha_0+\alpha_1 CSR_{i,t}+\alpha_1 CSR_{i,t}\times CD_{i,t}+\alpha_3 CR_{i,t}+\alpha_4 MAR_{i,t}+\alpha_5 NAT_{i,t}+\alpha_6 GROW_{i,t}+\varepsilon_{i,t} \quad (5)$$

其中：$EICI_{i,t}$表示第i家企业在第t年的企业国际竞争力；$CSR_{i,t}$表示第i家企业在第t年的海外社会责任履行情况；$LD_{i,t}$表示第i家企业在第t年的母国与东道国的法律制度距离；$ED_{i,t}$表示第i家企业在第t年的母国与东道国的经济制度距离；$CD_{i,t}$表示第i家企业在第t年的母国与东道国的文化制度距离；$CR_{i,t}$、$MAR_{i,t}$、$NAT_{i,t}$、$GROW_{i,t}$为控制变量，分别表示行业竞争程度、市场化程度、产权性质、企业成长性；$\varepsilon_{i,t}$为随机干扰项。

四、实证结果与分析

（一）描述性统计及相关性分析

表3报告了各变量的描述性统计结果。企业国际竞争力（EICI）的均值为54.03，标准差为9.70；行业集中度（CR）平均值为0.68，标准差为0.17；国有企业占比为53%；法律制度距离（LD）、经济制度距离（ED）、文化制度距离（CD）的均值分别为3.32、1.13、0.58，标准差分别为4.72、2.27、1.05；海外社会责任（CSR）的均值为6.66，标准差为18.75，表明海外社会责任的总体表现情况不尽如人意，有待进一步提高。

表3　**变量的描述性统计**

变量	平均数	标准差	最小值	最大值	样本量
EICI	54.03	9.70	27.35	78.68	893
CSR	6.66	18.75	0.00	100.00	893

续表

变量	平均数	标准差	最小值	最大值	样本量
LD	3.32	4.72	0.00	16.00	893
ED	1.13	2.27	0.00	16.00	893
CD	0.58	1.05	0.00	16.00	893
CR	0.68	0.17	0.00	1.00	893
MAR	8.17	2.51	−0.72	12.19	893
NAT	0.53	0.50	0	1	893
GROW	0.16	0.54	−3.75	9.35	893

表4报告了变量间的相关性分析结果，上三角、下三角依次为斯皮尔曼相关系数检验结果、皮尔逊相关系数检验结果。可以看出，无论是在斯皮尔曼检验还是皮尔逊检验下，海外社会责任均与企业国际竞争力显著正相关，初步验证本文假设H1。调节变量法律制度距离、经济制度距离、文化制度距离均与企业国际竞争力显著正相关（P<0.01）。行业竞争程度（斯皮尔曼检验）、市场化程度（斯皮尔曼检验和皮尔逊检验）、产权性质（斯皮尔曼检验和皮尔逊检验）和企业成长性（斯皮尔曼检验和皮尔逊检验）均与企业国际竞争力显著相关，在一定程度上验证了控制变量选取的有效性。

表4 **相关性分析**

变量	EICI	CSR	LD	ED	CD	CR	MAR	NAT	GROW
EICI	1	0.41***	0.21***	0.21***	0.15***	−0.02	0.37***	0.15***	0.31***
CSR	0.43***	1	0.28***	0.28***	0.27***	0.19***	0.20***	0.35***	0.08**
LD	0.20***	0.23***	1	0.99***	0.95***	0.14***	0.15***	−0.09***	−0.01
ED	0.14***	0.09***	0.80***	1	0.94***	0.14***	0.16***	−0.09***	−0.01
CD	0.06***	0.15***	0.79***	0.58***	1	0.18***	0.09***	−0.09***	0.00
CR	−0.17***	0.11***	0.12***	0.07**	0.19***	1	−0.08**	0.08**	0.00
MAR	0.39***	0.20***	0.12***	0.15***	0.02	−0.18***	1	−0.23***	0.10***
NAT	0.16***	0.30***	−0.09***	−0.07**	−0.10***	0.10***	−0.16***	1	−0.08**
GROW	0.09***	−0.04	−0.05	−0.06*	−0.02	−0.05	0.01	−0.14***	1

为了避免多重共线性对回归结果的影响，本文对解释变量（海外社会责任）和调节变量（海外社会责任和制度距离的交互项）进行中心化处理来减少共线性对研究结果的影响。然后运用方差膨胀因子（VIF）方法检验多重共线性。结果显示（具体结果未予列示），所有变量VIF均小于1.20，远远低于临界值10，VIF的平均值为1.12，也远低于临界值2.00，可知变量间不存在明显的多重共线性。此外，为了避免伪回归问题，本文在进行实证分析之前，首先采用ADF-Fisher检验方法对不平衡面板数据进行单位根检验，各变量的P值均小于0.01，均拒绝存在单位根的假设，表明各序列都是平稳的。

（二）海外社会责任与企业国际竞争力

1. 海外社会责任与企业国际竞争力的关系

为了考察海外社会责任与企业国际竞争力的关系和验证前文的假设H1，本文对模型（2）进行了回归分析。由于豪斯曼检验强烈拒绝随机效应模型（P<0.001），本文仅报告OLS回归和固定效应回归检验结果，具体结果见表5。

表5 海外社会责任与企业国际竞争力回归分析

变量	EICI	
	OLS	固定效应
$CSR_{i,t}$	0.180*** (11.54)	0.028* (1.72)
$CR_{i,t}$	-9.186*** (-5.68)	-0.944 (-0.72)
$MAR_{i,t}$	1.202*** (10.56)	1.512*** (6.53)
$NAT_{i,t}$	2.616*** (4.50)	4.176*** (3.47)
$GROW_{i,t}$	1.919*** (3.87)	1.125*** (5.59)
常数项	47.512*** (29.05)	41.949*** (19.29)
样本量	893	893
R^2	0.3287	0.1963

注：*、***依次表示在10%、1%水平上显著；括号内为对应的t值（下表同）。

回归结果表明，企业海外社会责任与企业国际竞争力存在显著的正相关关系，即海外社会责任显著提升了企业国际竞争力，验证了本文假设H1。在控制变量中，行业集中度与企业国际竞争力关系在OLS回归下显著负相关，但在固定效应下两者关系未通过统计检验；市场化程度与企业国际竞争力显著正相关；产权性质与企业国际竞争力显著正相关；企业成长性与企业国际竞争力显著正相关。

2. 制度距离的调节作用

为了考察制度距离对海外社会责任与企业国际竞争力间的关系的调节作用，并验证前文的假设，本文对模型（3）、模型（4）、模型（5）进行了回归。被解释变量为企业国际竞争力，解释变量为海外社会责任，调节变量为法律制度距离、经济制度距离和文化制度距离，具体回归结果见表6。

表6 制度距离对海外社会责任与企业国际竞争力关系的回归分析

变量	EICI		
	模型（3）	模型（4）	模型（5）
$CSR_{i,t}$	0.196^{***} （10.66）	0.179^{***} （11.38）	0.204^{***} （11.52）
$LD_{i,t}$	0.273^{***} （4.65）		
$CSR_{i,t}\times LD_{i,t}$	-0.012^{***} （-3.6）		
$ED_{i,t}$		0.400^{***} （3.35）	
$CSR_{i,t}\times ED_{i,t}$		-0.010 （-1.27）	
$CD_{i,t}$			0.328 （1.23）
$CSR_{i,t}\times CD_{i,t}$			-0.062^{***} （-3.51）
$CR_{i,t}$	-10.711^{***} （-6.66）	-9.785^{***} （-6.06）	-10.454^{***} （-6.35）
$MAR_{i,t}$	1.153^{***} （10.28）	1.150^{***} （10.08）	1.182^{***} （10.44）

续表

变量	EICI		
	模型（3）	模型（4）	模型（5）
$NAT_{i,t}$	3.178*** （5.47）	2.826*** （4.86）	2.777*** （4.74）
$GROW_{i,t}$	2.155*** （4.41）	2.051*** （4.15）	2.013*** （4.08）
常数项	47.853*** （29.69）	47.801*** （29.38）	48.273*** （29.48）
样本量	893	893	893
R^2	0.3543	0.3388	0.3401

回归结果表明，法律制度距离与海外社会责任的交互项（$CSR_{i,t}$×$LD_{i,t}$）回归系数为-0.012，且在1%的水平上显著，说明法律制度距离在海外社会责任与企业国际竞争力的关系中起负向调节作用，假设2得到验证；经济制度距离与海外社会责任的交互项（$CSR_{i,t}$×$ED_{i,t}$）回归系数为-0.010，但未通过统计检验，说明海外社会责任得到了不同经济体的国家或地区的普遍认可，假设3未得到验证；文化制度距离与海外社会责任的交互项（$CSR_{i,t}$×$CD_{i,t}$）回归系数为-0.062，且在1%的水平上显著，说明投资于文化制度距离越大的东道国，海外社会责任对企业国际竞争力的提升作用越微弱，假设4得到验证。

3. 内生性问题的处理

为了避免内生性问题干扰研究结果，除被解释变量企业国际竞争力外，其他变量均使用滞后一期数据进行回归。结果见表7，各变量显著性基本与上文一致。另外，本文还选择具有外生性特征，且与海外社会责任相关，不受企业国际竞争力影响的滞后一期海外社会责任评价指数和滞后二期海外社会责任评价指数作为工具变量，运用两阶段最小二乘法（2SLS）对企业海外社会责任与企业国际竞争力具有显著的积极影响关系进行稳健性检验。从表8可以看出，海外社会责任的回归系数为0.194，且在1%的水平上显著，表明上文研究结果具有稳健性。同时，本文还对模型以及选取的变量进行了内生性检验，异方差稳健性检验（DWH）统计量F=1.210（P=0.272），故模型不存在异方差；豪斯曼检验（Hausman）统计量chi2（6）=4.240（P=0.644），故解释变量为外生变量；过度识别检验（Sargan）统计量chi2（1）=1.277（P=0.258），故接受选取的工具变量均为外生变量的假设；关键诊断（Firststage）统计量F=335.403>10（P=0.000），故拒绝存在弱工具变量的假设。

表7 滞后一期稳健性检验

变量	EICI				
	OLS	固定效应	模型（3）	模型（4）	模型（5）
$CSR_{i,t-1}$	0.177*** (10.00)	0.042** (2.31)	0.196*** (9.23)	0.177*** (9.87)	0.202*** (9.91)
$LD_{i,t-1}$			0.247*** (3.74)		
$CSR_{i,t-1}\times LD_{i,t-1}$			-0.012*** (-3.18)		
$ED_{i,t-1}$				0.375*** (2.77)	
$CSR_{i,t-1}\times ED_{i,t-1}$				-0.009 (-1.06)	
$CD_{i,t-1}$					0.208 (0.71)
$CSR_{i,t-1}\times CD_{i,t-1}$					-0.058*** (-2.91)
$CR_{i,t-1}$	-8.389*** (-4.68)	3.335** (2.48)	-9.714*** (-5.44)	-8.856*** (-4.94)	-9.400*** (-5.16)
$MAR_{i,t-1}$	1.271*** (9.68)	1.973*** (6.18)	1.216*** (9.37)	1.216*** (9.22)	1.249*** (9.55)
$NAT_{i,t-1}$	2.456*** (3.76)	3.851*** (3.11)	2.967*** (4.54)	2.639*** (4.05)	2.583*** (3.92)
$GROW_{i,t-1}$	1.985*** (3.82)	0.886*** (4.20)	2.239*** (4.35)	2.118*** (4.08)	2.094*** (4.04)
常数项	46.797*** (25.61)	35.614*** (12.61)	47.160*** (26.09)	47.054*** (25.84)	47.473*** (25.91)
样本量	730	730	730	730	730
R^2	0.3187	0.1890	0.3412	0.3274	0.3278

表8　　两阶段最小二乘法回归结果

变量	OLS	第一阶段	第二阶段
	EICI	CSR	EICI
$CSR_{i,t}$	0.180*** (11.54)		0.194*** (8.52)
$CSR_{i,t-1}$		0.458*** (3.49)	
$CSR_{i,t-2}$		0.513*** (3.90)	
$CR_{i,t}$	−9.186*** (−5.68)	0.778 (0.50)	−9.229*** (−4.02)
$MAF_{i,t}$	1.202*** (10.56)	0.111 (1.33)	1.122*** (7.91)
$NAT_{i,t}$	2.616*** (4.50)	0.549 (1.09)	1.961*** (2.67)
$GROW_{i,t}$	1.919*** (3.87)	0.0513 (0.13)	1.826* (1.96)
常数项	47.512*** (29.05)	−1.063 (−0.66)	48.729*** (21.64)
样本量	893	570	570
R^2	0.3287	0.8362	0.3304

（三）异质性分析

1. 对投资区域分组检验

删除没有海外子公司的数据和涉及亚洲和非亚洲两个投资区域的海外子公司数据，按照亚洲和非亚洲投资地区对样本进行分组，分别对子样本进行实证检验。检验结果见表9，相比投资于非亚洲地区，投资于亚洲地区的海外投资企业的海外社会责任对企业国际竞争力提升效果更明显，说明制度距离对海外社会责任与企业国际竞争力关系起负向调节作用。

表9 投资区域分组检验结果

变量	EICI	
	亚洲区域	非亚洲区域
$CSR_{i,t}$	0.080** (2.09)	0.065 (1.04)
$CR_{i,t}$	3.533 (0.89)	-38.051*** (-4.34)
$MAR_{i,t}$	1.913*** (8.2)	-0.429 (-0.69)
$NAT_{i,t}$	4.781** (2.59)	7.264*** (3.44)
$GROW_{i,t}$	3.982** (2.14)	4.999 (1.51)
常数项	35.981*** (9.73)	80.976*** (9.73)
样本量	95	70
R^2	0.6026	0.5408

2. 对海外社会责任分组检验

本文首先以样本企业海外社会责任的平均数为基准，将海外社会责任分为高、低两个样本组，分别用1、0表示，然后对样本进行回归检验，检验结果见表10，显著性基本与前文结果一致。

表10 对海外社会责任分组的检验结果

变量	EICI			
	模型（2）	模型（3）	模型（4）	模型（5）
$CSR_{i,t}$	9.670*** (11.10)	9.219*** (9.34)	9.610*** (10.73)	10.040*** (10.57)
$LD_{i,t}$		0.245*** (4.04)		
$CSR_{i,t}×LD_{i,t}$		-0.006* (-1.77)		

续表

变量	EICI			
	模型（2）	模型（3）	模型（4）	模型（5）
$ED_{i,t}$			0.303** (2.49)	
$CSR_{i,t}×ED_{i,t}$			-0.012 (1.61)	
$CD_{i,t}$				0.305 (1.12)
$CSR_{i,t}×CD_{i,t}$				-0.0316* (-1.88)
$CR_{i,t}$	-9.702*** (-5.94)	-10.678*** (-6.54)	-10.183*** (-6.23)	-10.467*** (-6.28)
$MAR_{i,t}$	1.173*** (10.15)	1.153*** (10.07)	1.136*** (9.82)	1.170*** (10.13)
$NAT_{i,t}$	2.281*** (3.81)	2.863*** (4.72)	2.493*** (4.16)	2.450*** (4.03)
$GROW_{i,t}$	1.955*** (3.92)	2.126*** (4.29)	2.071*** (4.16)	2.015*** (4.04)
常数项	48.108*** (28.95)	47.962*** (29.04)	48.316*** (29.14)	48.418*** (29.00)
样本量	893	893	893	893
R^2	0.3220	0.3368	0.3293	0.3261

（四）稳健性检验

1. 企业国际竞争力分项指标检验

本文构建的企业国际竞争力共有竞争环境、企业资源、企业能力三个分项指标体系，考虑到竞争环境基本不变，本文只对企业资源和企业能力分项指标体系进行实证检验。检验结果见表11，海外社会责任与企业资源、企业能力均显著正相关（P<0.01）。

表11 海外社会责任与企业国际竞争力分项指标检验结果

变量	企业资源	企业能力
$CSR_{i,t}$	0.321*** (12.87)	0.191*** (8.79)
$CR_{i,t}$	6.551** (2.41)	-9.445*** (-3.9)
$MAR_{i,t}$	0.469** (2.35)	0.873*** (5.02)
$NAT_{i,t}$	7.096*** (7.59)	3.736*** (4.59)
$GROW_{i,t}$	1.510* (1.89)	2.332*** (3.35)
年份	控制	控制
行业	控制	控制
常数项	36.013*** (12.72)	52.474*** (21.31)
样本量	893	893
R^2	0.3204	0.5307

2. 更换测量指标

行业竞争程度采用行业勒纳指数（ILI）衡量；市场化程度采用分省份（PROVINCE）赋值方式（东部地区为1、非东部地区为0）衡量；企业成长性采用总资产增长率（GROW_1）衡量。检验结果见表12，显著性基本与上文结果一致。

3. 其他稳健性检验

一是进行分位数回归，二是对企业国际竞争力分成高低两组对样本重新回归（囿于篇幅，具体结果未予列示），上述回归估计结果基本与前文一致，表明本文研究结论具有较好的稳健性。

表12 更换测量指标的检验结果

变量	EICI			
	模型（2）	模型（3）	模型（4）	模型（5）
$CSR_{i,t}$	0.184*** (11.09)	0.197*** (10.01)	0.183*** (10.88)	0.205*** (10.88)
$LD_{i,t}$		0.213*** (3.38)		
$CSR_{i,t}\times LD_{i,t}$		-0.009*** (-2.64)		
$ED_{i,t}$			0.348*** (2.71)	
$CSR_{i,t}\times ED_{i,t}$			-0.006 (-0.74)	
$CD_{i,t}$				-0.069 (-0.24)
$CSR_{i,t}\times CD_{i,t}$				-0.046** (-2.49)
$ILI_{i,t}$	6.278 (1.46)	7.672* (1.80)	6.363 (1.49)	6.725 (1.56)
$PROVINCE_{i,t}$	4.724*** (7.56)	4.456*** (7.16)	4.440*** (7.04)	4.663*** (7.47)
$NAT_{i,t}$	2.027*** (3.17)	2.371*** (3.70)	2.160*** (3.37)	2.004*** (3.11)
$GROW\_1_{i,t}$	1.271*** (2.71)	1.428*** (3.07)	1.360*** (2.91)	1.292*** (2.76)
常数项	47.954*** (65.07)	47.181*** (61.84)	47.675*** (64.29)	47.997*** (62.55)
样本量	893	893	893	893
R^2	0.2414	0.2572	0.2485	0.2467

五、研究结论与启示

企业积极实施海外社会责任活动，不仅有助于提升企业的国际竞争力，也有助于国家形象的提升。本文以中国国内采矿业、建筑业2014—2019年A股上市公司作为样本，探究了海外社会责任与企业国际竞争力的关系，并进一步分析了制度距离在海外社会责任影响企业国际竞争力过程中的调节作用。研究结论表明：企业海外社会责任对企业国际竞争力具有显著的积极影响，企业海外分支机构较好的海外社会责任表现可以帮助其提升企业国际竞争力；制度距离对海外社会责任与企业国际竞争力间的关系影响不同，法律制度距离和文化制度距离对海外社会责任与企业国际竞争力间的关系具有负向调节作用，即投资于法律制度距离和文化制度距离越小的东道国，海外社会责任对企业国际竞争力的提升效果越明显，经济制度距离对海外社会责任与企业国际竞争力间的关系不具有调节作用。

本文的研究结论具有以下启示：站在企业角度，企业国际化经营过程中要重视海外社会责任实践。因为企业践行海外社会责任不仅有助于防范海外项目的社会责任风险，提升海外投资企业的组织合法性地位，得到东道国利益相关者的认可和支持，还能有效地削弱“外来者劣势”，提升海外投资企业的国际竞争力。站在政府角度，政府要加强其他国家对我国法律、经济和文化的了解和认识，削弱制度距离引发的“外来者劣势”，同时，重视海外社会责任活动的宣传和法律体系建设，促使中国“走出去”企业加强海外社会责任管理和建设，在国际上树立良好的中国企业形象，同时也树立良好的国家形象。

参考文献

［1］陈国辉，关旭，王军法．企业社会责任能抑制盈余管理吗？——基于应规披露与自愿披露的经验研究［J］．会计研究，2018（3）：19-26.

［2］陈怀超，范建红．制度距离、中国跨国公司进入战略与国际化绩效：基于组织合法性视角［J］．南开经济研究，2014（2）：99-117.

［3］邓子梁，原晓惠．制度距离对银行海外经营效率的影响：基于“一带一路”沿线国家外资银行的实证分析［J］．中国软科学，2018（4）：43-53.

［4］高玉婷．中央企业国际竞争力的多维度评价——与世界500强企业进行对比分析［J］．

中国流通经济，2016，30（9）：116-126.

［5］郭梦瑶，熊名宁，冯彩玲. 制度距离如何影响跨国企业国际市场进入模式的选择？——基于合理性的视角［J］. 管理现代化，2021（2）：98-102.

［6］何音，李健，蔡满堂，等. 企业社会责任与企业价值：营销竞争力与顾客意识的作用机理［J］. 管理工程学报，2020，34（2）：84-94.

［7］贾敬全，卜华. 公司社会责任信息披露动机、国际借鉴及策略［J］. 江西社会科学，2014，34（1）：211-214.

［8］江小涓，孟丽君. 内循环为主、外循环赋能与更高水平双循环——国际经验与中国实践［J］. 管理世界，2021，37（1）：1-19.

［9］靳小翠. 企业文化会影响企业社会责任吗？——来自中国沪市上市公司的经验证据［J］. 会计研究，2017（2）：56-62，97.

［10］金中坤，潘镇. 国际化经验、东道国环境与企业海外投资区位选择［J］. 技术经济，2020，39（6）：155-164.

［11］李琳，郭立宏. 制度距离与跨国合作创新绩效——文化严格程度的调节作用［J］. 科技进步与决策：2021，（1）：1-10.

［12］李梅，卢程. 研发国际化与企业创新绩效——基于制度距离的调节作用［J］. 经济管理，2019，41（1）：39-55.

［13］李元旭，罗佳. 文化距离、制度距离与跨境电子商务中的感知风险［J］. 财经问题研究，2017（3）：106-114.

［14］廉春慧，王跃堂. 企业社会责任信息与利益相关者行为意向关系研究［J］. 审计与经济研究，2018，33（3）：73-82.

［15］刘文炳，张秋生，谢纪刚. 中央企业国际竞争力实证研究［J］. 中国行政管理，2009（8）：121-123.

［16］孟猛猛，陶秋燕，朱彬海. 企业社会责任对组织合法性的影响——制度环境感知和法律制度效率的调节作用［J］. 经济与管理研究，2019，40（3）：117-128.

［17］聂爱云，何小钢，朱国悦，等. 制度距离与中国对外直接投资的出口贸易效应——对"制度接近性"假说的再检验［J］. 云南财经大学学报，2020，36（10）：20-31.

［18］潘镇，杨柳，殷华方. 中国企业国际化的社会责任效应研究［J］. 经济管理，2020，42（9）：27-48.

［19］钱学锋，王备. 中国企业的国际竞争力：历史演进与未来的政策选择［J］. 北京工商大学学报（社会科学版），2020，35（4）：43-56.

［20］宋林，彬彬，乔小乐. 制度距离对中国海外投资企业社会责任影响研究——基于国际经验的调节作用［J］. 北京工商大学学报（社会科学版），2019，34（2）：90-103.

［21］王凤彬，石鸟云. 跨国公司外来者劣势及其应对策略［J］. 财经问题研究，2011（8）：116-122.

［22］武天兰，范黎波. 正式制度距离、结构整合与跨境并购绩效［J］. 统计与决策，2020，36（12）：160-165.

[23] 肖红军. 相关制度距离会影响跨国公司在东道国的社会责任表现吗 [J]. 数量经济技术经济研究，2014，31（4）：50-67.

[24] 叶陈云，叶陈毅，张凤元. 基于价值创新驱动的企业社会责任及核心竞争力联动效应与提升路径研究 [J]. 当代经济管理，2018，40（6）：29-36.

[25] 徐莉萍，刘雅洁，张淑霞. 企业社会责任及其缺失对债券融资成本的影响 [J]. 华东经济管理，2020，34（1）：101-112.

[26] 徐天舒. 企业社会责任对企业竞争力影响的实证检验 [J]. 统计与决策，2020，36（9）：164-168.

[27] 张怀富，陶永宏，盛永祥. 造船企业竞争力评价指数——基于范数灰关联度确定权重与动态功效系数法 [J]. 科技管理研究，2019，39（3）：71-76.

[28] 张兆国，靳小翠，李庚秦. 企业社会责任与财务绩效之间交互跨期影响实证研究 [J]. 会计研究，2013（8）：32-39.

[29] 朱兰亭，杨蓉. 研发投入、技术创新产出与企业国际竞争力——基于我国高新技术企业的实证研究 [J]. 云南财经大学学报，2019，35（7）：105-112.

[30] BOEHE D M.Exploiting the liability of foreignness: why do service firms exploit foreign affiliate networks at home [J]. Journal of International Management, 2011, 17 (1): 15-29.

[31] CUI L, JIANG F.State ownership effect on firms ' FDI ownership decisions under institutional pressure: a study of Chinese outward-investing firms [J]. Journal of International Business Studies, 2012, 43 (3): 264-284.

[32] DIKOVA D, SAHIB P R, WITTELOOSTUIJN V A.Cross-border acquisition abandonment and completion: the effect of institutional differences and organizational learning in the international business service industry, 1981—2001 [J]. Journal of International Business Studies, 2010, 41 (2): 223-245.

[33] DONIA M B L, SIRSLY C A T.Determinants and consequences of employee attributions of corporate social responsibility as substantive or symbolic [J]. European Management Journal, 2016, 34 (3): 232-242.

[34] EDEN L, MILLER S R.Distance matters: liability of foreignness, institutional distance and ownership strategy [J]. Advances in International Management, 2004, 16 (3): 187-221.

[35] ESTRIN S, BAGHDASARYAN D, MEYER K E.The impact of institutional and human resource distance on international entry strategies [J]. Journal of Management Studies, 2009, 46 (7): 1171-1196.

[36] GLOBERMAN S, SHAPIRO D.Economic and strategic considerations surrounding Chinese FDI in the United States [J]. Asia Pacific Journal of Management, 2009, 26 (1): 163-183.

[37] GRUBER V, SCHLEGELMILCH B B.MNEs ' regional headquarters and their CSR agenda in the African context [J]. International Marketing Review, 2015, 32 (5): 576-602.

[38] HYMER S H.The international operations of national firms: a study of direct foreign investment [J]. Journal of International Management, 1976 (8) .

[39] KOGUT B, SINGH H.The effect of national culture on the choice of entry mode [J]. Journal of International Business Studies, 1988, 19 (3): 411-432.

[40] KOSTOVA T.Transnational transfer of strategic organizational practices: a contextual perspective [J]. Academy of Management Review, 1999, 24 (2): 308-324.

[41] KOSTOVA T, ZAHEER S.Organizational legitimacy under conditions of complexity: the case of the multinational enterprise [J]. Academy of Management Review, 1999, 24 (1): 64-81.

[42] MEZIAS J M.Identifying liabilities of foreignness and strategies to minimize their effects: the case of labor lawsuit judgements in the United States [J]. Strategic Management Journal, 2002, 23 (3): 229-244.

[43] MILLER S R, RICHARDS M.Liability of foreignness and membership in a regional economic group: a analysis of the European Union [J]. Journal of International Management, 2002, 8 (3): 323-337.

[44] NIKOLAS R.Strategies of legitimation: MNEs and the adoption of CSR in response to host-country institutions [J]. Journal of International Business Studies, 2016, 47 (7): 858-879.

[45] NORTH D C.Institutions, institutional change and economic performance [J]. Journal of Economic Behavior & Organization, 1990, 18 (1): 142-144.

[46] PHAROAH A.Corporate reputation: the boardroom challenge [J]. Corporate Governance International Journal of Business in Society, 2003, 3 (4): 46-51.

[47] PORTER M E, KRAMER M R.Strategy and society the link between competitive advantage and corporate social responsibility [J]. Harvard Business Review, 2006, 84 (12): 78-92.

[48] PREUSS L, BARKEMEYER R, GLAVAS A.Corporate social responsibility in developing country multinationals: identifying company and country-level influences [J]. Business Ethics Quarterly, 2016, 26 (3): 347-378.

[49] RODGERS P, STOKES P, TARBA S, et al.The role of non-market strategies in establishing legitimacy: the case of service MNEs in emerging economies [J]. Management International Review, 2019, 59 (4): 1-26.

[50] SALOMON R, WU Z.Institutional distance and local isomorphism strategy [J]. Journal of International Business Studies, 2012, 43 (4): 343-367.

[51] VYNCKE F, BRENGMAN M.Are culturally congruent websites more effective? an overview of a decade of empirical evidence [J]. Journal of Electronic Commerce Research, 2010, 11 (1): 14-29.

[52] YIU D, MAKINO S.The choice between joint venture and wholly owned subsidiary: an institutional perspective [J]. Organization Science, 2002, 13 (6): 667-683.

[53] ZAHEER S.Overcoming the liability of foreignness [J]. Academy of Management Journal, 1995, 38 (2): 341-363.

Corporate Overseas Social Responsibility, Institutional Distance and International Competitiveness

Xiaocui Jin, Lingling Zhu

Abstract With the " the Belt and Road " initiative and " dual circulation " pattern proposed and formed, Chinese enterprises overseas social responsibility behavior and international competitiveness related issues have received more and more attention.Taking A-share listed companies in China's mining and construction industries as samples, this paper explores the relationship between overseas social responsibility and enterprises ' international competitiveness, and further analyzes the moderating role of institutional distance in the process of overseas social responsibility affecting enterprises ' international competitiveness.The results show that the overseas social responsibility of enterprises has a significant positive impact on the international competitiveness of enterprises; The smaller the distance between the legal system and the cultural system, the more obvious the effect of corporate overseas social responsibility on the improvement of international competitiveness; The moderating effect of economic system distance on the influence of overseas social responsibility on the international competitiveness of enterprises is not significant. These research conclusions will help enterprises better understand the relationship between overseas social responsibility behavior and international competitiveness, find an effective way for enterprises to enhance international competitiveness, and provide more empirical evidence for enterprises to better enhance international competitiveness through overseas social responsibility in different institutional environments.

Key Words overseas social responsibility; international competitiveness; institutional distance

第14辑，2022年
No.14，*2022*
会计与控制评论
Review of Accounting and Control

国际贸易摩擦与审计师行为
——来自审计费用的证据①

许浩然　张　琪　慕者者

（东北财经大学会计学院/中国内部控制研究中心　大连　116025）

摘　要　近年来，国际贸易摩擦频繁发生，对经济发展和企业进出口都产生了重大影响。本文将研究视角聚焦于审计师行为，探讨国际贸易摩擦是否以及如何影响上市公司的审计费用水平。研究发现，企业遭受贸易摩擦冲击以后，审计费用水平明显提高。在采用平行趋势检验、PSM配对、安慰剂测试等一系列稳健性检验后，这一结论依然成立。进一步的机制检验发现，贸易摩擦增大了企业的经营风险，提高了企业的盈余管理程度，并且促使审计师在工作时付出更多努力，进而提高了审计费用水平。最后，异质性检验发现，对于国际四大会计师事务所，贸易摩擦对审计费用的影响明显强化；但是当上市公司是会计师事务所的重要客户时，贸易摩擦对审计费用的影响显著弱化。本文从审计师行为视角揭示了国际贸易摩擦的微观经济后果，相关结论对于企业和有关部门均具有重要的借鉴意义。

关键词　国际贸易摩擦　审计费用　作用机制

①　基金项目：国家自然科学基金项目（项目编号：72002026）、东北财经大学2022年度省级以上科研平台研究能力提升专项（PT-Y202221）。

一、引　言

近年来，随着国际贸易保护主义日渐盛行，我国企业频繁遭受贸易摩擦的冲击。据统计，2003年至2020年，其他国家的涉华贸易救济案例多达1 722起，使中国成为世界上遭受贸易摩擦冲击最多的国家。特别是2018年3月中美贸易摩擦爆发以来，美国政府多次对中国商品加征高额关税。在贸易摩擦冲击之下，一些企业开始出现产品竞争力下降、营收下滑等问题，经营风险陡然增加。根据中国海关总署的统计，2017年末中国企业对美出口增速为12.7%，而至2019年11月则下降到-23%，创近5年新低。贸易摩擦的爆发对注册会计师审计提出了新挑战，随着企业经营风险的提高，会计师事务所是否给予必要关注并采取应对措施了呢[①]？这一问题新鲜而重要，但现有研究尚未予以很好的回答。

从审计实践来看，首先，会计师事务所和行业监管部门已经多次表达了对贸易摩擦的关注。例如，2018年8月，普华永道会计师事务所发布了《中美贸易摩擦对中国经济和企业影响几何》的研究报告；2018年6月，美国注册会计师协会（AICPA）专门调查了CEO对“贸易摩擦对企业的影响”的看法[②]。其次，审计准则也明确指出，关注包括贸易摩擦在内的宏观经济环境的变化，是“风险导向审计”的题中之义。例如，《中国注册会计师审计准则第1211号——重大错报风险的识别和评估》指出，注册会计师应当了解影响被审计单位经营的外部环境，如国际经济环境、宏观经济的景气度、汇率变动等；美国注册会计师协会在其发布的《审计风险提示（Audit Risk Alert）2018—2019》中指出，审计师在评估客户企业的风险时，应关注出口（export）、居民消费、政府支出等宏观经济指标。

在学术研究方面，围绕审计师风险及行为的影响因素，现有文献进行了大量探讨，并取得了丰硕的研究成果。但现有文献主要关注企业特征、审计师特征等微观层面因素，关注宏观经济环境的文献相对有限（例如：张天舒和黄俊，2013；张立民、彭雯和钟凯，2018；褚剑、秦璇和方军雄，2018），且尚无文献考查贸易摩擦的可能影响。此外，该领域内很多文献都受到内生性问题的困扰，研究设计有待改进（DeFond and Zhang，2014；陈胜蓝和马慧，2018）。例如，一些文献的解释变量与被解释变量互为因果，或研究场景的噪音较大，导致难以准确辨识实验组和控制组。

与已有研究不同，本文以2000—2016年我国A股上市公司为研究样本，通过

① 若无特殊说明，本文提及的“审计师”均指“会计师事务所”，二者通用。

② 其他案例：2018年12月，立信会计师事务所专门邀请有关专家做关于中美贸易摩擦的报告；中国注册会计师协会曾约谈德勤华永等多家会计师事务所，提示关注海外业务较多的上市公司审计风险。

构建多时点双重差分模型（staggered difference-in-differences model），研究国际贸易摩擦对审计费用的影响。理论上，审计定价受到风险和投入的影响（Simunic，1980）。因此，贸易摩擦可能会提高会计师事务所的审计收费水平。一方面，贸易摩擦会导致企业经营风险提高，从而增加会计师事务所的业务风险（business risk）。另一方面，贸易摩擦冲击之下，业绩下滑可能会增大企业操纵会计信息的动机，从而提高会计师事务所的审计风险（audit risk）。此外，审计师为了应对风险可能会增大审计投入，从而需要索取更多的审计费用作为补偿。本文经过研究发现，企业遭受贸易摩擦冲击以后，审计费用水平显著提高。该结论在采用平行趋势检验、PSM配对、安慰剂测试等一系列稳健性检验后依然成立。进一步的机制检验发现，贸易摩擦增大了企业的经营风险及盈余管理程度，并且促使审计师在工作时付出更多努力，进而提高了审计费用水平。最后，异质性检验发现，在国际四大会计师事务所中，贸易摩擦对审计费用的影响明显强化，但是当上市公司是会计师事务所的重要客户时，贸易摩擦对审计费用的影响显著弱化。

本文的研究贡献主要体现在以下几个方面。第一，本文从“贸易摩擦”的新角度探讨影响审计费用的重要因素，有利于拓宽“风险导向审计理论”的研究视角，并丰富相关领域的学术文献。根据“风险导向审计”的要求，审计师在从事审计活动时，不仅需要了解企业层面的特质性风险，还应当关注企业所处的宏观经济环境。但是，现有关于审计师行为影响因素的研究中，大多关注企业特征或审计师特征等微观层面因素，关注宏观经济环境的研究相对有限（张天舒和黄俊，2013；张立民、彭雯和钟凯，2018；褚剑、秦璇和方军雄，2018），且尚无研究考查贸易摩擦的可能影响。本文通过研究“贸易摩擦”这一宏观经济事件对审计费用的影响，不仅能够拓宽“风险导向审计理论”的研究视角，还将丰富“审计师费用影响因素”领域的学术文献。第二，本文利用“微观企业”层面数据展开研究，可以从研究对象和研究视角两个方面丰富“贸易摩擦的经济后果”领域的研究成果。现有关于“贸易摩擦的经济后果”的研究，主要关注贸易摩擦对“宏观经济”的影响（李猛和于津平，2013；黄鹏、汪建新和孟雪，2018；方意、和文佳和荆中博，2019；吕越、娄承蓉、杜映昕和屠新泉，2019；David，Dorn and Hanson，2013），探讨贸易摩擦对“微观企业”影响的研究相对有限（魏浩、连慧君和巫俊，2019；Liu and Ma，2016；Crowley，Meng，and Song，2018），且很少有研究从“会计或审计”视角检验贸易摩擦的微观效应（石凡、李栋栋和王克敏，2019）。本文以“微观企业”为研究对象，通过考查贸易摩擦对审计师行为的影响，从外部审计视角拓展了“贸易摩擦的经济后果”的研究边界。第三，本文从审计师这一外部主体视角揭示了贸易摩擦对企业经营的影响，有助于企业和政策制定者了解国际贸易摩擦的微观经济后果，进而采取应对之策。全面、准确地评估国际贸易摩擦的经济后果，是采取恰当应对措施的重要依据。本文通过考查国际贸易摩擦对企业的负面冲击以及由此引发的审计师风险应对行为，有助于深化对国际贸易摩擦经济后果的认知，从而为企业和政府部门采取应对措施提供参考。

余文安排如下：第二部分是文献回顾与研究假设；第三部分是研究设计；第四部分是实证结果及分析；第五部分是进一步研究；第六部分是研究结论。

二、文献回顾与研究假设

（一）文献回顾

1. 贸易摩擦的经济后果

在贸易摩擦的宏观影响方面，首先，一些文献探讨了贸易摩擦对宏观经济发展的影响。多数研究认为，贸易摩擦会减缓宏观经济的增长速度（樊海潮和张丽娜，2018；崔连标、朱磊、宋马林和郑海涛，2018）。其次，一些文献探讨了贸易摩擦对金融市场风险的影响。大多数文献发现，贸易摩擦对金融市场产生了负面冲击，且显著提高了金融市场的风险水平。例如，方意、和文佳和荆中博（2019）发现，贸易摩擦在短期内会造成各金融市场风险的上升，同时贸易摩擦对跨市场风险传染具有显著且持久的溢出效应。再次，一些文献探讨了贸易摩擦对劳动力市场就业的影响。这些文献普遍发现，贸易摩擦对宏观经济和微观企业的负面冲击，将显著拉低劳动力市场的就业水平（李计和吴青，2018）。例如，陆建兵（2019）指出，美国对我国出口产品征收高额关税，导致一些规模小、抗风险能力弱的企业将被迫通过裁员来减轻成本压力。最后，还有文献探讨了贸易摩擦对社会福利、对外投资、物价水平等方面的影响。例如，樊海潮和张丽娜（2018）发现，受中间品贸易的影响，中美两国爆发贸易摩擦以后，两国福利水平均发生恶化，且中国福利水平的恶化程度更大。

在贸易摩擦的微观效应方面，首先，已有文献考查了贸易摩擦对企业绩效的影响。他们发现，贸易摩擦将对企业的产品竞争力和客户关系造成严重冲击，导致企业出口业务萎缩（蒋为和孙浦阳，2016）。从市场业绩来看，如果企业受到贸易摩擦冲击，其股票价格将出现明显下跌（石凡、李栋栋和王克敏，2019）。其次，另有文献考查了贸易摩擦对企业经营或财务行为的影响。例如，孙文莉、谢丹和李莉文（2016）研究了贸易摩擦对中国企业海外并购成功率的影响，发现贸易摩擦会阻碍中国企业在发达国家完成并购。最后，有个别文献考查了贸易摩擦对企业会计信息的影响。例如，石凡、李栋栋和王克敏（2019）研究了中美贸易摩擦“立案调查事件”对企业盈余管理的影响，发现立案调查事件发生以后，企业为了向市场和政府证明自身并未受到贸易摩擦的影响，会刻意调高应计利润。

2. 审计收费的影响因素

在业务收费环节，审计师需要考虑如何确定审计收费水平。总体而言，现有文献发现审计师会向高风险客户收取更多的审计费用。这些审计费用不仅可以用来弥补审计工作成本，还可以用来补偿潜在的诉讼或声誉损失（余玉苗和王宇生，2011；张国清和夏立军，2013；张娟和黄志忠，2014；陈宋生和田至立，2019；Simunic，1980；Houston，Peters and Pratt，1999；Wang and Chui，2015；Gong，Li，Lin and Wu，2016）。例如，Donohoe and Knechel（2014）发现，当企业的避税水平较高时，审计师面临的错报风险显著增加，进而导致审计师向企业收取更多的审计费用。Hope，Hu and Zhao（2017）及黄超和黄俊（2016）发现，当企业受到卖空威胁时，审计师的投入和诉讼风险随之增加，导致审计师最终提高了收费水平。

（二）研究假设

Simunic（1980）开创性地提出了审计收费模型，指出审计收费由“成本”和“风险溢价”两个部分组成。具体模型可表示为：

$$E(Fee) = c \times q + E(d) \times E(r)$$

其中：E（Fee）表示审计收费；c表示审计投入的单位成本，q表示审计投入的数量，c × q表示审计投入总成本[①]；E（d）表示损失总额（loss exposure），E（r）表示审计师的损失分担比例（loss-sharing ratio），E（d）× E（r）表示审计收费的风险溢价部分。

后续文献基于Simunic（1980）提出的理论模型，对会计师事务所的审计收费问题进行了大量探讨（Hay，Knechel and Wong，2006）。总体而言，这些文献发现审计师会根据“成本大小”和“风险高低”来确定审计收费水平，当审计师认为成本较大或风险较高时，审计收费就会随之增加。例如，Donohoe and Knechel（2014）发现，当企业的避税水平较高时，审计师面临的错报风险显著增加，进而导致审计师向企业收取更多的审计费用。Hope，Hu and Zhao（2017）发现，当企业受到卖空威胁时，审计师的投入和诉讼风险随之增加，最终提高了审计收费水平。

我们认为，无论是从“成本”还是从“风险溢价”的视角来看，国际贸易摩擦对出口企业的冲击，都可能造成审计收费的增加。首先，成本方面。审计师为了应对风险可能会增加审计时长、配置优质的人力资源，而与之相关的成本都需要通过提高审计收费来进行补偿。其次，风险溢价方面。贸易摩擦对企业的冲击可能会削弱企业的持续经营能力并引发企业的盈余管理行为，从而提高审计师的风险水平。作为对自身所承担风险的补偿，审计师可能会向企业收取更多的费用（Houston，Peters and Pratt，1999；Wang and Chui，2015）。

---

① Simunic（1980）假定c为factor cost，包含利润成分。因此，c×q中包含审计师的正常利润（normal profit）。

基于以上分析，本文提出如下研究假设：

H1：企业遭遇国际贸易摩擦冲击以后，其审计费用水平明显增加。

三、研究设计

（一）样本选择

本文选取2000—2016年我国A股上市公司为研究样本。上市公司的财务与治理数据来源于国泰安金融研究数据库（CSMAR），反倾销和反补贴数据来源于世界银行反倾销与反补贴数据库，上市公司出口数据来源于海关总署。样本区间之所以止于2016年，是因为2016年是可获得的出口数据的最新年份。我们剔除了金融行业样本和存在数据缺失的样本，最终得到17 264条有效观测。为了减小异常值对估计结果可能造成的影响，我们对连续变量在1%和99%水平上进行了缩尾处理。

（二）回归模型

为了检验国际贸易摩擦对上市公司审计费用的影响，本文建立如下的多时点双重差分模型（staggered difference-in-differences model）：

$$LNAF = \alpha_0 + \alpha_1 TF + \alpha_2 SIZE + \alpha_3 LEV + \alpha_4 LOSS + \alpha_5 CF + \alpha_6 BTM + \alpha_7 GROW + \alpha_8 INVREC + \alpha_9 CURR + \alpha_{10} SEG + \alpha_{11} AGE + \alpha_{12} RET + \alpha_{13} DUAL + \alpha_{14} IC + \alpha_{15} BIG4 + \alpha_{16} EXP + \alpha_{17} OPN + \alpha_{18} Firm\ FE + \alpha_{19} Year\ FE + \xi \quad (1)$$

在模型（1）中，被解释变量LNAF表示审计费用，等于上市公司在各年度的审计费用的自然对数值。解释变量TF表示国际贸易摩擦，若企业当年遭受了贸易摩擦冲击则取值为1，否则取值为0。与现有文献一致，我们以企业是否遭受反倾销和反补贴来度量贸易摩擦。我们重点关注TF的估计系数（α_1）。若α_1显著为正，则表明企业受到贸易摩擦冲击以后，其审计费用水平显著提高。

借鉴现有文献的做法（韩晓梅和周玮，2013；刘启亮、李蕙、赵超、廖义刚和陈汉文，2014；Minutti-Meza，2013），我们在模型（1）中加入了如下控制变量：公司规模（SIZE），等于企业市值的自然对数；资产负债率（LEV），等于负债总额与资产总额的比率；是否亏损（LOSS），企业亏损时取值为1，否则取值为0；现金流量（CF），等于经营活动现金流量与资产总额的比率；账面市值比（BTM），等于资产账面价值与企业市值之比；成长水平（GROW），等于营业收入的年度增长率；存货与应收账款占比（INVREC），等于存货与应收账款之和与企业总资产之比；流动比率（CURR），等于流动资产与流动负债之比；子公司个数（SEG），等于子公司个数加1后取自然对数；企业年龄（AGE），等于企业上市年份与当前年份之间间隔的年数；股票收益率（RET），等于考虑现金红利再投资的年个股回报率；两职合一（DUAL），董事长和总经理由同一人兼任时取值为1，否则取值为0；内部控制水平（IC），等于内部控制指数的自然对数值；会计师事务所规模（BIG4），国际“四大”会计师事务所取值为1，非国际“四大”会计师事务所取值为0；行业专长审计师（EXP），行业专长会计师事务所取值为1，非行业专长会计师事务所取值为0；审计意见类型（OPN），非标审计意见取值为1，否则取值为0。此外，我们还在模型中加入了公司固定效应（Firm FE）和年度固定效应（Year FE）。

上述变量的详细定义请参阅表1。

表1　**主要变量的定义**

变量类型	变量符号	变量说明
被解释变量	LNAF	审计费用，等于上市公司各年度审计费用的自然对数值
解释变量	TF	虚拟变量，若企业当年遭受了贸易摩擦冲击则取值为1，否则取值为0
控制变量	SIZE	公司规模，等于企业市值的自然对数
	LEV	资产负债率，等于负债总额与资产总额的比率
	LOSS	亏损时取值为1，否则取值为0
	CF	现金流量，等于经营活动现金流量与资产总额的比率
	BTM	账面市值比，等于资产账面价值与市值之比
	GROW	成长水平，等于营业收入的年度增长率
	IVNREC	存货与应收账款之和与企业总资产之比
	CURR	流动资产与流动负债之比
	SEG	子公司个数加1后取自然对数
	AGE	企业上市年份与当前年份之间间隔的年数
	RET	股票收益率，等于考虑现金红利再投资的年个股回报率
	DUAL	当董事长和总经理由同一人兼任时取值为1，否则取值为0
	IC	内部控制指数的自然对数值
	BIG4	国际“四大”会计师事务所取值为1，否则取值为0
	EXP	行业专长会计师事务所取值为1，否则取值为0
	OPN	非标审计意见取值为1，否则取值为0
	Firm FE	公司虚拟变量
	Year FE	年度虚拟变量

四、实证结果及分析

（一）描述性统计

表2报告了主要变量的描述性统计结果。由表2可知，LNAF的均值为13.3617，中位数为13.3047，四分位数下限为12.8992，四分位数上限为13.6877，说明样本企业之间的审计费用存在较大差异，这有利于发现有价值的研究结果。TF的均值为0.1159，中位数为0，说明大约有11.59%的观测受到了贸易摩擦的冲击。其余变量的分布状况也比较合理，例如，LEV的均值为0.4618，中位数为0.4608，说明样本企业的资产负债率水平总体较低，偿债压力不大；LOSS的均值为0.1059，中位数为0，说明大约有10.59%的样本企业处于亏损状态；BIG4的均值为0.0568，中位数为0，说明国际"四大"会计师事务所在我国审计市场中的份额在5%以上，与现实情况一致；OPN的均值为0.0488，中位数为0，说明收到非标审计意见的样本企业的比例仅为4.88%，这符合我国的现实状况。

表2 描述性统计

变量	均值	标准差	四分位数下限	中位数	四分位数上限
LNAF	13.3617	0.6156	12.8992	13.3047	13.6877
TF	0.1159	0.3201	0.0000	0.0000	0.0000
SIZE	15.3181	1.0400	14.5763	15.2900	15.9731
LEV	0.4618	0.2204	0.2942	0.4608	0.6203
LOSS	0.1059	0.3078	0.0000	0.0000	0.0000
CF	0.0446	0.0774	0.0030	0.0442	0.0892
BTM	0.9138	0.8423	0.3611	0.6388	1.1554
GROW	0.2198	0.6042	−0.0254	0.1187	0.2930
INVREC	0.2694	0.1776	0.1334	0.2440	0.3735
CURR	2.2134	2.4987	0.9845	1.4498	2.3439
SEG	2.4249	1.7331	1.0000	2.0000	3.0000
AGE	14.8152	5.3736	11.0000	15.0000	18.0000

续表

变量	均值	标准差	四分位数下限	中位数	四分位数上限
RET	0.3132	0.7889	−0.2105	0.0858	0.6019
DUAL	0.2081	0.4059	0.0000	0.0000	0.0000
IC	6.3164	1.0701	6.4337	6.5190	6.5680
BIG4	0.0568	0.2314	0.0000	0.0000	0.0000
EXP	0.1279	0.3340	0.0000	0.0000	0.0000
OPN	0.0488	0.2155	0.0000	0.0000	0.0000

（二）回归结果

表3报告了模型（1）的回归结果。由表3可知，变量TF的估计系数在5%水平上显著为正（估计系数=0.0283；t值=2.10），表明企业受到贸易摩擦冲击以后，其审计费用水平明显提高，这验证了假设H1中的有关结论。在经济显著性方面，相对于未受到贸易摩擦冲击的企业而言，贸易摩擦对受冲击企业的审计费用产生了2.83%的增量影响，这说明贸易摩擦对审计费用的影响是重大的。

表3　　国际贸易摩擦与审计费用

变量	模型（1）
	LNAF
TF	0.0283** （2.10）
SIZE	0.2860*** （56.76）
LEV	0.1643*** （8.29）
LOSS	−0.0063 （−0.90）
CF	0.0032 （0.11）
BTM	0.1498*** （34.41）
GROW	0.0061* （1.93）

续表

变量	模型（1）
	LNAF
INVREC	0.0344 （1.56）
CURR	-0.0109*** （-7.70）
SEG	0.0131*** （7.15）
AGE	-0.0126 （-1.57）
RET	-0.0689*** （-17.64）
DUAL	-0.0220*** （-3.04）
IC	-0.0039** （-1.97）
BIG4	0.2635*** （17.89）
EXP	0.0305*** （3.80）
OPN	0.0180 （1.60）
CONSTANT	9.1287*** （51.47）
Firm FE	YES
Year FE	YES
Observations	17 264
Adjusted R-squared	0.5141

注：括号内为t值，***、**、*分别表示在1%、5%、10%的水平显著。下同。

控制变量的结果也比较符合预期。例如：SIZE的估计系数显著为正（估计系数=0.2860；t值=56.76），说明当企业的规模较大时，其审计费用水平较高；LEV的估计系数显著为正（估计系数=0.1643；t值=8.29），说明当企业的负债水平较高时，其审计费用水平较高；SEG的估计系数显著为正（估计系数=0.0131；t值=7.15），说明当企业复杂度较高时，其审计费用水平较高；BIG4的估计系数显著为正（估计系数=0.2635；t值=17.89），说明国际“四大”会计师事务所的审计收费水平较高。

（三）稳健性检验

为了确保研究结论的可靠性，我们进行了一系列稳健性检验，具体说明如下。

1. 平行趋势检验

考虑到满足平行趋势假定是采用双重差分法的重要前提，本部分借鉴李晓溪、饶品贵和岳衡（2019）以及Bertrand and Mullainathan（2003）等研究的做法，通过构建和估计如下的“动态效应模型”（dynamic effects model）来检验平行趋势：

$$LNAF = \beta_0 + \beta_1 TF^{-3} + \beta_2 TF^{-2} + \beta_3 TF^{-1} + \beta_4 TF^{0} + \beta_5 TF^{1} + \beta_6 TF^{2}\ \beta_7 TF^{3} + Controls + \xi \quad (2)$$

在模型（2）中，相关变量的具体定义为如下。①TF^{-3}、TF^{-2}、TF^{-1}：贸易摩擦冲击之前的第3年、第2年、第1年取值为1，否则取值为0。②TF^{0}：贸易摩擦冲击当年取值为1，否则取值为0。③TF^{1}、TF^{2}、TF^{3}：贸易摩擦冲击之后的第1年、第2年、第3年及以后年度取值为1，否则取值为0。其余变量的定义同模型（1），这里不再赘述。

表4报告了有关的回归结果。由表4可知，TF^{-3}、TF^{-2}、TF^{-1}、TF^{0}的估计系数并不显著，TF^{1}的估计系数显著为正（估计系数=0.0461；t值=1.96），TF^{2}的估计系数显著为正（估计系数=0.0522；t值=2.09），TF^{3}的估计系数显著为正（估计系数=0.0761；t值=3.16）。上述结果表明，企业从遭到贸易摩擦冲击之后的第一年开始，审计费用水平开始明显提高，这意味着平行趋势假定得到了满足。

表4 平行趋势检验

变量	模型（2）
	LNAF
TF^{-3}	0.0074 （0.31）
TF^{-2}	0.0053 （0.24）
TF^{-1}	0.0269 （1.26）
TF^{0}	0.0265 （1.26）

续表

变量	模型（2）
	LNAF
TF^1	0.0461** (1.96)
TF^2	0.0522** (2.09)
TF^3	0.0761*** (3.16)
SIZE	0.2858*** (56.70)
LEV	0.1638*** (8.26)
LOSS	-0.0066 (-0.93)
CF	0.0031 (0.11)
BTM	0.1498*** (34.41)
GROW	0.0062* (1.96)
INVREC	0.0345 (1.56)
CURR	-0.0108*** (-7.63)
SEG	0.0131*** (7.15)
AGE	-0.0131 (-1.63)

续表

变量	模型（2）
	LNAF
RET	-0.0689*** (-17.65)
DUAL	-0.0220*** (-3.03)
IC	-0.0039* (-1.96)
BIG4	0.2634*** (17.89)
EXP	0.0306*** (3.82)
OPN	0.0185 (1.64)
CONSTANT	9.1355*** (51.50)
Firm FE	YES
Year FE	YES
Observations	17 264
Adjusted R-squared	0.5141

2. PSM配对

为了识别国际贸易摩擦与审计费用之间的因果联系，一个理想的实验环境是将企业样本随机分配至处理样本和控制样本，以减小处理样本与控制样本之间的差异。但这种实验在现实中难以实行。倾向得分匹配法（PSM）的优点在于，它能够最小化处理样本与控制样本之间在可观测特征方面的差异，进而缩小由于选择性偏差造成的影响。

首先，为了估计各观测的倾向得分值，我们构建了logit回归模型。在该模型中，被解释变量是TF，解释变量包括模型（1）中的所有解释变量。利用该模型，我们计算出了每个观测的倾向得分值①。之后，根据样本倾向得分值，以遭受贸易

① 借鉴已有文献的做法（Munutti-Meza，2013），PSM估计的具体方法为：设定匹配尺度（caliper），采用最近邻居匹配法，匹配尺度设定为0.03，同时要求符合common support的条件。

摩擦样本为处理组，以未遭受贸易摩擦样本为控制组，按照1：1的比例进行了配对。配对完成后，我们利用配对样本重新估计了模型（1）。

表5报告了利用PSM配对样本进行回归的有关结果。由表5可知，变量TF的回归系数在5%水平上显著为正（估计系数=0.0577；t值=2.55），表明在进一步控制处理组样本与控制组样本的差异性之后，研究结论仍然成立。

表5 PSM配对样本

变量	模型（1）
	LNAF
TF	0.0577** （2.55）
SIZE	0.2674*** （19.64）
LEV	0.1515*** （2.66）
LOSS	0.0134 （0.72）
CF	-0.0678 （-0.92）
BTM	0.1576*** （14.39）
GROW	0.0296** （2.16）
INVREC	-0.0912 （-1.34）
CURR	-0.0139*** （-3.28）
SEG	0.0038 （0.79）
AGE	-0.0012 （-0.03）

续表

变量	模型（1）
	LNAF
RET	-0.0539*** （-5.68）
DUAL	-0.0658*** （-3.91）
IC	-0.0182*** （-2.70）
BIG4	0.2409*** （6.62）
EXP	0.0634*** （3.46）
OPN	0.0549 （1.32）
CONSTANT	9.3746*** （11.07）
Firm FE	YES
Year FE	YES
Observations	3 996
Adjusted R-squared	0.2573

3. 安慰剂测试（placebo test）

为了提供进一步的证据来证明本文基本研究问题的因果关系效应，排除处理组和控制组在贸易摩擦之前可能存在的特征差异，以及难以在模型中加以控制的不可观测因素对研究结论的干扰，本部分按如下方案进行安慰剂测试。随机指派处理组样本（treatment firm），然后再随机指派受贸易摩擦冲击的年度，最后进行回归分析，这一过程重复了500次。如果本文的基本研究结论是由于处理组和控制组企业之间一些难以观测的固有差异导致的，那么使用上述安慰剂测试程序应该也能得到与前文相同的研究结果。

我们描述了500次回归所得t值的分布情况，具体如图1所示。由图1可知，在大多数情况下，t值均小于真实值2.10，再次证明了本文的因果推断是成立的。

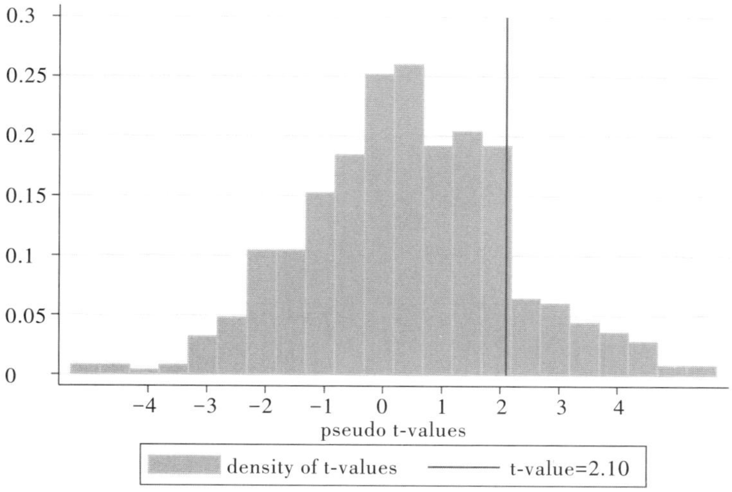

图1 pseudo t值的分布

五、进一步研究

（一）作用机制检验

前文指出，贸易摩擦可能会增大企业的经营风险，引发企业的盈余管理行为，进而促使审计师在工作时付出更多努力，最终提高审计费用水平。那么，在具体的作用渠道上，国际贸易摩擦究竟是如何对审计费用产生影响的呢？为回答这一问题，本部分将对具体的作用渠道进行检验。

首先，我们检验了国际贸易摩擦与企业经营风险之间的关系，具体实证模型如下：

$$OPRISK = \theta_0 + \theta_1 TF + \theta_2 Controls + \omega \tag{3}$$

在模型（3）中，OPRISK表示企业经营风险水平，具体采用z-score指数来进行度量。z-score的取值越大，表示企业的经营风险越低。Controls是一组控制变量。回归结果见表6。由表6可知，变量TF的估计系数显著为负（估计系数=-0.0660；t值=-2.45），说明国际贸易摩擦增大了企业的经营风险。

表6 国际贸易摩擦与企业经营风险

变量	模型（3）
	OPRISK
TF	-0.0660** (-2.45)
SIZE	0.3608*** (36.24)
LEV	-2.1948*** (-63.69)
LOSS	-0.9734*** (-70.43)
CF	0.9274*** (16.11)
BTM	0.1147*** (13.23)
TANG	-0.4514*** (-10.69)
SEG	-0.0051 (-1.40)
AGE	-0.0182 (-1.11)
RET	0.0010 (0.13)
DUAL	0.0097 (0.67)
IC	0.0408*** (10.42)
CONSTANT	-3.7945*** (-10.52)
Firm FE	YES
Year FE	YES
Observations	17 249
Adjusted R-squared	0.4754

其次，我们检验了国际贸易摩擦与企业盈余管理（EM）之间的关系，具体实证模型如下：

$$EM = \theta_0 + \theta_1 TF + \theta_2 Controls + \omega \quad (4)$$

在模型（4）中，EM表示企业的盈余管理水平，以异常应计利润的绝对值表示。我们通过琼斯模型计算得到异常应计利润数值，再取其绝对数。Controls是一组控制变量。回归结果见表7。由表7可知，变量TF的估计系数显著为正（估计系数=0.0226；t值=1.83），说明国际贸易摩擦提高了企业的盈余管理水平。

表7 国际贸易摩擦与企业盈余管理

变量	模型（4）
	EM
TF	0.0226* （1.83）
SIZE	0.0050 （1.13）
LEV	0.0543*** （3.12）
LOSS	0.0338*** （5.31）
CF	-0.0021 （-0.08）
BTM	0.0101*** （2.61）
GROW	-0.0089*** （-3.08）
CURR	0.0011 （0.83）
SEG	0.0019 （1.12）

续表

变量	模型（4）
	EM
FC	−0.0032 （−1.16）
OVERSEA	0.0134 （0.85）
AGE	−0.0080 （−1.10）
IC	−0.0006 （−0.31）
BIG4	−0.0081 （−0.61）
AFT	−0.0004 （−0.07）
CONSTANT	0.0565 （0.36）
Firm FE	YES
Year FE	YES
Observations	17 100
Adjusted R-squared	0.1361

最后，我们检验了国际贸易摩擦与审计投入（AI）之间的关系，具体实证模型如下：

$$AI = \theta_0 + \theta_1 TF + \theta_2 Controls + \omega \tag{5}$$

在模型（5）中，AI表示审计投入水平，从人力资本配置角度进行衡量。在数值上，等于两个签字注册会计师从业经验（年数）的平均值。Controls是一组控制变量。回归结果见表8。由表8可知，变量TF的估计系数显著为正（估计系数=2.7378；t值=2.12），说明国际贸易摩擦促使审计师增加了审计投入。

表8 国际贸易摩擦与审计投入

变量	模型（5）
	AI
TF	2.7378** （2.12）
SIZE	0.5901 （1.26）
LEV	0.0328 （0.02）
LOSS	0.6361 （1.11）
CF	−0.4956 （−0.20）
ICOV	0.6439 （1.36）
SEG	−0.0393 （−0.25）
EMP	0.0183 （0.06）
RET	0.2244 （0.64）
TANG	−0.4978 （−0.27）
DUAL	−0.5613 （−0.87）
IC	−0.4112** （−2.46）

续表

变量	模型（5）
	AI
INS	-2.2347* (-1.71)
BIG4	-0.6493 (-0.49)
CONSTANT	48.4215*** (6.83)
Firm FE	YES
Year FE	YES
Observations	12 616
Adjusted R-squared	0.1988

综上分析可知：国际贸易摩擦通过增大企业经营风险与盈余管理水平，促使审计师增加审计投入等，最终提高了审计费用水平。

（二）异质性分析

1.国际“四大”

现有研究发现，在对待风险的态度方面，国际“四大”会计师事务所与非国际“四大”会计师事务所之间存在明显的差异。相对于非国际“四大”会计师事务所而言，国际“四大”会计师事务所在执业时表现得更为谨慎，对风险的敏感度更高（Lee，Taylor and Taylor，2006；Chung，Firth，Kim and Pang，2014）。那么，当公司遭受贸易摩擦冲击以后，国际“四大”会计师事务所是否会实施更为严格的风险应对措施并提高审计费用呢？为回答这一问题，我们建立如下回归模型进行检验：

$$LNAF = \alpha_0 + \alpha_1 TF + \alpha_2 TF \times BIG4 + \alpha_3 BIG4 + \alpha_4 Controls + \xi \tag{6}$$

由于模型（6）里的变量在模型（1）中已介绍过，这里不再赘述。回归结果见表9。由表9可知，变量TF×BIG4的估计系数显著为正（估计系数=0.1099；t值=2.63），表明对于遭受贸易摩擦的企业，国际“四大”会计师事务所比非国际“四大”会计师事务所收取了更多的审计费用。

表9 国际“四大”、国际贸易摩擦与审计费用

变量	模型（6）
	LNAF
TF	0.0210 （1.53）
TF×BIG4	0.1099*** （2.63）
BIG4	0.2541*** （16.77）
SIZE	0.2859*** （56.75）
LEV	0.1642*** （8.28）
LOSS	-0.0064 （-0.91）
CF	0.0033 （0.11）
BTM	0.1497*** （34.39）
GROW	0.0061* （1.91）
INVREC	0.0349 （1.58）
CURR	-0.0109*** （-7.72）
SEG	0.0130*** （7.12）

续表

变量	模型（6）
	LNAF
AGE	−0.0126 （−1.58）
RET	−0.0690*** （−17.66）
DUAL	−0.0219*** （−3.03）
IC	−0.0040** （−1.98）
EXP	0.0306*** （3.82）
OPN	0.0180 （1.60）
CONSTANT	9.1313*** （51.49）
Firm FE	YES
Year FE	YES
Observations	17 264
Adjusted R-squared	0.5142

2. 客户重要性

现有研究发现，由于会计师事务所的大量收入来自其重要客户，因而事实上会计师事务所已经与这些重要客户建立了密切的经济联系。因此，会计师事务所在执业时的独立性可能会受到客户重要性的影响，并且对重要客户“网开一面”（Chen，Sun and Wu，2010）。那么，如果遭受贸易摩擦冲击的企业恰好是会计师事务所的重要客户，会计师事务所又会如何决定其审计费用水平呢？为回答这一问题，我们建立如下回归模型进行检验：

$$LNAF = \alpha_0 + \alpha_1 TF + \alpha_2 TF \times IMC + \alpha_3 BIG4 + \alpha_4 Controls + \xi \tag{7}$$

在模型（7）中，IMC表示客户重要性水平，等于各客户企业审计费用占会计师事务所审计收费总额的比例。IMC取值越大，表示客户企业的重要程度越高。其余变量在模型（1）中已经介绍过，这里不再赘述。回归结果见表10。由表10可知，变量TF×IMC的估计系数显著为负（估计系数=-0.0108；t值=-3.77），表明如果遭受贸易摩擦冲击的企业是会计师事务所的重要客户，则审计费用的提高水平显著弱化。

表10　**客户重要性、国际贸易摩擦与审计费用**

变量	模型（7）
	LNAF
TF	0.0504*** （3.43）
TF×IMC	-0.0108*** （-3.77）
IMC	0.0023** （2.28）
SIZE	0.2864*** （56.86）
LEV	0.1645*** （8.30）
LOSS	-0.0061 （-0.87）
CF	0.0027 （0.09）
BTM	0.1497*** （34.37）
GROW	0.0061* （1.90）
INVREC	0.0343 （1.55）
CURR	-0.0108*** （-7.65）

续表

变量	模型（7）
	LNAF
SEG	0.0130*** （7.11）
AGE	-0.0134* （-1.67）
RET	-0.0691*** （-17.70）
DUAL	-0.0213*** （-2.94）
IC	-0.0040** （-2.00）
BIG4	0.2625*** （17.82）
EXP	0.0315*** （3.89）
OPN	0.0176 （1.57）
CONSTANT	9.1333*** （51.52）
Firm FE	YES
Year FE	YES
Observations	17 264
Adjusted R-squared	0.5145

六、研究结论

在国际贸易摩擦频繁发生的大背景下，考查和评估贸易摩擦的经济后果具有重要的理论和实践价值。本文聚焦于审计师行为，从审计费用视角探讨了国际贸易摩擦的微观经济效应。经研究发现，企业遭受贸易摩擦冲击以后，审计费用水平显著提高。进一步的机制检验发现，贸易摩擦增大了企业的经营风险及其盈余管理程度，从而促使审计师在工作时付出更多努力，进而提高了审计费用水平。此外，异质性检验发现，在国际“四大”会计师事务所中，贸易摩擦对审计费用的影响明显强化，但是当上市公司是会计师事务所的重要客户时，贸易摩擦对审计费用的影响显著弱化。

本文利用微观企业层面数据，从外部审计视角拓展了贸易摩擦经济后果领域的研究边界。同时，本文将宏观经济层面的“贸易摩擦”纳入审计行为研究框架，也拓宽了审计费用影响因素的研究视角。此外，本文还揭示了贸易摩擦对企业经营和会计信息质量的重要影响，有助于企业和政策制定者了解贸易摩擦的真实后果，进而采取应对之策。

参考文献

[1] 陈胜蓝，马慧. 反腐败与审计定价 [J]. 会计研究，2018 (6)：12-18.

[2] 陈宋生，田至立. 往期审计风险的定价作用与传导机理 [J]. 审计研究，2019 (1)：64-71.

[3] 褚剑，秦璇，方军雄. 经济政策不确定性与审计决策——基于审计收费的证据 [J]. 会计研究，2018 (12)：86-92.

[4] 崔连标，朱磊，宋马林，等. 中美贸易摩擦的国际经济影响评估 [J]. 财经研究，2018 (12)：4-17.

[5] 樊海潮，张丽娜. 中间品贸易与中美贸易摩擦的福利效应：基于理论与量化分析的研究 [J]. 中国工业经济，2018 (9)：41-59.

[6] 方意，和文佳，荆中博. 中美贸易摩擦对中国金融市场的溢出效应研究 [J]. 财贸经济，2019 (6)：55-69.

[7] 韩晓梅，周玮. 客户业绩波动与审计风险防范：信息鉴证还是保险功能 [J]. 会计研究，2013 (9)：7.

[8] 黄超，黄俊. 卖空机制、诉讼风险与审计收费 [J]. 财经研究，2016 (5)：77-87.

[9] 黄鹏，汪建新，孟雪. 经济全球化再平衡与中美贸易摩擦 [J]. 中国工业经济，2018 (10)：156-174.

[10] 蒋为，孙浦阳. 美国对华反倾销、企业异质性与出口绩效 [J]. 数量经济技术经济研究，2016 (7)：59-76.

[11] 李计，吴青. 中美贸易摩擦成因、影响与我国应对策略研究 [J]. 价格理论与实践，

2018（3）：151-154.

［12］李猛，于津平. 贸易摩擦、贸易壁垒与中国对外直接投资研究［J］. 世界经济研究，2013（4）：66-73.

［13］李晓溪，饶品贵，岳衡. 年报问询函与管理层业绩预告［J］. 管理世界，2019（8）：173-188.

［14］刘启亮，李蕙，赵超，等. 媒体负面报道、诉讼风险与审计费用［J］. 会计研究，2014（6）：81-88.

［15］陆建兵. 中美经贸关系恶化对中国经济的影响分析［J］. 产业创新研究，2019（1）：70-71.

［16］吕越，娄承蓉，杜映昕，等. 基于中美双方征税清单的贸易摩擦影响效应分析［J］. 财经研究，2019（2）：59-72.

［17］石凡，李栋栋，王克敏. 中美贸易摩擦与公司盈余管理策略［D］. 工作论文，2019.

［18］孙文莉，谢丹，李莉文. 宏观风险对中国企业海外并购成功率的影响研究［J］. 经济学动态，2016（11）：79-89.

［19］魏浩，连慧君，巫俊. 中美贸易摩擦、美国进口冲击与中国企业创新［J］. 统计研究，2019（8）：46-59.

［20］余玉苗，王宇生. 银行治理、股权结构与审计收费——基于A股上市公司的经验证据［J］. 审计研究，2011（4）：79-86.

［21］张国清，夏立军. 自愿性内部控制审计是否增加了企业的审计负担［J］. 经济管理，2013（5）：96-107.

［22］张娟，黄志忠. 高管报酬、机会主义盈余管理和审计费用——基于盈余管理异质性的视角［J］. 南开管理评论，2014（3）：74-83.

［23］张立民，彭雯，钟凯. 宏观经济与审计定价：需求主导还是供给主导［J］. 会计研究，2018（2）：77-83.

［24］张天舒，黄俊. 金融危机下审计收费风险溢价的研究［J］. 会计研究，2013（5）：81-86.

［25］BERTRAND M，MULLAINATHAN S. Enjoying the quiet life? Corporate governance and managerial preferences［J］. Journal of Political Economy，2003，111（5）：1043-1075.

［26］CHEN S，SUN S，WU D. Client importance，institutional improvements，and audit quality in China：an office and individual auditor level analysis［J］. The Accounting Review，2010，85（1）：127-158.

［27］CHUNG R，FIRTH M，KIM J B，et al. Big 4 conservatism around the world［C］. Corporate Governance in Emerging Markets，2014.

［28］CROWLEY M，MENG N，SONG H. Tariff scares：trade policy uncertainty and foreign market entry by Chinese firms［J］. Journal of International Economics，2018（114）：96-115.

［29］DAVID H，DORN D，HANSON G H. The China syndrome：local labor market effects of import competition in the United States［J］. American Economic Review，2013，103（6）：2121-2168.

［30］DEFOND M，ZHANG J. A review of archival auditing research［J］. Journal of Accounting and Economics, 2014, 58 (2): 275-326.

[31] DONOHOE M P, KNECHEL W R.Does corporate tax aggressiveness influence audit pricing? [J]. Contemporary Accounting Research, 2014, 31 (1): 284-308.

[32] GONG Q, LI O Z, LIN Y, et al. On the benefits of audit market consolidation: evidence from merged audit firms [J]. The Accounting Review, 2016, 91 (2): 463-488.

[33] HAY D, KNECHEL W, WONG N.Audit fees: a meta-analysis of the effect of supply and demand attributes [J]. Contemporary Accounting Research, 2006, 23 (1): 141-191.

[34] HOPE O K, HU D, ZHAO W.Third-party consequences of short-selling threats: the case of auditor behavior [J]. Journal of Accounting and Economics, 2017, 63 (2-3): 479-498.

[35] HOUSTON R W, PETERS M F, PRATT J H.The audit risk model, business risk and audit-planning decisions [J]. The Accounting Review, 1999, 74 (3): 281-298.

[36] LEE P J, TAYLOR S J, TAYLOR S L.Auditor conservatism and audit quality: evidence from IPO earnings forecasts [J]. The International Journal of Auditing, 2006 (10): 183-199.

[37] LIU Q, MA H.Trade policy uncertainty and innovation: firm-level evidence from China ' s accession to the WTO [R] .Working Paper, 2016.

[38] MINUTTI-MEZA M.Does auditor industry specialization improve audit quality [J]. Journal of Accounting Research, 2013 (51): 779-817.

[39] SIMUNIC D A.The pricing of audit services: theory and evidence [J]. Journal of Accounting Research, 1980, 18 (1): 161-190.

[40] WANG Y, CHUI A C W.Product market competition and audit fees [J]. Auditing: A Journal of Practice & Theory, 2015, 34 (4): 139-156.

International Trade Friction and Auditor Behavior: Evidence from Audit Fees

Haoran Xu, Qi Zhang, Zhezhe Mu

Abstract In recent years, frequent international trade frictions exert a significantly negative impact on economic development and firm exports.This paper focuses on auditor behavior and explores whether and how international trade frictions affect audit fees.We find that audit fees are significantly increasing when firms are subject to trade frictions. This conclusion holds when we conduct a battery of robust checks such as parallel trend test, PSM matching, and placebo testing. Further mechanism test shows that trade friction leads to a higher firm operating risk, more earnings management, and more audit effort, which finally results in higher audit fees.In addition, heterogeneity tests find that the impact of trade friction on audit fees is more pronounced in big 4 audit firms, but less pronounced when firms are auditors ' key clients. This paper reveals the economics consequence of trade friction from the audit behavior perspective, and its conclusion has important implications for firms and related departments.

Key Words international trade frictions; audit fees; mechanism

第14辑，2022年
No.14，2022
会计与控制评论
Review of Accounting and Control

高管学术经历、内部控制与战略差异①

金玉娜

（东北财经大学会计学院　大连　116025）

摘　要　战略决定企业未来的发展方向，是企业高质量发展的关键因素。本文以我国“文人下海”这一独特现象为研究背景，将高管学术经历的研究拓展到战略差异层面，考察高管学术经历对上市公司战略差异的影响，并探讨内部控制在其中的中介效应。实证研究结果表明，高管学术经历能够显著降低公司战略差异，内部控制在高管学术经历与公司战略差异中发挥中介效应。考虑内、外部环境影响的进一步研究发现，内部控制在此过程中的中介效用，仅在外部经济不确定性较强和杠杆率较高时存在。本文丰富了公司战略决策的研究，并为上市公司提高战略决策有效性和合理选聘高管具有启示作用。

关键词　学术经历　战略差异　内部控制

一、引　言

微观企业的战略选择不仅是企业长期发展的根本目标，更是推动我国产业结构调整，实现高质量发展的关键因素。依据战略整合观，由于相同行业的公司存在相

①　基金项目：教育部人文社会科学研究青年基金项目（项目编号：18YJC790067）。

似的环境，并且同行业的公司可以相互模仿和学习，导致相同行业的公司通常会选择相似的资源配置策略。同一行业中通常存在主流的常规战略，促使该行业中公司的战略选择趋于一致（叶康涛，2014）。公司选择主流战略一方面有利于获取更多的资源，降低未来发展的不确定性；另一方面有利于知识和经验的获取，提高风险识别和应对的能力。由于公司个体资源、高管认知方式等因素的不同，在行业中也存在偏离行业主流战略的公司，即存在战略差异。战略差异是公司偏离行业主流战略的程度，战略差异越大越可能导致极端绩效（Tang等，2011），风险程度也越高（殷治平、张兆国，2016）。

改革开放以来，大批拥有高校或科研院所任职经历的高层次人才下海经商，形成了中国独特的“文人下海”现象，这种现象在西方国家甚为少见，这为高管职业经历与公司决策提供了独特的契机。理论界和学术界逐步认识到高管学术经历对公司决策的重要影响，周楷唐（2017）开启高管学术经历视角的研究，与以往侧重学历教育不同，该经历侧重高校或科研院所的任职经历。高管教育经历侧重于能力的培养，而学术经历则侧重于特质的塑造。实践中，高管特质对其决策风格的影响更为突出（Kaplan等，2008）。学术经历增强了高管审慎、保守、自律的独特气质，更倾向于分析式的思维模式，强调数据和资料的运用，决策更为理性和谨慎。既有研究表明，具有学术经历的高管在决策过程中更为保守，更倾向于风险规避（秦翡，2019）。高管曾有过高校或科研机构的任职经历，是否意味着这种经历能够塑造高管谨慎、保守的特质和独特的风险偏好，并影响其认知模式和决策风格，在做关系公司根本的战略决策时更倾向于选择行业常规战略，进而降低公司的战略差异呢？

由于战略差异存在较高的风险，核心问题在于对战略差异的合理控制和风险管理。内部控制是影响公司战略的重要因素，一方面，合理保证公司战略目标实现是内部控制的最高目标；另一方面内部控制具有风险评估的作用，在风险管理中具有重要地位。具有学术经历的高管拥有更强的自律性和更高的社会期望，从而更倾向于提高公司决策的合理性，因此，更具备完善内部治理机制的动机（Cho等，2017）。在企业经营决策过程中，具有学术经历的高管是否更倾向于建立明确的正式制度，通过内部控制质量的提升，控制和防范风险，降低具有较高风险的战略差异呢？此外，公司战略决策会受到不同内部和外部环境的影响，本文进一步对不同外部经济政策环境和公司内部财务风险环境下，管理者学术经历、内部控制与公司战略选择之间的关系进行研究，探索在高不确定性和高风险的环境下，学术经历高管审慎、保守和自律的特质是否更为突出。

基于此，本文借鉴战略管理理论，构建“高管学术经历—内部控制—战略差异”研究框架。首先，研究高管学术经历对公司战略差异的直接影响，试图开启高管学术经历对公司战略差异的“黑箱”；其次，从内部控制的视角，研究内部控制在高管学术经历和公司战略选择之间的中介效应，剖析内部控制在其中的中介效应；最后，分析在外部经济政策不确定性和公司内部不同财务杠杆条件下，内部控制的中介效应的异同，探讨在不同风险环境下，具有学术经历高管决策的差异性。本文的主要贡献如下：（1）以我国“文人下海”的独特现象为研究背景，选取高管学术经历这一独特视角为切入点，较为系统地研究高管学术经历与公司战略差异的关系，发现高管学术经历有助于降低公司的战略差异，深化高管个人特质与公司决策的研究。（2）检验内部控制是否在高管学术经历和公司战略差异的关系中发挥中介效应，丰富和完善内部控制在公司战略决策中的认识，进而为具有学术经历的高管在公司战略决策中更好地发挥作用提供指导和帮助。

二、文献综述

（一）高管学术经历

高管学术经历对公司决策的影响受到学者的关注。既有研究发现具有学术经历的高管的决策更为注重采用专业知识，在环境不确定时，更为保守（Jiang and Mruphy，2007），并且他们有较强的自我约束能力，拥有更高的社会责任观念，社会认可度更高（Cho等，2017）。该经历影响高管的各项决策，拥有学术经历的高管能够发挥提高盈余质量（周楷唐等，2017），提高并购业绩和专利产出，减少盈余管理的作用（Francis等，2015），同时，能够增强公司双元创新（汤莉，2021）和绿色创新（方文彬等，2022），降低公司的股价崩盘风险（鲁桂华等，2021）和成本费用粘性（赵欣等，2021），加大现金持有水平（朱焱等，2020），对公司业绩具有促进作用（Jiang等，2007），并能抑制高管的在职消费（张晓亮等，2020），提升公司的价值（丁明发等，2020）和社会责任（Cho等，2017；姜付秀等，2019）。拥有学术经历的独立董事，能够提高公司的治理水平、并购绩效和专利产出（Francis，2015）。

（二）公司战略差异

战略差异，学术界将其定义为公司战略与行业主流战略的偏离程度，常用的度量方法为用关键资源的投入情况衡量（叶康涛等，2014）。近年来，战略差异的研究取得了较快的发展，成果最为丰富的领域集中于战略差异的经济后果。战略差异对盈余信息质量具有显著影响，导致净利润的价值相关性下降（叶康涛等，

2014)，盈余管理方式的改变（叶康涛等，2015）。战略差异越大，公司业绩波动越大（Tang等，2011；胡志亮等，2021）、年报分析提示信息越多（林钟高等，2021）、资本成本越高（王化成等，2017）、商业信用成本越高（李高波等，2021）、违约风险越高（王化成等，2019）、股价崩盘风险越高（Habib等，2017）。对战略差异影响因素的研究相对较少，高管薪酬差距能够显著降低公司的战略差异（潘镇等，2019），高管积极情绪具有提高公司战略差异的作用（Delgado等，2010），客户集中度能够增大企业的战略差异（冯展斌，2021），CEO早期居住地能够影响企业战略差异（和欣，2021）。

（三）内部控制对公司战略的影响

内部控制经济后果的研究主要集中在盈余管理（Ashbaugh-Skaife等，2008；刘斌等，2021）、创新投入（倪静洁等，2020）、投资行为（Cheng等，2013）、代理问题（Ashbaugh-Skaife等，2009）等方面。内部控制对公司战略的影响的研究相对较少。杨德明和史亚雅（2018）以互联网商业模式为视角，研究发现，内部控制能够影响公司战略，内部控制质量越高，公司采用互联网商业模式战略的可能性越大。殷治平等（2016）研究发现，内部控制能够抑制公司的战略差异。林钟高等（2018）研究发现，高质量内部控制能够提高董事会选择挖掘式创新战略的可能性。虽然内部控制具有合理保证公司战略目标实现的作用，但内部控制对公司战略影响的文献依然较少，该领域的研究仍需进一步深入。

综上所述，现有文献对于公司战略差异的研究主要集中于战略选择的经济后果方面，少量研究涉及战略差异选择的影响因素。既有战略差异影响因素的研究主要局限于传统经济学范式，基于委托-代理的视角，从公司治理的视角展开相关研究。从学术经历这种能够塑造高管独特决策风格的特殊经历视角的研究却鲜见。同时，内部控制作为合理保证公司战略目标实现的重要机制，其对公司战略影响的研究仍处于探索阶段。本文从高管学术经历的视角，研究拥有学术经历的高管对公司战略差异度的影响，并对内部控制在高管学术经历和公司差异中的中介效应进行分析，试图丰富和完善高管梯队理论和公司战略决策理论的相关研究。

三、理论分析与假设提出

（一）高管学术经历对公司战略差异的影响

高管背景特征对公司决策具有较大影响，根据Hambrick等（1994）的高管梯队理论，高管是战略决策的主体，其认知能力和价值观直接决定公司战略决策的方向和效果。也就是说，战略决策实质上是高管依据自身价值观和认知能力，对内、外部复杂环境的大量信息进行处理和过滤，最终进行决策的过程，其中，高管的价值观和认知能力对决策有效性具有重要影响。该理论提出后，高管背景特征对公司决策的影响受到广泛关注，早期从人口学特征的视角展开相关研究，近年来更能够塑造高管认知能力和价值观的职业经历受到了学术界的关注。职业角色能够更深刻地影响人的决策倾向和生活态度。在高管各类职业经历中，学术经历由于创造性较强、自主性较大等原因对决策的影响更为突出。学术经历不同于教育经历，教育经历突出塑造个人能力；学术经历属于职业背景，突出塑造个人特质，个人特征对管理决策的影响更为深入。由此，高管作为公司战略决策的主体，其学术经历很可能通过认知能力和价值观的塑造影响公司战略差异的选择。

具体来讲，学术经历塑造了高管审慎和保守的独特气质，使高管的决策更倾向于风险规避。心理学和财务行为学认为高管的决策风格是在其不同的经历中逐渐形成的，其中，职业经历对其决策特质的影响最为突出（Schoar and Zuo，2017）。一方面，受学术经历的影响，该类高管更多倾向于分析式思维模式，更倾向于依据数据和行业相关资料进行分析，使得高管战略决策更具理性和严谨性。尤其在不确定性较高的环境下，拥有学术经历的高管更倾向于审慎和保守的决策风格（Jiang and Murphy，2007）。既有研究表明拥有学术经历高管的审慎性和保守性使公司更倾向于稳健的财务政策（Ozkan and Ozkan，2004），表现出较高的会计稳健性和较低的盈余管理（周楷唐等，2017），及更高的现金持有倾向（秦翡，2019）。然而，企业战略差异度越大，合法性和认可度越可能遭到外界质疑，公司面临的风险越高（Henderson 等，2006；殷治平和张兆国，2016）。由此，审慎和保守的决策风格促使具有学术经历的高管更加倾向于主流战略。另一方面，学术经历使得高管的决策风格更倾向于风险规避。具有学术经历的高管不喜欢进行高风险经营（Francis 等，2015），风险偏好水平更低（秦翡，2019），更侧重风险规避型的战略模式。同时，高校和科研机构长期以来的稳定的用人制度，使得组织文化相对保守，“铁饭碗”式的模式，更偏重于风险规避的风险态度（周楷唐等，2017）。由此，具有学术经历的高管在公司战略决策过程中更倾向于风险更低的主流战略，避免较高风险的差异性战略。由此提出假设1。

H1：高管学术经历能够降低公司的战略差异程度。

（二）内部控制的中介效应

高管学术经历能够促进公司加强内部控制的建设和完善。首先，有学术经历的高管普遍具有较强的职业精神和自律性，更倾向于完善内部控制，提高决策效率。学术经历以教书育人和探索科学问题为使命，使得该类高管更多地受到我国儒家思想的熏陶，拥有较强的“师德”意识，相比于其他类型的高管，该类型的高管具有更高的道德水平和职业精神，对声誉和形象具有更高的期望（Francis等，2015），具有更强的自律性（张晓亮，2020）。这种较强的职业精神将显著影响公司决策行为的合理性，并积极完善公司内部治理机制（Cho等，2017）。拥有学术经历的高管能够促进公司各项决策过程更加严谨，更加注重声誉和形象，对自身乃至整个公司的行为具有更高的要求，从而更具动机建立完善的内部控制体系。通过有效的内部控制增强战略决策有效性，并减少公司违规等有损自身形象和声誉的事件的发生。其次，整个社会对学者具有更高的期望，为满足社会各界的较高期望，具有学术经历的高管更倾向于通过良好的内部控制体系提高公司的经营效率和决策科学性。依据角色理论，在社会网络中，承担某角色的个体会主动适应社会对该角色的期望，并自觉承担与该角色相对应的权利和义务。既有研究表明社会各界对学术工作者的期望远高于其他职业（Tierney，1997），在这样的环境下，具有学术工作经历的高管可能将外部认同转化为内在品格，自觉维护和提高公司的决策效率和社会认可度，进而积极构建和完善有助于实现该目标的公司内部控制体系。由此可知，具有学术经历的高管更倾向于建立和完善内部控制。

由于战略差异具有较高的风险性，为提高战略决策有效性，缓解战略差异可能存在的潜在风险，核心问题在于战略差异的合理控制。内部控制具有合理保证战略目标实现，同时兼具风险控制的作用。《企业风险管理框架》提出了以内部控制框架为基础的风险管理框架。内部控制能够对战略决策和实施过程中的风险进行有效的识别和控制，避免过度的战略差异导致风险超越自身可承受范围。有效的内部控制能够降低因公司制度或流程失败导致的战略决策和实施偏差（杨德明和史亚雅，2018）。具体来讲，内部控制要素在公司战略制定、执行和风险防范过程中发挥着重要作用。有效的内部环境有利于通过良好的企业文化和有效的内部治理机制，尤其是战略委员会，促进战略的决策有效性和实施规范性。风险评估有助于评估战略风险，有效控制高风险的战略差异。控制活动通过全员控制和全过程控制，降低战略决策和实施过程中，个人行为不当造成的过高战略差异度。信息与沟通有利于降低由于信息不足、信息偏误和沟通失效造成的战略决策和战略执行偏差。内部监督有助于及时发现和纠正内部控制及其要素存在的缺陷，促进内部控制战略目标的实现。上市公司战略有效性是内部控制的最高目标，同时，内部控制有助于防范和控制战略风险。有效的内部控制应该能够提高战略决策有效性，合理控制较高风险的差异化战略。

基于以上分析，提出本文的研究假设2。

H2：内部控制在高管学术经历对公司战略差异度的影响中发挥中介效应。

四、研究设计

（一）研究样本与数据来源

由于高管学术经历的可获得数据初始年份为2008年，本文选取2008—2017年我国沪、深主板上市公司为研究对象，剔除金融行业及数据披露不全的公司，最终得到12 222个样本数据。主要数据来源于CSMAR数据库，内部控制数据来源于迪博内部控制与风险管理数据库，为消除极端值的影响，对连续变量进行了缩尾处理。

（二）主要变量的选取与计算

1. 被解释变量

战略差异（DS），是公司战略偏离行业主流趋势的程度。该指标的计算借鉴Finkelstein等（1990）、叶康涛等（2014）、殷治平等（2016）采用公司在六个关键领域的资源分配确定公司战略差异。具体指标为广告投入（销售费用/营业收入）、研发投入（无形资产净值/营业收入）、资产密集度（固定资产/员工人数）、固定资产更新程度（固定资产净值/固定资产原值）、管理费用投入（管理费用/营业收入）、公司财务杠杆（（短期借款+长期借款+应付债券）/所有者权益）。将六个指标分别减去同行业当年该指标的平均值，除以该指标的标准差，并取绝对值。将六个标准化后的指标的均值作为公司战略差异的代理变量。该指标越大，表明公司偏离行业主流趋势越高，战略差异越大。

2. 解释变量

高管学术经历（Aca），是指高管在高校、科研院所任职的经历。公司战略决策属于董事会职责范畴，借鉴殷治平和张兆国（2016），本文将高管的范围界定为董事会成员。采用公司具有学术经历的高管占所有高管人数的比例衡量高管学术经历。虽然目前对高管经历的衡量主要有两种方式：第一，高管团队是否存在该经历高管，构建虚拟变量；第二，高管团队中具有该经历高管的比重。虚拟变量方法不能有效区分不同公司具有不同学术经历高管的数量，因此，本文采用具有学术经历高管的比重度量高管学术经历。

3. 中介变量

内部控制（IC），度量方法采用迪博内部控制指数，并对该数值取自然对数。

4. 控制变量

借鉴相关研究，选取公司规模（Size）、经营业绩（ROE）、高管性别（Sex）、高管学历（Edu）、高管职业背景（Car）、高管海外经历（Abr）、独立董事（Inde）、第一大股东持股（Top1）、委员会设置（Com），具体变量定义见表1。

表1 变量说明

变量类型	变量名称	变量定义
被解释变量	战略差异（DS）	反映公司资源分配六个变量数值的均值，详见被解释变量的计算方法
解释变量	高管学术经历（Aca）	具有学术经历高管的人数与高管总人数之比
中介变量	内部控制（IC）	迪博内部控制指数的自然对数
控制变量	公司规模（Size）	公司总资产的自然对数
	经营业绩（ROE）	净利润与所有者权益之比
	高管性别（Sex）	女性高管在高管中所占的比重
	高管学历（Edu）	高管学历均值
	高管职业背景（Car）	高管从事职业数量的平均值
	高管海外经历（Abr）	拥有海外经历的高管的比例
	独立董事（Inde）	独立董事比例
	第一大股东持股（Top1）	第一大股东持股比例
	委员会设置（Com）	委员会设立总数

（三）模型设定

借鉴温忠麟等（2014）的方法，构建实证研究模型。内部控制中介作用成立满足的条件为：（1）公司战略与高管学术经历进行回归，系数达到显著水平；（2）中介变量内部控制与高管学术经历进行回归，系数达到显著水平；（3）公司战略与高管学术经历和中介变量（内部控制）同时回归，中介变量（内部控制）的系数达到显著水平。当高管学术经历的系数不显著时，内部控制发挥完全中介效应；当高管学术经历的系数依然显著时，内部控制发挥部分中介效应。为检验本文的研究内容，构建模型（1）、模型（2）和模型（3）。

$$DS=\alpha_0+\alpha_1 Aca+\alpha_n\sum Control+\varepsilon_1 \tag{1}$$

$$IC=\beta_0+\beta_1 Aca+\beta_n\sum Control+\varepsilon_2 \tag{2}$$

$$DS=\delta_0+\delta_1 Aca+\delta_n\sum Control+\varepsilon_3 \tag{3}$$

五、实证分析

（一）描述性统计

本文对相关变量进行描述性统计，结果见表2。战略差异的均值为0.657，最大值为2.015，最小值为0.217，表明上市公司战略选择存在较大差异。高管学术经历的均值为0.285，说明存在相对较高比例具有学术经历的高管任职于上市公司。

表2 描述性统计分析

变量	均值	中位数	标准差	最大值	最小值
DS	0.657	0.573	0.330	2.015	0.217
Aca	0.285	0.273	0.162	0.750	0.000
IC	6.492	6.518	0.152	6.831	5.808
Size	22.359	22.246	1.407	26.326	19.192
ROE	0.060	0.066	0.141	0.455	-0.724
Sex	0.117	0.111	0.109	0.444	0.000
Edu	3.184	3.500	1.184	5.000	0.000
Car	1.679	1.667	0.356	2.667	1.000
Abr	0.076	0.000	0.105	0.467	0.000
Inde	0.370	0.333	0.056	0.800	0.091
Top1	0.360	0.338	0.158	0.770	0.084
Com	3.923	4.000	0.575	9.000	0.000

（二）实证检验结果分析

为检验高管学术经历对公司战略差异的影响，以及内部控制在两者之间可能存在的中介效应，采用样本公司数据进行实证检验，结果见表3。

表3 高管学术经历对公司战略差异的影响：基于内部控制中介效应的实证结果

变量	DS（模型（1））		IC（模型（2））		DS（模型（3））	
	系数	T值	系数	T值	系数	T值
Aca	−0.184***	(−9.505)	0.021***	(2.671)	−0.180***	(−9.302)
IC					−0.214***	(−9.787)
Size	−0.025***	(−11.038)	0.033***	(34.434)	−0.018***	(−7.667)
ROE	−0.351***	(−16.751)	0.360***	(41.813)	−0.274***	(−12.264)
Sex	0.144***	(5.313)	−0.020*	(−1.774)	0.140***	(5.176)
Edu	−0.003	(−1.243)	0.003**	(2.420)	−0.003	(−1.033)
Car	0.031***	(3.565)	−0.033***	(−9.412)	0.023***	(2.735)
Abr	0.147***	(4.941)	0.015	(1.245)	0.150***	(5.071)
Inde	0.167***	(3.166)	−0.042*	(−1.939)	0.158***	(3.006)
Top1	−0.048**	(−2.474)	0.037***	(4.579)	−0.041**	(−2.077)
Com	−0.011**	(−2.084)	−0.007***	(−3.140)	−0.012**	(−2.369)
Constant	1.229***	(22.572)	5.809***	(259.380)	2.475***	(17.885)
Obs	12 222		12 222		12 222	
Adj-R^2	0.055		0.248		0.062	
Sobel检验	−0.00457** (z=−2.577)					
Goodman检验1	−0.00457** (z=−2.564)					
Goodman检验2	−0.00457** (z=−2.59)					

注：*表示10%的显著性水平，**表示5%的显著性水平，***表示1%的显著性水平。

表3为高管学术经历对公司战略的影响，以及内部控制在其过程中的中介效应的实证研究结果。模型（1）的结果为中介效应检验的步骤一，高管学术经历对公司战略选择影响，两者的回归系数为−0.184（在1%水平上显著），即具有学术经历的高管能够降低公司的战略偏离，本文的假设1得到验证。模型（2）为中介效应检验步骤二，高管学术经历与内部控制的回归系数为0.021（在1%水平上显著），说明具有学术经历的高管更倾向于提高公司的内部控制水平，构建高质量的内部控制。模型（3）为中介效应检验步骤三，高管学术经历与公司战略的回归系数为−0.180（在1%水平上显著），内部控制与公司战略的回归系数为−0.214（在1%水平上显著）。

通过实证检验发现，具有学术经历的高管能够抑制公司的战略偏离，内部控制在此过程中具有部分中介效应。本文对中介效应进行三种显著性检验，即Sobel、Goodman1和Goodman2检验，以上三种检验均表现出较强的显著性，即假设2得以验证。

（三）稳健性检验

1. 替换战略差异度量的敏感性测试

借鉴Tang等（2011）、叶康涛等（2014）的研究方法，由于在战略差异的度量方法中采用销售费用和无形资产反映公司广告投入和研发投入，由此剔除广告宣传投入和研发投入两个可能存在误差的指标，以其余四个指标度量公司的战略差异水平，结果见表4。

表4 替换战略差异度量方法的敏感性测试

变量	DS（模型（1））		IC（模型（2））		DS（模型（3））	
	系数	T值	系数	T值	系数	T值
Aca	-0.183***	(-8.445)	0.021***	(2.671)	-0.177***	(-8.217)
IC					-0.270***	(-11.042)
Size	-0.019***	(-7.257)	0.033***	(34.434)	-0.010***	(-3.677)
ROE	-0.432***	(-18.454)	0.360***	(41.813)	-0.335***	(-13.437)
Sex	0.163***	(5.405)	-0.020*	(-1.774)	0.158***	(5.254)
Edu	-0.008***	(-2.698)	0.003**	(2.420)	-0.007**	(-2.469)
Car	0.048***	(5.049)	-0.033***	(-9.412)	0.039***	(4.118)
Abr	0.057*	(1.712)	0.015	(1.245)	0.061*	(1.845)
Inde	0.176***	(2.980)	-0.042*	(-1.939)	0.164***	(2.801)
Top1	-0.008	(-0.381)	0.037***	(4.579)	0.002	(0.074)
Com	-0.007	(-1.221)	-0.007***	(-3.140)	-0.009	(-1.541)
Constant	1.061***	(17.446)	5.809***	(259.380)	2.630***	(17.031)
Obs	12 222		12 222		12 222	
Adj-R^2	0.049		0.248		0.058	
Sobel检验	-0.00575** (z=-2.596)					
Goodman检验1	-0.00575 ** (z=-2.586)					
Goodman检验2	-0.00575 ** (z= -2.606)					

注：*表示10%的显著性水平，**表示5%的显著性水平，***表示1%的显著性水平。

由表4的稳健性检验结果可知，在替换公司战略度量方法的基础上，实证检验结果表明高管学术经历与公司的战略差异程度的回归系数显著为负，高管学术经历与内部控制的回归系数显著为正，将高管学术经历和内部控制同时纳入模型中，内部控制在高管学术经历与公司战略选择之间存在中介效应，中介效应Sobel、Goodman1和Goodman2检验依然显著，表明本文的研究结论具有较强的稳健性。

2. 内生性检验

为消除可能存在的内生性问题对研究结论的影响，由于同行业公司具有相似的行业特质和外部环境，且同行业其他公司高管的经历无法直接影响该公司的战略选择，因此，本文选取同行业高管学术经历均值（Aca_mean）作为高管学术经历的工具变量。采用两阶段工具变量法对高管学术经历与公司战略选择之间的内生性进行检验，检验结果见表5。高管学术经历与公司战略差异的回归系数显著为负（在1%的水平上显著），表明本文研究结论具有一定的稳健性。

表5　**内生性检验回归结果**

变量	第一阶段 被解释变量（Aca）		第二阶段 被解释变量（DS）	
Aca_mean	0.721***	(20.543)		
Aca			-0.690***	(-6.361)
IC	0.052***	(5.140)	-0.200***	(-8.826)
Size	-0.001	(-0.586)	-0.017***	(-6.804)
ROE	0.026**	(2.563)	-0.256***	(-11.035)
Sex	-0.099***	(-7.947)	0.097***	(3.343)
Edu	0.019***	(16.515)	0.007**	(2.136)
Car	0.058***	(14.376)	0.063***	(5.215)
Abr	0.244***	(18.088)	0.284***	(6.872)
Inde	0.337***	(14.046)	0.344***	(5.169)
Top1	-0.001	(-0.122)	-0.050**	(-2.462)
Com	0.004	(1.576)	-0.009*	(-1.716)
Constant	-0.551***	(-8.505)	2.315***	(15.849)
Observations	12 222		12 222	
Adj-R^2	0.167		0.008	

注：*表示10%的显著性水平，**表示5%的显著性水平，***表示1%的显著性水平。

六、进一步研究

（一）经济政策不确定性对内部控制中介效应的影响

经济政策不确定性的提高造成公司战略制定和实施的难度提升，这种影响对于本就高风险的战略差异公司更为突出。首先，经济政策不确定性加大了公司面临的风险，导致公司掌控环境要素的能力下降（Yu等，2016），使得具有学术经历的高管更倾向于通过内部控制的建立和完善，合理控制公司的战略风险。其次，经济政策不确定性提高了高管的风险规避程度，使其更有动机通过内部控制有效地评估和应对风险，合理控制战略差异程度。依据行为金融学，环境不确定、信息不完全性和有限理性将对决策者的风险偏好产生影响。较高的经济政策不确定性使得公司战略的未来不确定性增强，放大了高管的风险偏好，导致高管采用更为谨慎保守的方式展开公司决策。经济政策不确定性加大高管的风险规避倾向（Panousi等，2012），高管决策会更加保守，风险承担水平更低，并积极进行风险管理行为（薛龙，2019）。由此，与高度确定性的环境相比，经济政策不确定性环境下，具有学术经历的高管由于潜在风险的增大和风险规避程度的提高，更有动机通过有效的内部控制合理控制战略差异及相应风险，即内部控制对公司战略的影响在不同的经济政策不确定性环境下存在差异。

采用Baker等（2016）开发的“经济政策不确定性指数”（EPU）进行度量，该度量方法在实证研究中得到广泛的认可和应用。按照该指标中位数将样本公司划分为高经济政策不确定性组和低经济政策不确定性组，实证研究结果见表6。

表6　　经济政策不确定性对内部控制中介效应的影响

变量	高经济政策不确定性			低经济政策不确定性		
	DS（模型（1））	IC（模型（2））	DS（模型（3））	DS（模型（1））	IC（模型（2））	DS（模型（3））
Aca	-0.205*** （-7.494）	0.033*** （2.929）	-0.199*** （-7.289）	-0.161*** （-5.876）	0.013 （1.200）	-0.158*** （-5.781）
IC			-0.181*** （-5.863）			-0.257*** （-8.147）
Size	-0.027*** （-8.453）	0.025*** （18.214）	-0.023*** （-6.919）	-0.023*** （-7.044）	0.042*** （31.602）	-0.013*** （-3.518）

续表

变量	高经济政策不确定性			低经济政策不确定性		
	DS（模型（1））	IC（模型（2））	DS（模型（3））	DS（模型（1））	IC（模型（2））	DS（模型（3））
ROE	-0.341*** (-11.504)	0.381*** (30.912)	-0.272*** (-8.559)	-0.364*** (-12.224)	0.331*** (27.639)	-0.279*** (-8.877)
Sex	0.124*** (3.254)	-0.023 (-1.435)	0.120*** (3.154)	0.164*** (4.265)	-0.007 (-0.460)	0.163*** (4.240)
Edu	-0.004 (-1.217)	-0.000 (-0.116)	-0.004 (-1.229)	-0.002 (-0.532)	0.005*** (3.297)	-0.001 (-0.192)
Car	0.047*** (4.008)	-0.036*** (-7.368)	0.041*** (3.449)	0.012 (0.919)	-0.022*** (-4.285)	0.006 (0.477)
Abr	0.162*** (3.924)	0.019 (1.119)	0.166*** (4.019)	0.130*** (3.046)	0.017 (0.967)	0.135*** (3.162)
Inde	0.191** (2.569)	-0.027 (-0.887)	0.186** (2.509)	0.141* (1.889)	-0.049 (-1.619)	0.129* (1.731)
Top1	-0.029 (-1.029)	0.040*** (3.400)	-0.022 (-0.775)	-0.067** (-2.450)	0.024** (2.155)	-0.061** (-2.238)
Com	-0.009 (-1.262)	-0.004 (-1.263)	-0.010 (-1.360)	-0.013* (-1.778)	-0.009*** (-3.111)	-0.016** (-2.110)
Constant	1.231*** (16.216)	5.979*** (189.548)	2.311*** (11.604)	1.231*** (15.424)	5.595*** (174.123)	2.668*** (13.790)
Obs	6 078	6 078	6 078	6 144	6 144	6 144
Adj-R^2	0.054	0.217	0.060	0.054	0.293	0.064
Sobel检验	-0.00601*** (z=-2.62)			-0.00341 (z=-1.187)		
Goodman检验1	-0.00601*** (z= -2.59)			-0.00341 (z=-1.178)		
Goodman检验2	-0.00601*** (z= -2.651)			-0.00341 (z= -1.196)		

注：*表示10%的显著性水平，**表示5%的显著性水平，***表示1%的显著性水平。

由表6可知，高经济政策不确定性样本组中，Sobel、Goodman检验1和Goodman检验2中介效应检验依然显著，表明内部控制在高管学术经历与公司战略差异之间存在中介效应。在低经济政策不确定性样本组，模型（2）的回归分析中，高管学术经历与内部控制的回归结果并不显著，Sobel、Goodman检验1和Goodman检验2中介效应检验不显著，内部控制的中介效应不成立。这可能是因为在经济政策较为确定的环境下，公司面临的不确定性风险较低，具有学术经历的高管通过建立内部控制以防范风险的动机相对减少，而在高经济政策不确定性环境下，公司面临的风险更高，具有学术经历的高管更有动机通过构建内部控制以降低战略选择和执行过程中可能存在的风险。

（二）杠杆率对内部控制中介效应的影响

公司杠杆率越高，财务风险越高。内部控制作为风险管理的基础，可以通过融资成本、信息环境、防范舞弊等多种途径有效降低公司财务风险（方红星和陈作华，2015），并合理保证公司战略目标的实现。然而，内部控制的建设是需要公司付出成本的，内部控制的建立难免需要考虑相应的成本和收益问题。依据风险管理理论，当潜在风险较大时，公司通常应采取加大风险管理的措施，完善相关制度和规范。较高的财务风险将加大谨慎性较高、对声誉高度重视的学术经历型高管建立和完善公司内部控制的倾向，促使公司提高内部控制建设的投入。同时，学术经历型高管较低的风险偏好在高财务风险的环境下被激发和放大，使其更倾向于风险规避，进一步增加内部控制建设的需求，以满足将风险控制在可承受范围内的需求。由此，与杠杆率相对较低的公司相比，杠杆率较高的公司的具有学术经历的高管更有意愿增加内部控制的投入，通过有效的内部控制降低相应风险，以提高公司战略目标实现的可能性，即内部控制对公司战略的影响可能会因杠杆率的不同而存在差异。

按照行业资产负债率中位数分组将样本公司划分为高杠杆组和低杠杆组，实证研究结果见表7。

表7 杠杆率对内部控制中介效应的影响

变量	高杠杆			低杠杆		
	DS（模型（1））	IC（模型（2））	DS（模型（3））	DS（模型（1））	IC（模型（2））	DS（模型（3））
Aca	-0.156^{***} (−5.535)	0.043^{***} (3.440)	-0.146^{***} (−5.199)	-0.218^{***} (−8.227)	0.003 (0.304)	-0.217^{***} (−8.222)
IC			-0.234^{***} (−8.136)			-0.162^{***} (−4.650)

续表

变量	高杠杆			低杠杆		
	DS（模型（1））	IC（模型（2））	DS（模型（3））	DS（模型（1））	IC（模型（2））	DS（模型（3））
Size	-0.023*** (-7.179)	0.040*** (28.127)	-0.014*** (-4.020)	-0.040*** (-10.793)	0.027*** (20.437)	-0.035*** (-9.289)
ROE	-0.330*** (-13.743)	0.300*** (28.005)	-0.260*** (-10.243)	-0.330*** (-7.144)	0.535*** (31.713)	-0.244*** (-4.891)
Sex	0.095** (2.372)	-0.020 (-1.138)	0.090** (2.266)	0.183*** (5.007)	-0.017 (-1.270)	0.180*** (4.940)
Edu	-0.016*** (-4.477)	0.002 (1.374)	-0.016*** (-4.356)	0.011*** (3.117)	0.003** (2.385)	0.011*** (3.262)
Car	0.031** (2.563)	-0.043*** (-7.868)	0.021* (1.745)	0.034*** (2.835)	-0.022*** (-5.083)	0.030** (2.533)
Abr	0.114*** (2.637)	0.011 (0.547)	0.117*** (2.709)	0.197*** (4.836)	0.000 (0.027)	0.197*** (4.846)
Inde	0.177** (2.370)	-0.086*** (-2.577)	0.157** (2.112)	0.156** (2.099)	0.005 (0.188)	0.156** (2.114)
Top1	-0.088*** (-3.103)	0.035*** (2.798)	-0.080*** (-2.825)	0.005 (0.171)	0.023** (2.369)	0.008 (0.312)
Com	-0.007 (-0.888)	-0.004 (-1.331)	-0.008 (-1.032)	-0.017** (-2.491)	-0.007*** (-2.926)	-0.018*** (-2.667)
Constant	1.225*** (16.065)	5.654*** (166.471)	2.546*** (14.207)	1.484*** (17.563)	5.901*** (191.535)	2.442*** (10.971)
Obs	6 058	6 058	6 058	6 164	6 164	6 164
Adj-R^2	0.064	0.270	0.074	0.055	0.253	0.058
Sobel检验	-0.01010***　(z=-3.168)			-0.00048　(z= -0.3038)		
Goodman检验1	-0.01010***　(z=-3.148)			-0.00048　(z= -0.2971)		
Goodman检验2	-0.01010***　(z=-3.189)			-0.00048　(z= -0.3111)		

注：*表示10%的显著性水平，**表示5%的显著性水平，***表示1%的显著性水平。

表7为高杠杆公司和低杠杆公司，内部控制在高管学术经历和战略差异之间的中介效应的检验结果。由实证研究结果可知，高杠杆公司样本组中，Sobel、Goodman检验1和Goodman检验2中介效应检验依然显著，表明内部控制在高管学术经历与公司战略差异之间存在中介效应。在低杠杆公司样本组中，Sobel、Goodman检验1和Goodman检验2中介效应检验不显著，内部控制的中介效应不成立。这可能是因为较高的杠杆增加了公司的财务风险，具有学术经历的高管更有动机通过构建内部控制以降低战略风险。

七、研究结论与建议

我国经济已步入高质量发展阶段，微观企业的战略选择和定位尤为重要。以“文人下海”这一独特的现象为背景，基于中国情境，从高管学术经历的个体层面寻求公司战略决策的影响因素，丰富高管个人职业经历对公司决策影响的研究，有利于拓展对我国经济发展和公司战略决策的认识。本文基于内部控制的中介效应视角，探讨高管学术经历对公司战略差异的影响。同时，对不同外部经济政策不确定性和内部财务风险环境下，内部控制在高管学术经历与战略差异之间的中介作用能否有效发挥进行检验。实证研究表明，高管学术经历能够降低公司的战略差异，内部控制在两者之间具有中介效应。进一步研究发现，经济政策不确定性和杠杆率能够影响内部控制的中介作用的发挥，即仅在高经济政策不确定性和高财务风险的环境下，内部控制的中介作用显著。针对本文的研究结论，为更有效地选聘公司高管和完善内部控制体系，进而提高公司决策效率，提出以下建议：

第一，公司应结合自身实际情况，合理选聘拥有学术经历的高管。不同公司资源、环境和能力存在差异，因此，应依据自身的具体情况制定人力资源政策。学术经历塑造了高管审慎、保守、自律的独特风格，并在学术工作中培养了理性和谨慎分析式的思维模式，整体决策风格更为保守，更倾向于风险规避。应依据公司实际特征，选择与公司资源、环境和能力相一致的人力资源，充分发挥拥有学术经历人才的独特属性，提高公司战略决策和执行的有效性。

第二，建立和完善内部控制体系，有效防范和控制公司可能面临的战略风险，促进公司战略的有效制定和实施。内部控制具有合理保证公司战略目标实现和风险评估的作用，能够有效识别和控制战略决策中的风险因素，并降低战略实施过程中制度和流程缺陷导致的执行偏差。公司应按照实际情况，构建适合自身经营特色和内部流程的内部控制体系，避免内部控制流于形式，切实保证内部控制制度的有效实施，确保其效用的有效发挥。同时，在战略选择过程中坚持与自身内、外环境相适应的原则，利用内部控制等风险控制和管理体系，充分考虑战略所涉及的潜在风险，避免公司承担的风险超越其可承受范围。

参考文献

［1］丁明发，李思雨，蔡光前，等. 高管学术经历对公司价值的影响［J］. 金融理论与实践，2020（11）：79-89.

［2］方红星，陈作华.高质量内部控制能有效应对特征风险和系统风险吗［J］.会计研究，2015（4）：70-77.

［3］方文彬，孟欣，党楠. 高管学术经历与企业绿色创新关系研究［J］. 洛阳理工学院学报（社会科学版），2022，37（2）：40-47.

［4］冯展斌. 客户集中度对企业战略差异的影响：协同效应抑或挤压效应［J］. 现代财经（天津财经大学学报），2021，41（11）：3-18.

［5］和欣，曾春影，陈传明，等. CEO早期居住地环境污染与企业战略差异——基于情绪特质的实证研究［J］. 经济管理，2021，43（1）：89-105.

［6］胡志亮，郑明贵. 企业战略差异、环境不确定性与企业经营绩效波动［J］. 华东经济管理，2021，35（8）：103-115.

［7］姜付秀，张晓亮，郑晓佳. 学者型CEO更富有社会责任感吗？——基于企业慈善捐赠的研究［J］. 经济理论与经济管理，2019（4）：35-51.

［8］李高波，于博. 企业战略差异与商业信用模式［J］. 财经问题研究，2021（6）：100-109.

［9］林钟高，唐洁玉. 企业战略差异、产品市场竞争与风险提示信息［J］. 财贸研究，2021，32（11）：97-110.

［10］林钟高，张天宇. 内部控制、董事会行为与企业创新战略选择［J］. 会计与经济研究，2018，32（3）：73-89.

［11］刘斌，李延喜，迟健心. 内部控制意愿、内部控制水平与盈余管理方式——基于文本分析与机器学习的计量方法［J］. 科研管理，2021，42（9）：166-174.

［12］鲁桂华，潘柳芸. 高管学术经历影响股价崩盘风险吗［J］. 管理评论，2021，33（4）：259-270.

［13］倪静洁，吴秋生. 内部控制有效性与企业创新投入——来自上市公司内部控制缺陷披露的证据［J］. 山西财经大学学报，2020，42（9）：70-84.

［14］潘镇、何侍沅、李健. 女性高管、薪酬差距与企业战略差异［J］. 经济管理，2019（2）；122-138.

［15］秦翡. 高管学术经历、现金持有与公司业绩［J］. 贵州财经大学学报，2019（4）：40-50.

[16] 汤莉，余银芳. CEO学术经历与企业双元创新 [J]. 华东经济管理，2021，35 (10)：59-69.

[17] 温忠麟，叶宝娟.中介效应分析：方法和模型发展 [J] .心理科学进展，2014，22 (5)：731-745.

[18] 王化成，侯粲然，刘欢. 战略定位差异、业绩期望差距与企业违约风险 [J]. 南开管理评论，2019，22 (4)：4-19.

[19] 王化成，张修平，候粲然，等. 企业战略差异与权益资本成本——基于经营风险和信息不对称的中介效应研究 [J]. 中国软科学，2017 (9)：99-103.

[20] 薛龙.经济政策不确定性与企业风险承担 [J] .财经论丛，2019，(12)：55-65.

[21] 杨德明，史亚雅. 内部控制质量会影响企业战略行为吗？——基于互联网商业模式视角的研究 [J]. 会计研究，2018 (2)：69-75.

[22] 叶康涛，董雪雁，崔倚菁. 企业战略定位与会计盈余管理行为选择 [J]. 会计研究，2015 (10)：23-29.

[23] 叶康涛，张姗姗，张艺馨. 企业战略差异与会计的价值相关性 [J]. 会计研究，2014 (5)：44-51.

[24] 殷治平，张兆国. 管理者任期、内部控制与战略差异 [J]. 中国软科学，2016 (12)：132-143.

[25] 张晓亮，文雯，宋建波. 学者型CEO更加自律吗？——学术经历对高管在职消费的影响 [J]. 经济管理，2020，42 (2)：106-126.

[26] 张晓亮，杨海龙，唐小飞. CEO学术经历与企业创新 [J]. 科研管理，2019，40 (2)：154-163.

[27] 赵欣，杨世忠. 高管学术经历与企业成本粘性 [J]. 软科学，2021，35 (3)：35-41.

[28] 周楷唐，麻志明，吴联生. 高管学术经历与公司债务融资成本 [J]. 经济研究，2017 (7)：169-183.

[29] 朱焱，邢路杰. 中国上市公司高管学术经历对企业现金持有的影响 [J]. 财经理论与实践，2019，40 (6)：91-97.

[30] ASHBAUGH-SKAIFE H，COLLINS D W，KINNEY W R K JR，et al. The effect of SOX internal control deficiencies on firm risk and cost of equity [J]. Journal of Accounting Research，2009，47 (1)：1-43.

[31] ASHBAUGH-SKAIFE H，COLLINS D W，KINNEY W RK JR，et al. The effect of SOX internal control deficiencies and their remediation on accrual quality [J]. The Accounting Review，2008，83 (1)：217-250.

[32] BAKER S R，BLOOM N，DAVIS S J. Measuring economic policy uncertainty [J] . Quarterly Journal of Economics，2016，131 (4)：1593-1636.

[33] CHENG M，DHALIWAL D，ZHANG Y. Does investment efficiency improve after the disclosure of material weakness in internal control over financial reporting [J]. Journal of Accounting and Economics，2013，56 (1)：1-18.

[34] CHO C H，JUNG J，KWAK B，et al. Professors on the board：do they contribute to soci-

ety outside the classroom [J]. Journal of Business Ethics, 2017, 141 (2): 393-409.

[35] DELGADO-GARCIA J B, FUENTE-SABATE JM D L. How do CEO emotions matter? impact of CEO affective traits on strategic and performance conformity in spanish banking industry [J]. Strategic Management Journal, 2010, 31 (5): 562-574.

[36] FINKELSTEIN S, HAMBRICK D C. Top-management-team tenure and organizational outcomes: the moderating role of managerial discretion [J]. Administrative Science Quarterly, 1990, 35 (3): 484-503.

[37] FRANCIS B, HASSAN I, WU Q. Professors in the boardroom and their impact on corporate governance and firm performance [J]. Financial Management, 2015, 44 (3): 547-581

[38] HABIB A, HASAN M M. Business strategy, overvalued equities, and stock price crash risk [J]. Research in International Business and Finance, 2017 (39): 389-405.

[39] HAMBRICK D C, MASON P A. Upperechelons: the organizations as a reflection of its top managers [J]. Academy of Management Review, 1984, 9 (2): 193-206.

[40] HENDERSON A D, MILLER D, HAMBRICK D C. How quickly do CEOs become obsolete? Industry dynamism, CEO tenure, and company performance [J]. Strategic Management Journal, 2006, 27 (5): 447-460.

[41] JIANG B, MURPHY P J. Do business school professors make good executive managers [J]. Academy of Management Prospectives, 2007, 21 (3): 29-50.

[42] KAPLAN S N, KLEBANOV M M, SORENSEN M. Which CEO characteristics and abilities matter? [J]. The Journal of Finance, 2008 (67): 973-1007.

[43] OZKAN A, OZKAN N. Corporate cash holdings: an empirical investigation of UK companies [J]. Journal of Banking & Finance, 2004, 28 (9): 2103-2134.

[44] PANOUSI V, PAPANIKOLAOU D. Investment, idiosyncratic risk, and ownership [J]. The Journal of Finance, 2012, 67 (3): 1113-1148.

[45] SCHOAR A, ZUO L, Shaped by booms and busts: how the economy impacts CEO careers and management styles [J]. The Review of Financial Studies, 2017, 33 (5): 1424-1456.

[46] TANG J, CROSSAN M, ROWE W G. Dominant CEO, deviant strategy, and extreme performance: the moderating role of a powerful board [J]. Journal of Management Studies, 2011, 48 (7): 1479-1503.

[47] TIERNEY W G. Organizational socialization in higher education [J]. The Journal of Higher Education, 1997, 68 (1): 1-16.

[48] YU C L, WANG F, BROUTHERS K D, Competition identification, perceived environmental uncertainty, and performance [J]. Canadian Journal of Administrative Sciences, 2016, 33 (1): 21-35.

Managerial Academic Experience, Internal Control and Strategic Deviance

Yuna Jin

Abstract Strategy determines the future development direction of enterprises. Strategy is a key factor in the high-quality development of enterprises. Taking the unique phenomenon of "literati going to the sea" as the research back ground, this paper expands the research of senior executives' academic experience to the level of corporate strategy. This paper researches the influence of managers' academic experience on the strategic deviance of listed companies, and explores the intermediary effect of internal control. The empirical results show that the academic experience of managers can significantly reduce the deviance in corporate strategy, and the internal control plays an intermediary role in the process of influencing corporate strategy deviance. Further research finds that the intermediary role of internal control in academic experience managers and corporate strategic deviance exists only when there is high leverage and strong economic policy uncertainty. This paper enriches the research of strategic decision-making and the theory of executive echelon, and can provide enlightenment for listed companies to select and employ executives reasonably and improve the level of strategic decision-making.

Key words academic experience; strategic deviance; internal control

第14辑，2022年
No.14，*2022*
会计与控制评论
Review of Accounting and Control

企业风险承担、会计信息质量和股价同步性[①]

崔发婧　陈　莹

（东北财经大学会计学院　大连　116025）

摘　要　在我国市场环境中对影响股价同步性的因素（尤其是实体经济相关决策因素）进行探究，不仅能丰富相关文献研究，还可以减少资源错配并推动市场发展，对于理论和实际两方面都有所助益。本文探索风险承担与股价同步性之间的关系，并引入会计信息质量这一中介变量进行研究，能够将实体经济行为与股票市场有效联系起来。研究发现，首先，风险承担与股价同步性负相关，即随着企业风险承担水平的提升，股价同步性有所降低。其次，将会计信息质量作为风险承担与股价同步性的中介变量进行研究，发现会计信息质量确实起到部分中介作用。进一步分析得出，机构投资者、媒体、分析师以及行业集中度会对风险承担与股价同步性之间的关系产生调节作用，前三者的增加使得风险承担与股价同步性之间负向关系减弱，而企业行业地位的提升则会加剧风险承担与股价同步性之间的负相关关系。

关键词　风险承担　会计信息质量　股价同步性

①　省级项目：辽宁省教育厅项目“大数据背景下企业成本管理研究——以辽宁省装备制造业为例”（LN2019J03）。

一、引 言

要想实现资源的有效配置，就离不开股票市场。1990年上交所开业是我国股票市场的起点，从那时开始，其逐步发展壮大，在股票总市值以及上市公司数量两方面都不容小觑。但在取得瞩目成绩的同时，也不能忽视其存在部分上市公司质量不高以及监管制度不健全等问题。由于股票市场可以视为信息市场，信息会对股票价格产生影响，并进一步作用于资源配置。学术界依据个股股价与市场平均股价波动趋势关系，即“同涨同跌”现象，提出股价同步性这一概念，来对股票市场信息效率进行衡量。而股票价格作为联结资本与实体市场的纽带，起到十分重要的作用。所以，在此背景下，对影响股价同步性的因素（尤其是实体经济相关决策因素）进行探究，不仅能丰富相关文献研究，还可以减少资源错配并推动市场发展，对于理论和实务都将有所助益。

在众多实体经济相关决策中，投资决策至关重要，而伴随着投资活动所带来的企业风险承担水平变动，也是很多学者关心的问题。经济转型升级离不开创新推动，如果企业想要拥有可持续的增长优势，那么提高自身风险承担水平是至关重要的。Schumpeter（1934）从企业家精神角度入手，关于风险承担首次提出，作为企业家的首要特征是敢于冒险和勇于创新，即愿意投资高风险项目来获得高回报，并具体表现为风险承担水平提高。但在实际情况中，由于不可避免地受到信息不对称以及代理问题作用，不同的企业会对投资风险和收益有着不同的权衡以及选择偏好。可以从多个方面各个层次来对企业风险进行研究，但因投资决策与企业目前资本投入和未来现金流联系紧密，会对公司长期发展乃至存亡都有重大影响，很多学者都是从投资决策承担的风险出发来定义企业风险承担（余明桂等，2013；宋建波等，2017；周泽将等，2019；Lumpkin and Dess，1996）。所以，本文沿袭上述学者的定义，选择将企业风险承担界定为在经营管理中企业面对不确定环境时所做投资决策产生的业绩波动情况。在社会层面，风险承担离不开资源的支持，所以其受经济政策、资本市场和文化环境的影响十分明显（卢馨等，2013；Fazzari et al.，1988；Almeida and Campello，2007）。经济政策不确定性、社会冲突以及制度层面因素都会对企业风险承担造成影响（刘志远等，2017；杨瑞龙等，2017）。另外，Dominika and Rebecca（2013）研究发现，弥补税费亏损以及调整税率也会对企业风险承担有所影响。当出现经济衰退，市场整体较为低迷时，信贷收紧使得融资约束增强（Nini et al.，2009）。在公司层面，是否国有控股以及排名前列的大股东持股比例不同会使得风险承担水平有所不同（Faccio et al.，2011；Boubakri et al.，

2013)。一些研究认为，控股股东的监督帮助提升了公司的风险承担水平，即股权集中度越高，风险承担水平也随之越高（Attig et al.，2013)。但Mishra（2011）指出，控股股东并不会让公司风险承担水平得到提升，而股权制衡却可以（Koerniadi et al.，2014)。风险选择会对公司发展以及经济增长产生十分重要的影响，当一个企业具有较高的风险承担水平时，往往会产生更多的资本性支出，这表明企业擅长利用投资机会（Bargeron et al.，2010)。并且，往往还表现为进一步增加R&D投入和拥有更高的创新积极性（Hilary and Hui，2009)，这些都帮助企业提升了竞争能力。而且其资产和销售收入的增长率都会有所增加（John et al.，2008)，能够更好地配置资源，实现价值的不断提升。说明风险承担对企业长期发展起到了积极作用。

由此可见，风险承担水平高低会为企业带来不同的经济后果。这些经济后果又会通过各种信息在股票价格中有所反映，并对其股价同步性产生影响。研究企业风险承担对于股价同步性的影响，可以将实体经济行为与股票市场有效联系起来。股价同步性是个股股价与市场平均股价波动的趋势关系，即“同涨同跌”现象。有关股价同步性的研究观点主要包括：一方面，主流观点认为如果一家公司的股价中有许多该公司的特质信息，那么其股价与大盘“同涨同跌”可能性降低（Morck et al.，2000；Durnev et al.，2003；Li et al.，2004)。另一方面，有学者认为股价同步性是对市场噪声以及投资者情绪多少的衡量，股价同步性降低仅代表噪声的增多，而不能视为公司特质信息的增加，相反，股价同步性越高的公司却拥有相对来说更高的信息效率（West，1988；Kelly，2014；Chan et al.，2013)。不同学者对股价同步性是对股价“同涨同跌”现象的反映持一致观点，但高股价同步性背后代表特质信息还是噪声，至今仍然没有一致的结论。

同时，许多研究认为，高质量会计信息会降低股价同步性。Lundholm and Myers（2002）采用信息披露程度指标来对会计信息进行衡量，发现信息披露程度提高，会增加市场上存在的可以进行分析的数据，这时将会有更多的信息被投资者利用来帮助决策，在这种情况下个股价格中特质信息含量高，从而股价同步性低。另外，袁知柱和鞠晓峰（2009）通过实证分析也发现，会计信息质量高会导致更多的公司特质信息可以通过投资者的分析决策进入股价，从而提高股价中的个体层面信息量，降低股价同步性。史永（2014）也同样证实了会计信息质量对股价同步性的负向作用，并且，聘请专业的审计师可以有效帮助企业提高会计信息质量（王木之和李丹，2019；Gul et al.，2010)。然而，另外一部分学者得出了完全不同的结论，即高质量会计信息会提高股价同步性。并且高股价同步性代表着信息环境良好(Kelly，2007)。由于新兴加转轨是我国股票市场正处于的阶段，伴随着较为严重的信息不对称情况，并且也有监管不完善等相关问题，所以，会计信息质量不一定如同发达国家成熟的资本市场那样与股价同步性是显著负相关的，金智（2010）就得出两者之间是正相关的结论。王亚平等（2009）将我国资本市场上市公司相关数据作为实证样本发现对于股价同步性来说，信息透明度也起到正向作用。因此，目前关于会计信息质量与股价同步性之间的关系，尚未形成统一的结论。

综上所述，一方面，目前对于企业风险承担的研究，更多的是侧重于宏观的政策市场文化、微观的公司治理以及高管特征等方面对企业风险承担的影响，较少的文献关注企业风险承担所带来的经济后果。另一方面，现有的关于股价同步性的研究大多是基于“信息效率观”，探究了宏观及市场层面、公司层面、外部第三方信息中介层面的一些因素对于股价同步性的影响，还有一些从“非理性行为观”入手得出相对立的结论。可以看出，依据的观点不同，研究结论也有所差别。所以，本文将企业风险承担与股价同步性联系起来，选择以私有信息交易观为视角，探究风险承担在资本市场上造成的影响。具体表现为研究风险承担与股价同步性之间的关系以及作用机制。

基于上述分析，本文基于私有信息交易观，从特质信息进入股价的过程入手，研究风险承担与股价同步性之间的关系以及作用机制。首先，以有效市场理论和行为金融学对资本市场中投资者行为的分析为基础，用信息不对称理论和私有信息交易理论来研究风险承担对股价同步性的影响。其次，由于会计信息在公司特质信息披露中的重要性，所以选择会计信息质量担任中介，利用会计信息质量为桥梁，解释风险承担对股价同步性的作用机制及影响路径。本文可能的贡献如下：（1）在研究企业风险承担对股价同步性的关系的基础上引入会计信息质量作为中介变量，探究企业风险承担对股价同步性的影响路径，有助于更好地理解其背后的经济含义，对风险承担与股价同步性两方面的文献研究都有一定的补充作用。（2）研究视角有所不同，本文没有选取常见的“信息效率观”和“非理性行为观”为切入点，而选择通过私有信息交易的视角进行分析，选择采用已经在一些文献中得到证明和应用的私有信息交易为视角来对企业风险承担与股价同步性之间的关系进行分析，从另一个角度对风险承担与股价同步性的关系进行解释。

二、理论分析与研究假设

（一）企业风险承担与股价同步性的关系

股价同步性是指个股股价与市场平均股价波动的趋势关系，股价同步性高，则该公司的股票价格会随着大盘的变动而变动，产生“同涨同跌”现象。私有信息交易观认为，这时，该公司股票价格中所包含的市场和行业整体层面的信息相对较多，而与公司个体层面相关的特质信息相对较少（Roll，1988；DMYZ，2003），则股价同步性较高。而公司特质信息主要由公开信息和私有信息这两部分组成（冯用富等，2009）。其中，公开信息是只要投资者需要就可以在企业公共网站等公开渠道直接获取的信息。私有信息则是指因为取得信息的途径以及方式有所不同或者是对信息不具备专业的分析与处理能力，产生了信息不对称，使得只有部分投资者能够掌握的信息。这两种信息进入股价的主要方式如下：（1）与公司相关的公开发布的信息（例如公司债券发行情况，分红情况等）通过专业估值分析进入股价。（2）风险套利者进行的交易可以使得其所获得的私有信息进入股价。将这两种方式进行比较后发现，私有信息交易所能产生的影响更大，其更有利于特质信息进入股价（王建峰等，2014）。当私有信息交易增加的时候，股价同步性会有所降低。综上所述，私有信息交易观从信息融入股价的过程入手，认为私有信息交易促进了特质信息融入，使得股价同步性降低（DMYZ，2003；Piotroski and Roulstone，2004）。

影响私有信息交易的发生主要有两方面的原因。一是交易者的意愿，二是获取信息的成本与所得收益的比较。

本文将企业风险承担界定为当企业在经营管理中面对不确定环境时，会做出不同的投资决策，进而产生的业绩波动情况（余明桂等，2013b；宋建波等，2017；周泽将等，2019）。如果一家企业在经营投资过程中倾向于未来获取高额收益，也愿意接受收益的较大波动程度的话，那么这家企业就会选择高风险的投资项目，这时企业风险承担水平增加。当企业具有较高的风险承担水平时，其倾向于选择更高风险的投资项目来获取更大的收益，使得企业面临的不确定性和业绩波动都有所增加。一方面，较高的业绩不确定性更能吸引风险套利者的关注，提高了其交易意愿，可以从主观上推动私有信息交易的发生，使得股价同步性降低。另一方面，我们从公司内外部来分析，对于风险承担水平较高的公司，获取私有信息的成本与所得收益相比如何，是否会提高私有信息交易。

首先，从公司外部来看，风险承担具有较强的资源消耗性活动的特征（卢馨等，2013；Fazzari et al.，1988；Almeida and Campello，2007）。高风险投资项目会比一般投资项目有更大的资金需求，很多时候仅靠内部留存不能得到满足，还需要借助外部力量来获得支持（李欢等，2018）。但由于权益融资不仅过程复杂还会稀释现有股东的股权，所以，更多的公司倾向于利用债务进行融资。然而，债权人为了避免高风险项目未来收益不确定性可能对自身利益造成的损害，往往会选择提高借款利率或者缩小规模等方式来保护自身利益。这显然是不利于公司的，并且可能影响高风险项目的后续实施。除此之外，公司为了赢得更多的再融资机会，来保障现金流充足，使得高风险承担的投资项目不被影响，就需要在资本市场上实现高估值（Baker and Wurgler，2002）。所以综合来看，公司为了达到减少融资约束和扩大再融资的目的，会选择隐藏部分信息或者对公开披露的信息进行粉饰，使得公开信息质量降低。当一个公司的信息不对称程度高，公开披露的信息质量差的时候，与该公司有关的私有信息收集的边际成本相对较低而获得的边际回报较高，会有更多的投资者有动力去搜寻私有信息并进行交易，使得私有信息交易有所增加，股价同步性降低。

其次，从公司内部来看，高风险承担对于大股东实现私人利益最大化是有利的（John et al.，2008；Attig et al.，2013；Koerniadi et al.，2014）。若公司股权集中度高，则高风险项目更容易得到大股东的青睐。如果盈利，大股东不仅可以获得分红，还能够利用控制权掌握未分配利润。即使失败，依据有限责任制，大股东需要承担的责任也是有限的。所以出于自身利益的考虑并减少外部中小股东反对意见的干扰，大股东在进行信息披露的时候必然有所保留，加剧了内外信息的不对称。另外，高风险承担企业常常会表现出较高的创新积极性，R&D经费投入力度加大（Hilary and Hui，2009）。然而高创新性投资项目不仅投资回报期较长而且信息较为不对称（毛其淋等，2015），一般公司对外发布创新项目，更像是用来表明公司有长期发展的决心且会不断努力提升公司价值的一种承诺，用来鼓励更多投资者对其进行投资。基于这种目的，公司信息发布时会宣告更多利好消息并掩盖更多不利消息，使得信息质量变差。同样，在这种情况下，投机者获取私有信息的成本远小于可以获得的收益，会推动他们更多地进行私有信息交易，降低了股价同步性。

最后，对于管理层来说，在高风险承担水平的公司，管理层由于过度自信（余明桂等，2013）、构建商业帝国（Kothari，2009）、保护薪酬职位（Ball，2009）以及避税（Kim et al.，2011）等原因，会倾向于公开披露更多利好而非负面消息，使得信息质量降低，加剧了信息不对称程度。当一个公司的信息不对称程度高，公开披露的信息质量差的时候，该公司有关的私有信息收集的边际成本相对较低而获得的边际回报较高，更多的投资者因为有利可图而去寻找私有信息并进行交易，使得股价同步性降低。

综上所述，提出本文的研究假设1。

H1：企业风险承担水平越高，股价同步性越低。

（二）会计信息质量与股价同步性

本文从决策有用性入手，将会计信息质量定义为会计信息使用者利用会计信息进行决策的满意程度。如果会计信息使用者利用企业会计信息可以很好地进行决策，其满意程度高，则表明会计信息质量高。

目前，国内外学者对于会计信息质量与股价同步性之间的关系存在一些研究，但是未得出一致的结论。一些研究认为，会计信息质量会降低股价同步性。当处于成熟完备的市场环境中时，会计信息质量越高，越多的公司特质信息可以通过投资者的分析决策进入股价，个体层面信息量增加，股价同步性会有所降低（史永，2014；Lundholm and Myers，2002）。另外一部分研究认为，会计信息质量会提高股价同步性。当处于新兴或者发展不久的年轻市场中时，噪声的存在不可忽视，会计信息质量差的公司会使得其股价中包含更多的噪声，降低了股价同步性（王亚平，2009；Kelly，2007）。

我国的股票市场规模已经不可小觑且在不断与国际市场接轨，已经不能被完全当成最初的新兴市场，但是和发达国家成熟的资本市场相比又存在着一定的差距。进一步分析来看，依据有效市场理论，当处于完全有效市场中时，不仅过去、现在公开的信息，还有所有内部信息（券商、分析师以及管理者所拥有的信息等）都在股票价格中得到反映，并且这些信息都可以零成本获取。投资者可以仅凭股价来投资就收获最大效用，不必去收集额外信息（Morck et al.，2000；Durnev et al.，2003；Li et al.，2004）。然而，真实的股票市场远达不到如此理想化程度，信息不对称为私有信息交易者提供了空间和机会，使得他们可以从中获取超额收益（Roll，1988）。我国现阶段的股票市场信息不对称问题仍然比较严峻，较高的信息收集与处理成本使得股价中公司特质信息与噪声并存现象明显（王亚平，2009；许年行等，2013），这就推动了私有信息交易的发生。所以，基于我国独特的市场背景，本文从特质信息融入股价这一过程，即私有信息交易所述观点出发，来对这二者间的关系进行研究。

企业的会计信息是会计核算过程及其结果的记录载体，通过会计信息可以快速有效地了解有关企业财务、经营抑或是资金等方面的信息。其来源可以是月、季或者年度财务报表，也可以是经过审计的财务报告及附注。对于内部管理者来说，会计信息可以作为业绩评价或者在未来进行投资决策的依据；对于外部信息使用者，如投资者、债权人或其他利益相关者来说，它是帮助他们快速了解企业基本情况及未来发展的有效渠道。

可以说，会计信息是外部投资者获取的关于企业的信息中至关重要的一部分，其质量高低会直接影响私有信息交易的多少。如果一家公司具有很高的会计信息质量，那么信息使用者就可以据此对该公司的价值以及未来现金流进行估计，减少了盈余操纵的可能，增加了信息的透明度和可比性。这时，投资者需要更多的投入才能换取少量的私有信息，然而交易这些私有信息所获得的收益并不理想。对于投资者来说，如果去找寻私有信息可以得到的收益比所需要付出的成本还低的话，他们就不会愿意去进一步挖掘私有信息了。这样一来，股价同步性会提高。反之，对会计信息质量差的公司，投资者仅凭借会计信息无法进行可靠预测，私有信息可以帮助决策，作用明显。此时获得私有信息的成本显然低于收益，会促使更多的投资者去探寻并发生交易行为，使得股价同步性降低。

综合以上分析，提出本文的研究假设2。

H2：会计信息质量越高，股价同步性越高。

（三）风险承担、会计信息质量与股价同步性

本文从投资决策承担的风险出发来定义企业风险承担，将其界定为在经营管理中企业面对不确定环境时所做投资决策产生的业绩波动情况（余明桂等，2013）。对于高风险承担公司来说，高风险项目带来的，不仅仅是高收益，也往往伴随收益波动性的增大。更大的波动带来了更多的不确定性。一方面，公司为了达到减少融资约束和扩大再融资的目的（Baker and Wurgler，2011），可能会选择提高盈余管理程度来平滑收益。另一方面，在高风险承担水平的公司，管理层出于过度自信（余明桂等，2013）、构建商业帝国（Kothari，2009）、保护薪酬职位（Ball，2009）以及避税（Kim et al.，2011）等原因，也会通过盈余管理等方式来对公司的会计信息进行调整，即高风险往往伴随高盈余管理。

我们将会计信息质量高低与使用者满意度相联系。如果会计信息使用者利用企业会计信息可以很好地进行决策，其满意程度高，则表明会计信息质量高。而会计信息中最为重要的组成部分是盈余信息，信息使用者可以从中获取有关公司未来现金流和价值的相关信息（Watts and Zimmerman，1978）。可以说，盈余管理程度越高，信息使用者越难以依据信息进行准确预测，信息满意度降低，即会计信息质量较差（金智，2010；Grant et al.，2009）。

综合以上分析，提出本文的研究假设3。

H3：风险承担水平越高，会计信息质量越低。

前文已经分析过，信息是联结风险承担与股价同步性的桥梁，而会计信息质量又是外部投资者可以获得的企业相关信息中至关重要的一部分，可以有效缓解信息不对称情况。并且会计信息质量的高低会直接影响私有信息交易的多少（金智，2010）。所以，在研究企业风险承担与股价同步性关系的作用机制时，本文认为，会计信息质量起到了中介的作用。

具体分析，当风险承担水平提高的时候，由于融资约束、管理层过度自信等内外部原因，公司会采取盈余管理等方式对公开披露的会计信息进行调整，使得会计信息质量有所降低。

如果会计信息质量降低，投资者仅凭借会计信息无法进行可靠预测，那么会计信息能够提供的可利用有价值的信息就会减少，而公司可供挖掘的私有信息的边际收益就会提高。此时，获得私有信息的成本显然低于收益，会促使更多的投资者去探寻并产生交易行为，使得股价同步性降低。

综合以上分析，提出本文的研究假设4。

H4：会计信息质量在风险承担影响股价同步性的关系中起中介作用，风险承担水平越高，会计信息质量越低，股价同步性越低。

三、研究设计

（一）样本选择与数据来源

由于财政部在2007年实施的新会计准则对公司会计信息质量有重大影响，考虑到公司的适应期以及风险承担指标计算中的盈利波动三年窗口期，本文以2009—2021年沪、深A股上市公司为样本进行研究，并进行了如下方面的筛选：首先，由于金融保险行业会计准则与其他行业存在较大差异，故剔除金融类上市公司。其次，剔除当年新上市的公司。另外，剔除个股周收益年度数据低于50个的样本。最后，剔除ST类上市公司和数据缺失的样本。

本文的样本及相关变量数据均来自于CSMAR数据库和WIND金融数据库，为了避免极端值的影响，对模型中所有连续性变量在1%和99%水平上进行了缩尾处理。

（二）变量定义与研究模型

1. 变量定义

（1）被解释变量

对于股价同步性的衡量，本文借鉴Durnev et al.（2003）和王亚平等（2009）的做法，运用模型（1）来估计个股的R^2，并运用等式（2）对R^2进行对数化使之呈正态分布，最后得到的SYN即为衡量股价同步性的指标。

$$r_{i,t} = \beta_0 + \beta_1 r_{m,t} + \beta_2 r_{I,t} + \varepsilon_{i,t} \tag{1}$$

$$SYN_i = Ln\left(\frac{R_i^2}{1 - R_i^2}\right) \tag{2}$$

其中，$r_{i,t}$为第t周的个股收益率，$r_{m,t}$为第t周的市场收益率，$r_{I,t}$为第t周的行业收益率，是按照中国证监会行业分类标准，以公司流通市值为权重，对$r_{i,t}$加权平均计算出来的指标。另外，R_i^2为模型（1）的拟合度。

（2）解释变量

由于更高的风险承担水平意味着企业未来现金流入的不确定性更大，企业盈利的波动性被广泛地用于衡量风险承担。本文主要用企业盈利的波动性衡量风险承担水平（John et al.，2008；Boubakri et al.，2011；余明桂等，2013），即σ（ROA_i）。ROA_i为企业i相应年度的税息折旧及摊销前利润（EBITDA）与当年末资产总额的比率。由于我国高管的任期普遍为三年一届，故选取三年期为时间窗口。

在计算波动性时，我们先对企业每一年的ROA采用行业平均值进行调整，然后计算企业在每一观测时段内经行业调整的ROA的标准差，即：

$$RiskT_i = \sqrt{\frac{1}{N-1}\sum_{n=1}^{N}(ADJ\_ROA_{in} - \frac{1}{N}\sum_{n=1}^{N}ADJ\_ROA_{in})^2} | N = 3 \tag{3}$$

其中：

$$ADJ\_ROA_{in} = \frac{EBITDA_{in}}{ASSETS_{in}} - \frac{1}{X}\sum_{k=1}^{X}\frac{EBITDA_{kn}}{ASSETS_{kn}} \tag{4}$$

（3）中介变量

对于会计信息质量，本文采用修正的Jones模型（Dechow et al.，1995），以可操纵性应计项的绝对值（DA）来衡量会计信息质量。具体做法如下，首先，用下列模型（5）进行分年度分行业回归，将估计所得的回归系数代入模型（6），计算可操纵性应计项的绝对值（DA）。DA越大，说明会计信息质量越差。

$$\frac{TA_{i,t}}{Asset_{i,t}} = \propto_1 \frac{1}{Asset_{i,t-1}} + \propto_2 \frac{\Delta REV_{i,t} - \Delta REC_{i,t}}{Asset_{i,t-1}} + \propto_3 \frac{PPE_{i,t}}{Asset_{i,t-1}} + \varepsilon_{i,t} \tag{5}$$

$$DA_{i,t} = \left| \frac{TA_{i,t}}{Asset_{i,t}} - \left(\hat{\alpha}_1 \frac{1}{Asset_{i,t-1}} + \hat{\alpha}_2 \frac{\Delta REV_{i,t} - \Delta REC_{i,t}}{Asset_{i,t-1}} + \hat{\alpha}_3 \frac{PPE_{i,t}}{Asset_{i,t-1}} \right) \right| \tag{6}$$

其中，$TA_{i,t}$为总应计项，是营业利润与经营活动现金净流量的差额，$Asset_{i,t}$是资产总额，$\Delta REV_{i,t}$是营业收入变动额，$PPE_{i,t}$表示固定资产原值，$\Delta REC_{i,t}$表示应收账款变动额。

（4）控制变量

依据已有研究得出，公司规模及性质、经营和财务状况、审计等因素都会对风险承担水平、会计信息质量或者股价同步性产生影响（王木之和李丹，2019；Faccio et al.，2011；Boubakri et al.，2013）。在综合考虑我国上市公司和资本市场的情况，并参考国内外文献以后，本文选取企业规模（Size）、账面市值比（MB）对公司基本特征进行界定，选取公司性质（Soe）、第一大股东持股比例（Top1）对治理特征进行控制；选取资产收益率（ROA）对公司盈利能力进行衡量，用营业收入增长率（Growth）与现金流量变化率（ΔCFO）衡量公司未来发展速度；利用资产负债率（Lev）和利息保障倍数（Interest）来对公司债务水平进行界定；考虑到审计机构在审计中起到的关键作用，本文将是否为“四大”（Big4）定为衡量标准。

表1 **变量定义**

变量		含义	计算方法
因变量	SYN	股价同步性	个股收益率与行业市场收益率回归后的拟合度，并进行对数化调整
自变量	RiskT	风险承担	三年窗口期的分行业年度盈余波动

续表

变量		含义	计算方法
中介变量	DA	会计信息质量	基于分年度分行业的修正Jones模型
控制变量	Top1	第一大股东持股比例	第一大股东持股数量/年末总股本
	Soe	产权性质	若实际控制人为国有控股，则为国有企业，取值为1，否则为0
	Size	资产规模	公司总资产的对数
	MB	市账比	净资产市价/净资产账面价值
	ROA	资产收益率	净利润/年末总资产
	Lev	资产负债率	负债总额/资产总额
	Growth	营业收入增长率	（当年营业收入-上年营业收入）/上年营业收入
	Big4	“四大”审计	年度报告由国际“四大”审计的，取值为1，否则为0
	Interest	利息保障倍数	（息税前利润/利息费用）/100
	ΔCFO	现金流量变化率	本年经营活动现金流量的变化额/上年末总资产

2. 模型构建

为了检验本文的假设1，构建如下模型：

$$SYN_{it} = \alpha_0 + \alpha_1 RiskT_{it} + \alpha_2 Soe_{it} + \alpha_3 Size + \alpha_4 ROA + \alpha_5 Lev_{it} + \alpha_6 Big4_{it} + \alpha_7 Top1_{it} + \alpha_8 MB_{it} + \alpha_9 Growth_{it} + \alpha_{10} Interest_{it} + \alpha_{11} \Delta CFO_{it} + \alpha_{12} Year_{it} + \alpha_{13} Industry_{it} + \varepsilon_{it} \quad (7)$$

为了检验本文的假设2，构建如下模型：

$$SYN_{it} = \beta_0 + \beta_1 DA_{it} + \beta_2 Soe_{it} + \beta_3 Size + \beta_4 ROA + \beta_5 Lev_{it} + \beta_6 Big4_{it} + \beta_7 Top1_{it} + \beta_8 MB_{it} + \beta_9 Growth_{it} + \beta_{10} Interest_{it} + \beta_{11} \Delta CFO_{it} + \beta_{12} Year_{it} + \beta_{13} Industry_{it} + \varepsilon_{it} \quad (8)$$

为了检验本文的假设3，构建如下模型：

$$DA_{it} = \gamma_0 + \gamma_1 RiskT_{it} + \gamma_2 Soe_{it} + \gamma_3 Size + \gamma_4 ROA + \gamma_5 Lev_{it} + \gamma_6 Big4_{it} + \gamma_7 Top1_{it} + \gamma_8 MB_{it} + \gamma_9 Growth_{it} + \gamma_{10} Interest_{it} + \gamma_{11} \Delta CFO_{it} + \gamma_{12} Year_{it} + \gamma_{13} Industry_{it} + \varepsilon_{it} \quad (9)$$

本文采用逐步检验回归系数，即逐步法来检验中介效应（Baron and Kenny，1986；温忠麟和叶宝娟，2014）。

$$SYN_{it} = \theta_0 + \theta_1 RiskT_{it} + \theta_2 DA_{it} + \theta_3 Soe_{it} + \theta_4 Size + \theta_5 ROA + \theta_6 Lev_{it} + \theta_7 Big4_{it} + \theta_8 Top1_{it} + \theta_9 MB_{it} + \theta_{10} Growth_{it} + \theta_{11} Interest_{it} + \theta_{12} \Delta CFO_{it} + \theta_{13} Year_{it} + \theta_{14} Industry_{it} + \varepsilon_{it} \quad (10)$$

首先，检验模型（7）的系数α_1的显著性，α_1代表风险承担（RiskT）对股价同步性（SYN）的总效应。接下来，依次检验模型（9）的系数γ_1和模型（10）的系数θ_2的显著性，该步骤称为联合显著性检验。其中，γ_1为风险承担（RiskT）对会计信息质量（DA）的效应，而θ_2是在控制了风险承担（RiskT）的影响后，会计信息质量（DA）对股价同步性（SYN）的效应。最后，检验模型（10）的系数θ_1的显著性，θ_1表示在控制了会计信息质量（DA）的影响后，风险承担（RiskT）对股价同步性（SYN）的直接效应。

另外，若α_1、γ_1和θ_2显著，且θ_1不显著，则可证明是完全中介效应。若α_1、γ_1、θ_1和θ_2都显著，则证明是部分中介效应。

四、实证结果与分析

（一）描述性统计与相关性分析

对主要变量进行描述性统计，见表2。可以看出，企业风险承担的均值是0.028，最小值是0.002，最大值是0.167，与余明桂等（2013）、张饶（2019）等已有文献结果相近，说明我国企业的总体风险承担水平普遍不高，且不同企业的风险承担水平差异较大。股价同步性指标SYN的平均值是-0.149，最大值是1.577，最小值是-2.392；R^2的平均值是0.470，最大值是0.829，最小值是0.084。该描述性统计结果与已有文献结果相近（王亚平等，2009；周林洁等，2014；王木之等，2019），且相比美国市场（R^2在0.2左右），我国的股价同步性依旧偏高。还有，会计信息质量DA的平均值为0.061，中位数为0.041。

表2 主要变量描述性统计表

Variable	N	Mean	Std	Min	Median	Max
SYN	19 026	-0.149	0.812	-2.392	-0.093	1.577
R^2	19 026	0.470	0.177	0.084	0.477	0.829
RiskT	19 026	0.028	0.029	0.002	0.019	0.167
DA	19 026	0.061	0.068	0.001	0.041	0.399
Size	19 026	22.21	1.290	19.62	22.04	26.11
ROA	19 026	0.050	0.092	-0.263	0.037	0.536
Lev	19 026	0.451	0.208	0.057	0.449	0.929
Big4	19 015	0.062	0.241	0	0	1
Top1	19 026	0.350	0.150	0.084	0.331	0.750
Soe	19 026	0.439	0.496	0	0	1

续表

Variable	N	Mean	Std	Min	Median	Max
ΔCFO	19 026	0.044	0.071	−0.170	0.043	0.241
Interest	19 026	0.120	0.352	−0.170	0.027	2.667
Growth	19 026	0.201	0.485	−0.548	0.116	3.303
MB	19 026	2.470	1.719	0.877	1.927	10.60

总体样本中，43.9%的样本为国有控股企业，56.1%的样本为非国有控股企业。另外，6.2%的样本公司选择聘用国际“四大”会计师事务所进行审计。公司资产规模（Size）的均值是22.21；资产收益率（ROA）的均值为0.050；资产负债率（Lev）的均值是0.451，中位数是0.449；市账比（MB）的平均值为2.470；营业收入增长率（Growth）的平均值为20.1%，中位数为11.6%。主要变量描述性统计结果与已有文献进行比较，不存在明显差异。

进一步地，以公司同行业同年度的风险承担水平中位数为标准进行划分，将总样本分为高风险组与低风险组，进行平均值检验和中位数检验，结果见表3。可以看出，在平均值分组检验结果中，相比低风险组，高风险组的股价同步性（SYN）更低，会计信息质量（DA）更差，国有控股公司（Soe）占比相对较少，公司资产规模（Size）较小，市账比（MB）更高，资产收益率（ROA）略低。中位数检验得出的结论与上述相同。

表3　**风险承担分组描述性统计表**

变量名称	平均值检验			中位数检验		
	风险承担		MeanDiff	风险承担		Diff
	高	低		高	低	
SYN	−0.22	−0.08	−0.14***	−0.162	−0.033	−0.129***
R^2	0.46	0.48	−0.03***	0.46	0.492	−0.032***
DA	0.07	0.05	0.02***	0.046	0.036	0.010***
Soe	0.41	0.47	− 0.06***	0	0	0***
Size	22.06	22.35	−0.30***	21.93	22.15	−0.220***
ROA	0.05	0.051	−0.01***	0.036	0.038	−0.002**
Lev	0.45	0.46	−0.01***	0.441	0.456	−0.015***
Big4	0.05	0.07	−0.02***	0	0	0***

续表

变量名称	平均值检验			中位数检验		
	风险承担		MeanDiff	风险承担		Diff
	高	低		高	低	
Top1	0.35	0.36	-0.01***	0.321	0.338	-0.017***
ΔCFO	0.04	0.04	0.00**	0.041	0.044	-0.003**
Growth	0.23	0.17	0.05***	0.112	0.12	-0.008**
MB	2.68	2.26	0.42***	2.061	1.807	0.254***
Interest	0.12	0.12	0	0.022	0.031	-0.009***
Observations	9 467	9 559		9 467	9 559	

注：***，**分别表示在1%、5%水平上显著。

表4报告了主要变量的Pearson相关系数。可以看出，Pearson系数的绝对值最大为0.35，小于0.5。由此可以得出，变量间共线性不严重，可以进行下一步检验。企业风险承担（RiskT）与股价同步性（SYN）之间的相关系数是-0.027，且在1%的水平上显著，说明与假设1的预测一致。会计信息质量（DA）与股价同步性（SYN）之间的相关系数是-0.031，且在1%的水平上显著，说明会计信息质量越高，股价同步性越高，与假设2的预测一致。企业风险承担（RiskT）与会计信息质量（DA）之间的相关系数是0.179，且在1%的水平上显著，说明风险承担越高，会计信息质量越差，与假设3的预测一致。另外，风险承担（RiskT）与公司规模（Size），资产收益率（ROA），公司性质（Soe）和国际“四大”会计师事务所审计（Big4）之间的相关系数都为负，且显著。与之前分组进行的平均值检验和中位数检验所得出的结论相同。

（二）回归结果及分析

表5报告了风险承担与股价同步性的回归结果。先将风险承担（RiskT）与股价同步性（SYN）在未控制行业和年度的情况下进行回归，结果列示在表5的列（1），再控制行业和年度，进行回归，得到列（2）。通过数据得出，在控制行业和年度的情况下，RiskT与SYN的回归系数是-3.236，且在1%的水平上显著。说明，企业风险承担越高，股价同步性越低。接下来，在此基础上加入控制变量，不控制行业、年度，得到列（3），控制行业、年度，得到列（4）。结果发现，RiskT与SYN的回归系数依旧为负，且在1%的水平上显著。上述数据分析结果支持假设H1。另外，通过对第（4）列数据进行分析发现，公司规模（Size）与股价同步性（SYN）的回归系数是0.103，且在1%的水平上显著。说明，规模大的企业股价同

表4 主要变量的Pearson相关系数表

变量	RiskT	SYN	DA	Size	ROA	Lev	Soe	MB	Big4	Top1	ΔCFO
RiskT	1										
SYN	−0.027***	1									
DA	0.179***	−0.031***	1								
Size	−0.099***	0.163***	0.030***	1							
ROA	−0.220***	0.00400	−0.134***	−0.00800	1						
Lev	−0.0120	−0.043***	0.100***	0.350***	−0.202***	1					
Soe	−0.036***	0.138***	−0.044***	0.325***	−0.043***	0.291***	1				
MB	0.030***	−0.085***	0.048***	−0.255***	0.082***	−0.350***	−0.488***	1			
Big4	−0.018**	−0.018**	−0.038***	0.119***	0.015**	−0.0110	−0.031***	−0.102***	1		
Top1	−0.031***	−0.021***	−0.00900	0.242***	0.055***	0.093***	0.238***	−0.0100	0.044***	1	
ΔCFO	0.00300	0.017**	−0.166***	0.025***	0.187***	−0.152***	0.030***	0.00500	0.024***	0.086***	1

注：***，**分别表示在1%、5%的水平上显著。

步性也相对较高。而资产负债率（Lev）高、聘用国际“四大”会计师事务所审计（Big4）、第一大股东持股比例（Top1）高、营业收入增长率（Growth）高则会使得股价同步性降低。除此之外，产权性质（Soe）与股价同步性的相关系数显著为正，说明国有公司股价同步性更高。

表5 风险承担与股价同步性的回归结果

变量名称	(1) SYN	(2) SYN	(3) SYN	(4) SYN
RiskT	−2.313*** (−11.52)	−3.236*** (−18.16)	−0.866*** (−4.182)	−1.241*** (−6.804)
Soe			0.153*** (11.73)	0.0990*** (8.552)
Size			0.116*** (18.63)	0.103*** (17.76)
ROA			0.0663 (0.917)	0.0761 (1.129)
Lev			−0.328*** (−9.224)	−0.482*** (−14.92)
Big4			−0.0637** (−2.456)	−0.0546** (−2.449)
Top1			−0.198*** (−4.878)	−0.136*** (−3.867)
MB			−0.00588 (−1.451)	−0.0684*** (−17.67)
ΔCFO			0.0606 (0.694)	−0.112 (−1.470)
Growth			−0.147*** (−12.16)	−0.134*** (−12.80)
Interest			−0.0160 (−0.955)	−0.00738 (−0.515)
Constant	−0.0843*** (−10.34)	0.415*** (8.647)	−2.558*** (−18.26)	−1.488*** (−11.03)
Industry	No	Yes	No	Yes
Year	No	Yes	No	Yes
Observations	19 026	19 026	19 026	19 026
R-squared	0.007	0.257	0.052	0.313

注：***，**分别表示在1%、5%的水平上显著。

表6报告了会计信息质量与股价同步性的回归结果。先将会计信息质量（DA）与股价同步性（SYN）在未控制行业和年度的情况下进行回归，结果列示在表6列（1），再控制行业和年度，进行回归，得到列（2）。通过数据得出，在控制行业和年度的情况下，DA与SYN的回归系数为-1.180，且在1%的水平上显著。DA越大，则会计信息质量越差。说明，会计信息质量越高，股价同步性越高。接下来，在此基础上加入控制变量，不控制行业、年度，得到列（3），控制行业、年度，得到列（4）。结果发现，DA与SYN的回归系数依旧为负，且显著。上述数据分析结果支持假设H2。另外，通过对第（4）列数据进行分析发现，国有（Soe）公司，规模（Size）更大或者资产收益率（ROA）较高的公司，股价同步性更高。而资产负债率（Lev）、聘用国际“四大”会计师事务所审计（Big4）、第一大股东持股比例（Top1）或者营业收入增长率（Growth）越高的公司，股价同步性越低。

表6　　会计信息质量与股价同步性的回归结果

变量名称	(1) SYN	(2) SYN	(3) SYN	(4) SYN
DA	-0.760*** (-8.827)	-1.180*** (-15.33)	-0.178** (-1.998)	-0.474*** (-6.103)
Soe			0.153*** (11.66)	0.0981*** (8.472)
Size			0.119*** (19.20)	0.105*** (18.10)
ROA			0.0964 (1.341)	0.135** (2.031)
Lev			-0.332*** (-9.278)	-0.478*** (-14.76)
Big4			-0.0676*** (-2.608)	-0.0606*** (-2.720)
Top1			-0.195*** (-4.794)	-0.131*** (-3.747)
MB			-0.00765* (-1.901)	-0.0709*** (-18.52)
ΔCFO			0.0328 (0.371)	-0.170** (-2.211)

续表

变量名称	(1) SYN	(2) SYN	(3) SYN	(4) SYN
Growth			−0.147*** (−11.93)	−0.128*** (−12.08)
Interest			−0.0142 (−0.849)	−0.00392 (−0.273)
Constant	−0.103*** (−13.03)	0.326*** (6.871)	−2.626*** (−18.90)	−1.546*** (−11.53)
Industry	No	Yes	No	Yes
Year	No	Yes	No	Yes
Observations	19 026	19 026	19 026	19 026
R-squared	0.004	0.253	0.052	0.313

注：***，**，*分别表示在1%、5%和10%水平上显著。

表7报告了风险承担与会计信息质量的回归结果。先将风险承担（RiskT）与会计信息质量（DA）在未控制行业和年度的情况下进行回归，结果列示在表7列（1），再控制行业和年度，进行回归，得到列（2）。通过数据得出，在控制行业和年度的情况下，RiskT与DA的回归系数是0.695，且在1%的水平上显著。DA越大，则会计信息质量越差。说明，公司风险承担水平越高，会计信息质量越差。接下来，在此基础上加入控制变量，不控制行业、年度，得到列（3），控制行业、年度，得到列（4）。结果发现，RiskT与DA的回归系数依旧为正，且显著。上述数据分析结果支持假设H3。另外，通过对第（4）列数据进行分析发现，国有（Soe）公司，规模（Size）更大或者聘用国际“四大”会计师事务所审计（Big4）的公司，会计信息质量更高。而资产负债率（Lev）、第一大股东持股比例（Top1）或者营业收入增长率（Growth）越高的公司，会计信息质量越差。

表7 **风险承担与会计信息质量的回归结果**

变量名称	(1) DA	(2) DA	(3) DA	(4) DA
RiskT	0.689*** (42.60)	0.695*** (43.23)	0.580*** (35.49)	0.578*** (35.00)
Soe			−0.00370*** (−3.581)	−0.00295*** (−2.813)

续表

变量名称	(1) DA	(2) DA	(3) DA	(4) DA
Size			-0.00303^{***} (−6.168)	-0.00309^{***} (−5.893)
ROA			0.00489 (0.858)	−0.00184 (−0.302)
Lev			0.0514^{***} (18.34)	0.0396^{***} (13.55)
Big4			-0.00472^{**} (−2.308)	-0.00539^{***} (−2.667)
Top1			0.0105^{***} (3.289)	0.00546^{*} (1.720)
ΔCFO			-0.145^{***} (−21.09)	-0.121^{***} (−17.58)
Growth			0.0222^{***} (23.22)	0.0215^{***} (22.69)
Interest			0.0109^{***} (8.288)	0.00866^{***} (6.679)
MB			0.00267^{***} (8.359)	0.00285^{***} (8.127)
Constant	0.0419^{***} (63.72)	0.0360^{***} (8.319)	0.0791^{***} (7.152)	0.0907^{***} (7.424)
Year	No	Yes	No	Yes
Industry	No	Yes	No	Yes
Observations	19 025	19 025	19 025	19 025
R-squared	0.087	0.145	0.165	0.203

注：***，**，*分别表示在1%、5%和10%水平上显著。

（三）会计信息质量的中介效应检验

首先，检验回归系数α_1、γ_1和θ_2的显著性，α_1代表风险承担（RiskT）对股价同步性（SYN）的总效应，γ_1为风险承担（RiskT）对会计信息质量（DA）的效应，而θ_2是在控制了风险承担（RiskT）的影响后会计信息质量（DA）对股价同步性（SYN）的效应。由表8第（1）列可知，RiskT对SYN的回归系数α_1为-1.241，且在1%的水平上显著，即企业风险承担对股价同步性产生显著负向影响。由第（2）列可知，RiskT对DA的回归系数γ_1为0.578，且在1%的水平上显著，又因为DA越大表示会计信息质量越差，所以得出结论，企业风险承担水平越高会计信息质量越低。引入会计信息质量这一变量进行多元回归分析，结果见第（3）列，可知DA对SYN的回归系数θ_2为-0.366，在1%的水平上显著。因此，回归系数α_1、γ_1和θ_2均显著。

表8 中介效应检验

变量名称	（1） SYN	（2） DA	（3） SYN
RiskT	-1.241*** （-6.804）	0.578*** （35.00）	-1.029*** （-5.472）
DA			-0.366*** （-4.572）
Soe	0.0990*** （8.552）	-0.00295*** （-2.817）	0.0979*** （8.461）
Size	0.103*** （17.76）	-0.00310*** （-5.910）	0.102*** （17.56）
ROA	0.0761 （1.129）	-0.00183 （-0.301）	0.0754 （1.120）
Lev	-0.482*** （-14.92）	0.0396*** （13.56）	-0.467*** （-14.41）
Big4	-0.0546** （-2.449）	-0.00543*** （-2.691）	-0.0566** （-2.540）
Top1	-0.136*** （-3.867）	0.00553* （1.741）	-0.134*** （-3.811）
MB	-0.0684*** （-17.67）	0.00285*** （8.119）	-0.0674*** （-17.38）
ΔCFO	-0.112 （-1.470）	-0.121*** （-17.58）	-0.157** （-2.038）

续表

变量名称	(1) SYN	(2) DA	(3) SYN
Growth	-0.134*** (-12.80)	0.0215*** (22.69)	-0.126*** (-11.89)
Interest	-0.00738 (-0.515)	0.00867*** (6.682)	-0.00421 (-0.294)
Constant	-1.488*** (-11.03)	0.0908*** (7.431)	-1.455*** (-10.78)
Industry	Yes	Yes	Yes
Year	Yes	Yes	Yes
Observations	19 026	19 026	19 026
R-squared	0.313	0.203	0.314

注：***，**，*分别表示在1%、5%和10%水平上显著。

其次，检验部分中介或完全中介。若α_1、γ_1和θ_2显著，且θ_1不显著，则可证明是完全中介效用。若α_1、γ_1、θ_1和θ_2都显著，则证明是部分中介效应。由第（3）列可知，在风险承担和会计信息质量对股价同步性的回归中，回归系数θ_1为-1.029，并在1%的水平上显著，证明是部分中介效应。三者之间的关系可以表示为：

SYN=-1.029RiskT-0.366DA

当引入会计信息质量后，风险承担对股价同步性的影响依旧显著，但t值减小，显著性有所降低。因此，可以认为风险承担只是部分通过会计信息质量这一中介变量来影响股价同步性，其作用大小为：

$\gamma_1\times\theta_2=-0.212=\alpha_1-\theta_1$

中介效应占总效应的比例为：

$(\gamma_1\times\theta_2)/\alpha_1=0.578\times(-0.366)/(-1.241)=0.170$

（四）稳健性检验

1. 改变风险承担的度量方式

在本文的实证分析中采用公司连续三年的盈利波动性来衡量风险承担（RiskT），为了增强稳健性，参照Faccio et al.（2011）的做法用同样三年观测时段内公司年度Adj_ROA的极差来对企业风险承担进行衡量，将其定义为RiskT2。另外，将观测期改为五年，将利用盈利波动性得出的数据定义为RiskT3，利用极差得出的数据定义为RiskT4，用模型进行回归。结果见表9和表10，与前文回归结果未产生实质性差异。

表9 风险承担与股价同步性

变量名称	(1) SYN	(2) SYN	(3) SYN
RiskT2	-0.557*** (-6.560)		
RiskT3		-1.103*** (-5.028)	
RiskT4			-0.474*** (-5.272)
Soe	0.0960*** (8.457)	0.0878*** (6.556)	0.0877*** (6.551)
Size	0.0980*** (17.81)	0.143*** (21.51)	0.143*** (21.47)
ROA	0.0811 (1.204)	-0.0686 (-0.553)	-0.0723 (-0.583)
Lev	-0.477*** (-14.78)	-0.543*** (-14.45)	-0.543*** (-14.45)
Top1	-0.141*** (-4.013)	-0.131*** (-3.190)	-0.131*** (-3.183)
Growth	-0.133*** (-12.74)	-0.123*** (-9.905)	-0.122*** (-9.890)
MB	-0.0694*** (-17.95)	-0.0534*** (-11.94)	-0.0534*** (-11.96)
Constant	-1.398*** (-10.90)	-2.253*** (-14.77)	-2.244*** (-14.71)
Industry	Yes	Yes	Yes
Year	Yes	Yes	Yes
Observations	19 026	11 862	11 862
R-squared	0.312	0.342	0.342

注：***表示在1%的水平上显著。

表10　　风险承担与会计信息质量、中介效应

变量名称	(1) DA	(2) SYN	(3) DA	(4) SYN	(5) DA	(6) SYN
RiskT2	0.296*** (38.85)	−0.450*** (−5.102)				
RiskT3			0.526*** (24.04)	−0.934*** (−4.158)		
RiskT4					0.213*** (23.70)	−0.407*** (−4.418)
DA		−0.362*** (−4.480)		−0.322*** (−3.495)		−0.318*** (−3.455)
Soe	−0.00308*** (−3.021)	0.0949*** (8.361)	−0.00281** (−2.108)	0.0868*** (6.490)	−0.00281** (−2.105)	0.0868*** (6.486)
Size	−0.00334*** (−6.761)	0.0968*** (17.58)	−0.00439*** (−6.612)	0.142*** (21.27)	−0.00438*** (−6.598)	0.142*** (21.23)
ROA	0.00279 (0.460)	0.0821 (1.219)	0.0688*** (5.559)	−0.0465 (−0.374)	0.0683*** (5.515)	−0.0506 (−0.407)
Lev	0.0381*** (13.15)	−0.463*** (−14.29)	0.0491*** (13.10)	−0.528*** (−13.94)	0.0497*** (13.26)	−0.527*** (−13.93)
Top1	0.00614* (1.948)	−0.139*** (−3.951)	0.00975** (2.378)	−0.128*** (−3.114)	0.00957** (2.331)	−0.128*** (−3.109)
Growth	0.0216*** (22.95)	−0.126*** (−11.84)	0.0249*** (20.17)	−0.115*** (−9.106)	0.0249*** (20.15)	−0.115*** (−9.099)
MB	0.00256*** (7.369)	−0.0685*** (−17.69)	0.00256*** (5.734)	−0.0526*** (−11.75)	0.00270*** (6.069)	−0.0525*** (−11.76)
Constant	0.0958*** (8.305)	−1.364*** (−10.61)	0.113*** (7.430)	−2.217*** (−14.51)	0.112*** (7.367)	−2.209*** (−14.45)
Industry	Yes	Yes	Yes	Yes	Yes	Yes
Year	Yes	Yes	Yes	Yes	Yes	Yes
Observations	19 026	19 026	11 862	11 862	11 862	11 862
R-squared	0.214	0.313	0.213	0.343	0.212	0.343

注：***，**，*分别表示在1%、5%和10%的水平上显著。

2. 改变会计信息质量的度量方式

采用DD模型（Dechow and Dichev，2002），McNicols模型（McNichols，2002）和陆建桥模型（陆建桥，1999），即下述模型（11）至（13）分别对会计信息质量进行度量，并进行回归，结果见表11和表12。可以看出，改变会计信息质量测量指标后的回归结果与前文回归结果未产生实质性差异；对于股票市场波动对上市公司并购的影响，文中通过对沪深300指数收盘价的计算处理来度量股票市场波动，为保证结果的稳健性，我们分别用上证综合指数和深证综合指数进行回归处理，结果不变，表明本文结论是比较稳健的。

$$\frac{TA_{i,t}}{Asset_{i,t}}=\propto_1\frac{1}{Asset_{i,t-1}}+\propto_2\frac{CFO_{i,t-1}}{Asset_{i,t-1}}+\propto_3\frac{CFO_{i,t}}{Asset_{i,t-1}}+\propto_4\frac{CFO_{i,t+1}}{Asset_{i,t-1}}+\varepsilon_{i,t} \quad (11)$$

$$\frac{TA_{i,t}}{Asset_{i,t}}=\propto_1\frac{1}{Asset_{i,t-1}}+\propto_2\frac{\Delta REV_{i,t}-\Delta REC_{i,t}}{Asset_{i,t-1}}+\propto_3\frac{PPE_{i,t}}{Asset_{i,t-1}}+\propto_4\frac{CFO_{i,t-1}}{Asset_{i,t-1}}+\propto_5\frac{CFO_{i,t}}{Asset_{i,t-1}}+\propto_6\frac{CFO_{i,t+1}}{Asset_{i,t-1}}+\varepsilon_{i,t} \quad (12)$$

$$\frac{TA_{i,t}}{Asset_{i,t}}=\propto_1\frac{1}{Asset_{i,t-1}}+\propto_2\frac{\Delta REV_{i,t}-\Delta REC_{i,t}}{Asset_{i,t-1}}+\propto_3\frac{PPE_{i,t}}{Asset_{i,t-1}}+\propto_4\frac{LA_{i,t}}{Asset_{i,t-1}}+\varepsilon_{i,t} \quad (13)$$

表11 会计信息质量与股价同步性

变量名称	(1) SYN	(2) SYN	(3) SYN
DD	-0.341*** (-4.659)		
McNichols		-0.374*** (-4.867)	
Lu			-0.378*** (-5.114)
Soe	0.0873*** (6.811)	0.0866*** (6.762)	0.0883*** (6.695)
Size	0.114*** (17.93)	0.113*** (17.80)	0.136*** (20.72)
Lev	-0.503*** (-13.85)	-0.504*** (-13.86)	-0.528*** (-14.06)
Top1	-0.137*** (-3.468)	-0.138*** (-3.492)	-0.132*** (-3.233)

续表

变量名称	(1) SYN	(2) SYN	(3) SYN
ΔCFO	-0.154* (-1.760)	-0.158* (-1.811)	-0.168* (-1.868)
Growth	-0.120*** (-10.00)	-0.121*** (-10.17)	-0.117*** (-9.391)
MB	-0.0673*** (-15.60)	-0.0685*** (-15.87)	-0.0611*** (-14.06)
Constant	-1.649*** (-11.39)	-1.631*** (-11.25)	-2.159*** (-14.33)
Industry	Yes	Yes	Yes
Year	Yes	Yes	Yes
Observations	14 034	14 009	12 819
R-squared	0.337	0.337	0.337

注：***，*分别表示在1%、10%水平上显著。

表12　　风险承担与会计信息质量、中介效应

变量名称	(1) DD	(2) SYN	(3) McNichols	(4) SYN	(5) Lu	(6) SYN
RiskT	0.506*** (21.27)	-1.097*** (-5.156)	0.436*** (19.14)	-1.094*** (-5.158)	0.390*** (15.23)	-0.859*** (-3.955)
DD		-0.273*** (-3.677)				
McNichols				-0.310*** (-3.984)		
Lu						-0.338*** (-4.543)
Soe	-0.00544*** (-3.742)	0.0876*** (6.839)	-0.00547*** (-3.930)	0.0869*** (6.788)	-0.00615*** (-3.928)	0.0882*** (6.690)
Size	-0.000521 (-0.721)	0.111*** (17.43)	-0.000613 (-0.888)	0.110*** (17.30)	-0.00246*** (-3.138)	0.134*** (20.28)

续表

变量名称	(1) DD	(2) SYN	(3) McNichols	(4) SYN	(5) Lu	(6) SYN
ROA	-0.0469*** (-3.359)	-0.0956 (-0.778)	-0.0195 (-1.461)	-0.0918 (-0.747)	0.0416*** (3.005)	0.0443 (0.380)
Lev	0.0289*** (7.000)	-0.488*** (-13.39)	0.0263*** (6.655)	-0.488*** (-13.39)	0.0476*** (10.69)	-0.515*** (-13.69)
Big4	-0.00269** (-1.983)	0.00324 (0.271)	-0.00274** (-2.110)	0.00335 (0.280)	-0.00333** (-2.268)	0.00910 (0.737)
Top1	0.00987** (2.195)	-0.138*** (-3.482)	0.00837* (1.946)	-0.138*** (-3.501)	0.0134*** (2.771)	-0.134*** (-3.288)
ΔCFO	-0.0612*** (-6.190)	-0.150* (-1.720)	-0.0584*** (-6.172)	-0.155* (-1.774)	-0.122*** (-11.52)	-0.165* (-1.840)
Growth	0.0422*** (31.92)	-0.117*** (-9.743)	0.0337*** (26.60)	-0.117*** (-9.837)	0.0373*** (25.84)	-0.114*** (-9.143)
Interest	0.0107*** (5.239)	-0.000347 (-0.0193)	0.00897*** (4.582)	0.000617 (0.0343)	0.00860*** (3.917)	0.00410 (0.222)
MB	0.00521*** (10.45)	-0.0627*** (-14.25)	0.00441*** (9.217)	-0.0638*** (-14.47)	0.00378*** (7.169)	-0.0574*** (-12.94)
Constant	0.0526*** (3.172)	-1.556*** (-10.67)	0.0603*** (3.799)	-1.538*** (-10.54)	0.103*** (5.716)	-2.083*** (-13.72)
Industry	Yes	Yes	Yes	Yes	Yes	Yes
Year	Yes	Yes	Yes	Yes	Yes	Yes
Observations	14 034	14 034	14 009	14 009	12 819	12 819
R-squared	0.165	0.338	0.138	0.339	0.152	0.337

注：***，**，*分别表示在1%、5%和10%水平上显著。

3. 改变股价同步性的度量方式

在前文的实证分析中，股价同步性（SYN）的度量借鉴了Durnev et al.（2003）和王亚平等（2009）的做法，为了增强上述结果的稳健性，参照Roll（1988）以及朱红军等（2007）的做法，将股价同步性用模型（14）的R^2进行衡量并进行模型（15）的转换，将其定义为RSQ。结果见表13，可以看出，改变股价同步性测量指标后的回归结果与前文回归结果未产生实质性差异。

$$R_{i,t} = \alpha + \beta R_{m,t} + \varepsilon \tag{14}$$

$$RSQ = Ln\left(\frac{R_i^2}{1 - R_i^2}\right) \tag{15}$$

表13 改变SYN度量方式

变量名称	假设1	假设2	假设3		假设4
	RSQ	RSQ	RSQ	DA	RSQ
RiskT	-1.768*** (-8.275)		-1.768*** (-8.275)	0.578*** (35.07)	-1.515*** (-6.876)
DA		-0.596*** (-6.541)			-0.437*** (-4.650)
Soe	0.139*** (10.43)	0.137*** (10.30)	0.139*** (10.43)	-0.00337*** (-3.278)	0.137*** (10.32)
Size	0.107*** (16.65)	0.110*** (17.02)	0.107*** (16.65)	-0.00340*** (-6.830)	0.106*** (16.41)
ROA	0.167** (2.121)	0.255*** (3.277)	0.167** (2.121)	-0.00205 (-0.336)	0.166** (2.111)
Lev	-0.566*** (-14.97)	-0.564*** (-14.86)	-0.566*** (-14.97)	0.0400*** (13.70)	-0.548*** (-14.44)
Big4	0.00828 (0.674)	0.00494 (0.402)	0.00828 (0.674)	-0.00384*** (-4.048)	0.00660 (0.538)
Top1	-0.129*** (-3.134)	-0.123*** (-2.995)	-0.129*** (-3.134)	0.00579* (1.824)	-0.126*** (-3.073)
ΔCFO	-0.125 (-1.400)	-0.199** (-2.207)	-0.125 (-1.400)	-0.122*** (-17.64)	-0.178** (-1.980)
Growth	-0.160*** (-13.02)	-0.153*** (-12.31)	-0.160*** (-13.02)	0.0216*** (22.75)	-0.150*** (-12.09)
Interest	-0.00658 (-0.392)	-0.00233 (-0.139)	-0.00658 (-0.392)	0.00869*** (6.698)	-0.00279 (-0.166)
MB	-0.0818*** (-18.05)	-0.0857*** (-19.14)	-0.0818*** (-18.05)	0.00285*** (8.142)	-0.0806*** (-17.75)

续表

变量名称	假设1	假设2	假设3		假设4
	RSQ	RSQ	RSQ	DA	RSQ
Constant	-1.584*** (-10.51)	-1.668*** (-11.13)	-1.584*** (-10.51)	0.0962*** (8.271)	-1.542*** (-10.22)
Industry	Yes	Yes	Yes	Yes	Yes
Year	Yes	Yes	Yes	Yes	Yes
Observations	19 026	19 026	19 026	19 026	19 026
R-squared	0.290	0.289	0.290	0.203	0.291

注：***，**，*分别表示在1%、5%和10%水平上显著。

4. 个体固定效应

前文回归分析时已经对行业和年度进行了控制，考虑到各个公司个体之间存在的固有差异和其他不可观测特征对企业风险承担、会计信息质量与股价同步性产生的影响，本文选择个体固定效应进行稳健性检验。使用固定效应方法检验结果见表14，与前文所得结果未产生实质性差异。

表14 个体固定效应

变量名称	(1) SYN	(2) SYN	(3) DA	(4) SYN
RiskT	-0.500** (-2.307)		0.513*** (25.35)	-0.420* (-1.901)
DA		-0.187** (-2.265)		-0.156* (-1.849)
Soe	-0.0352 (-0.846)	-0.0357 (-0.858)	-0.00172 (-0.442)	-0.0355 (-0.852)
Size	0.0259* (1.835)	0.0284** (2.024)	-0.00273** (-2.070)	0.0255* (1.804)
ROA	0.0423 (0.549)	0.0583 (0.763)	-0.0226*** (-3.148)	0.0388 (0.503)
Lev	-0.181*** (-3.333)	-0.181*** (-3.316)	0.0403*** (7.936)	-0.175*** (-3.211)

续表

变量名称	(1) SYN	(2) SYN	(3) DA	(4) SYN
Big4	0.00433 (0.244)	0.00421 (0.237)	-0.000558 (-0.337)	0.00424 (0.239)
Top1	-0.122 (-1.482)	-0.122 (-1.475)	-0.000697 (-0.0906)	-0.122 (-1.484)
ΔCFO	-0.207** (-2.388)	-0.226*** (-2.594)	-0.104*** (-12.82)	-0.223** (-2.562)
Growth	-0.0854*** (-7.868)	-0.0832*** (-7.577)	0.0203*** (19.99)	-0.0823*** (-7.486)
Interest	0.00429 (0.277)	0.00523 (0.338)	0.00763*** (5.290)	0.00548 (0.354)
MB	-0.0866*** (-16.72)	-0.0867*** (-16.77)	0.00279*** (5.782)	-0.0861*** (-16.62)
Constant	-0.0138 (-0.0439)	-0.0725 (-0.232)	0.0997*** (3.397)	0.00176 (0.00559)
Industry	Yes	Yes	Yes	Yes
Year	Yes	Yes	Yes	Yes
Observations	19 026	19 026	19 026	19 026
R-squared	0.489	0.489	0.371	0.490

注：***，**，*分别表示在1%、5%和10%水平上显著。

5. 倾向值得分匹配

为了使“一家公司的风险承担水平如果与现实中截然不同，会产生什么影响”这类反事实问题形成的内生性问题得到解决，本文使用了倾向值得分匹配，即PSM方法，若该公司的风险承担水平（RiskT）高于同行业年度的中位数，则取1，划分为处理组，否则，为对照组。将控制变量对分组变量进行Logit回归，进行一对一的替代匹配，结果见表15。可以看出，匹配后（Matched）变量的标准化偏差（%bias）都小于10%，且t检验的结果不拒绝处理组与控制组无系统差异的假设。利用匹配前后的样本数据分别进行回归，结果见表16。可以看出，匹配前后所得结论相同，无实质性变化。

表15 PSM匹配有效性检验

Variable	Unmatched / Matched	Mean Treated	Mean Control	%bias	%reduct bias	t-test t	t-test p>t	V (T) / V (C)
Soe	U	.40841	.47027	-12.5	94.9	-8.61	0.000	.
	M	.40941	.40623	0.6		0.44	0.657	.
Size	U	22.059	22.354	-23.1	97.5	-15.89	0.000	0.88*
	M	22.064	22.057	0.6		0.40	0.687	0.98
PPE	U	.38469	.39274	-4.4	42.2	-3.02	0.002	1.17*
	M	.3847	.38935	-2.5		-1.74	0.082	1.16*
Big4	U	.05264	.07086	-7.6	97.1	-5.22	0.000	.
	M	.05277	.05224	0.2		0.16	0.870	.
Top1	U	.34528	.35561	-6.9	79.3	-4.74	0.000	1.02
	M	.34569	.34783	-1.4		-0.99	0.323	1.07*
Interest	U	.11836	.12132	-0.8	-110.1	-0.58	0.562	1.17*
	M	.11858	.12481	-1.8		-1.19	0.233	1.09*

表16 匹配前后回归

变量名称	匹配前 SYN	匹配后 SYN
RiskT	-2.363*** (-13.044)	-2.327*** (-12.050)
State	0.104*** (-9.228)	0.103*** (-7.964)
Size	0.106*** (-21.01)	0.109*** (-18.562)
PPE	0.011 (-0.341)	0.003 (-0.094)

续表

变量名称	匹配前 SYN	匹配后 SYN
Big4	−0.050** (−2.095)	−0.053* (−1.861)
Top1	−0.140*** (−3.894)	−0.149*** (−3.655)
Interest	−0.007 (−0.495)	−0.008 (−0.508)
_cons	−1.909*** (−16.476)	−1.927*** (−14.293)
Industry	Yes	Yes
Year	Yes	Yes
Observations	19 015	14 591
R−squared	0.284	0.282

注：***，**，*分别表示在1%、5%和10%水平上显著。

五、进一步研究

（一）机制检验

在进一步研究中，首先验证在本文假设中提出的企业风险承担与会计信息质量都是通过影响私有信息交易，进而对股价同步性产生影响。从经典的CAPM模型出发，实证金融一般的做法是用系统性信息因素和公司特质信息因素的现行组合模型来解释股价的波动，即：

$$r_{i,t} = \beta_0 + \beta_1 r_{m,t} + \varepsilon_{i,t} \tag{16}$$

其中，$r_{i,t}$为第t周的个股收益率，$r_{m,t}$为第t周的市场收益率。

该模型的R^2可以由下式表示：

$$R^2 = 1 - \frac{s^2(e)}{s^2(r)} = 1 - \frac{s^2(e)}{\beta^2 s^2(r_m) + s^2(e)} = \frac{\beta^2 s^2(r_m)}{\beta^2 s^2(r_m) + s^2(e)} \tag{17}$$

借鉴Roll（1988）、DMYZ（2003）和冯用富等（2009）所构建的指标体系，将模型（16）的拟合优度R^2作为投资者利用私有信息套利的度量指标，R^2越低，私有信息的套利空间越大。

表17 机制检验

变量名称	(1) C	(2) kz	(3) R^2	(4) R^2
RiskT	-0.0413^{***} (-5.112)	2.793^{***} (9.867)	-0.324^{***} (-7.803)	
DA				-0.119^{***} (-6.744)
Soe	-0.000924^{**} (-2.042)	0.0432^{**} (2.441)	0.0269^{***} (10.41)	0.0266^{***} (10.29)
Size	-0.0579^{***} (-249.7)	-0.344^{***} (-41.58)	0.0241^{***} (18.30)	0.0246^{***} (18.69)
ROA	-0.0897^{***} (-32.47)	-0.734^{***} (-6.795)	0.0294^{*} (1.917)	0.0450^{***} (2.970)
Lev	0.255^{***} (188.8)	4.591^{***} (90.75)	-0.119^{***} (-16.12)	-0.118^{***} (-15.96)
Big4	-0.00141 (-1.602)	0.268^{***} (7.733)	-0.0110^{**} (-2.165)	-0.0126^{**} (-2.473)
Top1	0.00384^{***} (2.763)	-0.499^{***} (-9.048)	-0.0275^{***} (-3.445)	-0.0264^{***} (-3.308)
MB	-0.00851^{**} (-2.309)	1.256^{***} (8.626)	0.0363^{*} (1.717)	0.0362^{*} (1.708)
ΔCFO	0.0363^{***} (11.78)	-12.48^{***} (-104.4)	-0.0252 (-1.447)	-0.0398^{**} (-2.269)
Growth	0.00166^{***} (3.727)	-0.554^{***} (-33.86)	-0.0320^{***} (-13.41)	-0.0306^{***} (-12.65)
Constant	1.141^{***} (212.6)	5.684^{***} (30.15)	0.119^{***} (3.875)	0.103^{***} (3.369)
Industry	Yes	Yes	Yes	Yes
Year	Yes	Yes	Yes	Yes
Observations	18 371	18 392	19 014	19 014
R-squared	0.883	0.667	0.313	0.312

注：***，**，*分别表示在1%、5%和10%水平上显著。

由表17第（1）、（2）列可以看出，当企业风险承担增加的时候，会计稳健性降低。并且，可以看出企业面临的融资约束会增加。与前文假设中所提内容相一致。再对风险承担与私有信息套利程度进行回归，结果见第（3）列，两者之间回归系数为-0.324，在1%的水平上显著，说明风险承担的提升会使得投资者利用私有信息套利的空间增大。对会计信息质量与私有信息套利程度进行回归，结果见第（4）列，由于DA越大说明会计信息质量越差，可以得出，会计信息质量降低使得投资者利用私有信息套利的空间增大。可见，风险承担的提高和会计信息质量的降低都会加大私有信息套利空间，使得股价同步性降低。

（二）信息中介的参与

前面部分已经对风险承担对股价同步性的影响，以及会计信息质量在其中的部分中介作用进行了证明。陈东华等（2018）研究表明，分析师和机构投资者不仅掌握许多信息，还可以对信息进行专业的加工处理，而媒体报道更是公司各方面信息的重要来源。他们在打破信息壁垒，降低信息不对称等方面都有不容忽视的作用，并对投资者的私有信息交易产生影响。所以，本文从这三个方面出发，进行分析。

1. 基于机构投资者视角

首先，机构投资者的重要性毋庸置疑。其不仅可以帮助稳定市场，还可以有效提升公司治理水平。与个人投资者相比，机构投资者对于公司治理的参与程度更高，对管理者的监督作用更强，并且，还可以促使公司提高信息透明度，压缩了私有信息的存在空间，进一步对私有信息套利起到了抑制作用。本文以同行业年度中位数为标准，按持股比例将其分为高和低两组并回归，结果见表18，低的组的风险承担与股价同步性的相关系数更小，且显著。说明机构投资者持股比例越高，私有信息的保留空间越小，减少了私有信息的套利行为，使得股价同步性提高。

表18 **机构投资者分组回归**

变量名称	证券投资基金		合格的境外投资者	
	高	低	高	低
RiskT	-0.794*** (-2.587)	-1.371*** (-5.108)	0.034 (0.036)	-1.730* (-1.959)
Soe	0.128*** (7.839)	0.083*** (4.897)	0.106** (1.979)	0.061 (1.099)
Size	0.109*** (12.905)	0.068*** (6.941)	0.036 (1.402)	0.180*** (6.717)

续表

变量名称	证券投资基金		合格的境外投资者	
	高	低	高	低
ROA	0.065 (0.652)	0.087 (0.855)	−0.004 (−0.010)	−0.212 (−0.577)
Lev	−0.485*** (−9.434)	−0.471*** (−9.862)	−0.551*** (−3.325)	−0.855*** (−5.080)
Big4	−0.099*** (−3.411)	0.009 (0.259)	−0.051 (−0.710)	−0.139* (−1.936)
Top1	−0.149*** (−2.892)	−0.128** (−2.481)	0.012 (0.076)	−0.346** (−2.164)
ΔCFO	−0.281** (−2.506)	0.01 (0.083)	−1.064*** (−2.729)	−0.133 (−0.356)
Growth	−0.132*** (−8.147)	−0.144*** (−9.224)	−0.135** (−2.270)	−0.219*** (−3.926)
Interest	−0.040** (−2.194)	0.026 (1.101)	−0.012 (−0.225)	−0.125** (−2.032)
MB	−0.062*** (−11.177)	−0.088*** (−13.490)	−0.080*** (−4.372)	−0.042** (−2.011)
_cons	−1.668*** (−8.551)	−0.699*** (−3.131)	−0.289 (−0.460)	−2.670*** (−4.420)
Industry	Yes	Yes	Yes	Yes
Year	Yes	Yes	Yes	Yes
N	8 882	8 974	867	965
adj.R^2	0.343	0.294	0.322	0.317

注：***，**，*分别表示在1%、5%和10%水平上显著。

2. 基于分析师视角

一般情况下，更全面的公司信息会被分析师所获取。分析师可以依据自身掌握的信息，并利用其在信息挖掘与处理等方面的专业优势，精准迅速地对信息进行分析，帮助有效信息快速融入股价。王建峰等（2014）研究提出，如果外部投资者遇到更高的信息不对称风险，其会更偏向于进行私有信息交易来套利，这时候分析师可以起到降低信息不对称的作用，并有效降低私有信息交易行为。将分析师数量以同行业年度中位数为标准，分为高和低两组并回归，结果见表19。可以看出，高分析师组的风险承担与股价同步性的回归系数是-1.397，在1%的水平上显著。而低分析师组的风险承担与股价同步性的回归系数是-2.177，在1%的水平上显著。说明公司分析师数量的增加，确实有助于抑制私有信息交易行为，相比之下，提升了股价同步性。

表19 **分析师分组回归**

变量名称	分析师	
	高	低
RiskT	-1.397*** (-3.438)	-2.177*** (-6.585)
Soe	0.145*** (6.819)	0.117*** (5.934)
Size	0.124*** -11.695	0.144*** (13.976)
ROA	-1.983*** (-9.430)	-0.378* (-1.953)
Lev	-0.610*** (-8.872)	-0.456*** (-7.882)
Big4	-0.124*** (-3.907)	0.017 (0.401)
Top1	-0.188*** (-3.059)	-0.154** (-2.556)
_cons	-2.067*** (-8.859)	-2.466*** (-10.868)
Industry	Yes	Yes
Year	Yes	Yes
N	5 672	6 294
adj.R^2	0.357	0.313

注：***，**，*分别表示在1%、5%和10%的水平上显著。

3. 基于媒体报道视角

由于当代通讯工具高速发展，拥有巨大信息搜集能力以及广泛受众的媒体成为获取信息的重要来源地。通常情况下，媒体具有的信息功能，能够使得信息不透明程度有所降低，从而减弱了外部投资者所需要面临的信息不对称，进而减少了私有信息交易。将媒体报道数量以同行业年度中位数为标准，分为高和低两组并回归，结果见表20。高媒体报道组的回归系数为-0.991，而低媒体报道组的回归系数为-1.212，且都在1%的水平上显著。可得，对于风险承担相同的公司来说，更多的媒体报道确实可以抑制私有信息交易，使得股价同步性有所上升。接下来，将媒体报道分为正面和负面，发现所得结论与前面相同。

表20 媒体分组回归

变量名称	媒体报道总数		正面媒体报道		负面媒体报道	
	高	低	高	低	高	低
RiskT	-0.991*** (-3.598)	-1.212*** (-4.978)	-0.971*** (-3.432)	-1.229*** (-5.113)	-1.018*** (-2.764)	-1.151*** (-3.259)
Soe	0.118*** (7.015)	0.087*** (5.473)	0.113*** (6.746)	0.094*** (5.876)	0.127*** (5.878)	0.108*** (5.539)
Size	0.141*** (17.08)	0.092*** (9.051)	0.140*** (17.093)	0.084*** (8.21)	0.125*** (11.582)	0.098*** (7.471)
ROA	0.047 (0.459)	0.156* (1.747)	0.066 (0.651)	0.137 (1.532)	-0.592*** (-2.667)	0.155 (0.717)
Lev	-0.503*** (-10.053)	-0.422*** (-9.930)	-0.552*** (-11.074)	-0.380*** (-8.876)	-0.555*** (-8.476)	-0.396*** (-6.734)
Big4	-0.103*** (-3.861)	0.048 (1.15)	-0.100*** (-3.819)	0.047 (1.082)	-0.078** (-2.521)	-0.061 (-1.373)
Top1	-0.165*** (-3.360)	-0.153*** (-3.051)	-0.196*** (-4.040)	-0.100** (-1.988)	-0.162*** (-2.648)	-0.135** (-2.275)
ΔCFO	-0.173 (-1.568)	-0.013 (-0.121)	-0.242** (-2.187)	0.036 (0.345)	-0.286** (-1.976)	-0.035 (-0.257)

续表

变量名称	媒体报道总数		正面媒体报道		负面媒体报道	
	高	低	高	低	高	低
Growth	−0.136*** (−8.768)	−0.126*** (−8.952)	−0.138*** (−8.771)	−0.128*** (−9.120)	−0.164*** (−8.615)	−0.121*** (−6.404)
Interest	−0.016 (−0.839)	0.015 (0.681)	−0.021 (−1.121)	0.017 (0.787)	−0.035 (−1.487)	0.011 (0.442)
MB	−0.051*** (−9.074)	−0.077*** (−13.406)	−0.055*** (−9.621)	−0.079*** (−13.841)	−0.051*** (−7.234)	−0.082*** (−10.820)
_cons	−2.310*** (−12.022)	−1.290*** (−5.593)	−2.297*** (−12.069)	−1.092*** (−4.701)	−1.871*** (−7.494)	−1.470*** (−5.047)
Industry	Yes	Yes	Yes	Yes	Yes	Yes
Year	Yes	Yes	Yes	Yes	Yes	Yes
N	9 385	9 610	9 271	9 724	5 916	6 036
adj.R^2	0.332	0.315	0.333	0.312	0.357	0.349

注：***，**，*分别表示在1%、5%和10%的水平上显著。

（三）产品市场竞争的调节效应

考虑到企业并非孤立存在的，其他行业或者本行业的其他企业都会对其风险承担及信息披露水平等方面产生影响。本文选择用赫芬达尔-赫希曼指数（HHI，“公司营业收入/行业营业总收入”的平方和）来衡量行业集中度，HHI越高，表示行业集中度越高，产品市场竞争越低。用勒纳指数（pcm，（营业收入-营业成本-销售费用-管理费用）/营业收入）来度量同一行业内企业竞争地位，pcm越高，表示该企业行业地位越高，则竞争越小。回归后结果见表21。第（2）、（4）列加入交乘项RiskT×HHI，RiskT×pcm分别进行回归，可得，行业间竞争对风险承担与股价同步性的调节作用不显著，而行业内竞争与风险承担的交乘项的回归相关系数为-3.022，且在1%的水平上显著。说明行业内产品市场竞争程度提高，可以抑制私有信息交易，提升股价同步性。而企业行业内地位的提升则会加剧风险承担与股价同步性之间的负相关关系。

表21 产品市场竞争调节

变量名称	(1) SYN	(2) SYN	(3) SYN	(4) SYN
RiskT	−1.297*** (−6.949)	−1.100*** (−4.207)	−1.297*** (−6.949)	−1.008*** (−5.228)
HHI		−0.587*** (−6.084)		
RiskT×HHI		−1.624 (−0.917)		
pcm				0.369*** (6.302)
RiskT×pcm				−3.022*** (−4.416)
State	0.0921*** (8.031)	0.0900*** (7.852)	0.0921*** (8.031)	0.0988*** (8.577)
Size	0.0955*** (16.98)	0.0972*** (17.31)	0.0955*** (16.98)	0.0900*** (15.77)
Lev	−0.479*** (−14.54)	−0.475*** (−14.42)	−0.479*** (−14.54)	−0.463*** (−13.97)
Top1	−0.141*** (−3.984)	−0.133*** (−3.737)	−0.141*** (−3.984)	−0.146*** (−4.120)
Growth	−0.136*** (−12.70)	−0.135*** (−12.65)	−0.136*** (−12.70)	−0.137*** (−12.69)
MB	−0.0749*** (−18.53)	−0.0752*** (−18.62)	−0.0749*** (−18.53)	−0.0781*** (−19.18)
Constant	−1.336*** (−10.17)	−1.222*** (−9.254)	−1.336*** (−10.17)	−1.245*** (−9.399)
Industry	Yes	Yes	Yes	Yes
Year	Yes	Yes	Yes	Yes
Observations	18 499	18 499	18 499	18 499
R-squared	0.313	0.315	0.313	0.315

注：***表示在1%水平上显著。

六、研究结论及其启示

本文采用2009—2021年沪、深A股上市公司的样本数据，研究风险承担对股价同步性的影响，并进一步加入会计信息质量这一变量分析会计信息质量的中介效应。实证研究发现：首先，风险承担与股价同步性负相关，即随着企业风险承担水平的提升，股价同步性有所降低。而会计信息质量增加会使得股价同步性提高，两者之间呈正相关关系。其次，将会计信息质量作为风险承担与股价同步性的中介变量进行研究，会计信息质量确实起到部分中介作用。进一步分析得出，机构投资者、媒体、分析师以及行业集中度会对风险承担与股价同步性之间的关系产生调节作用，前三者的增加使得风险承担与股价同步性之间负向关系减弱；而企业行业地位的提升则会加剧风险承担与股价同步性之间的负相关关系。

本文的研究表明，当处于整体风险水平均衡、信息披露和监管制度完善的市场环境中时，企业若想寻求更好的发展，应以开放包容的态度不断创新，依据个体情况适度提升企业风险承担水平，才有助于资本市场以及实体经济的良好发展；高质量的会计信息不仅可以影响股票价格，也会左右投资者的投资行为及预期。我国的会计准则应当在与国际会计准则进行趋同的同时，结合我国的实际情况进一步完善会计准则；股价同步性高低只是衡量股价“同涨同跌”的一个表象因素，然而关于股价同步性和资源配置效率之间关系的已有研究并没有形成统一结论，当特质信息、噪声、投机行为以及机会主义等糅合起来时，不可避免地会对市场的资源配置效率产生影响，因此，建立健全市场监管制度、完善资本市场监管体系，有利于保证股价真实性与资源配置的有效性。

本文的不足在于：受到文章篇幅和研究内容的限制，在进行企业风险承担水平的衡量时，采用盈利的波动性来度量企业面临的投资风险，没有采用例如R&D经费支出和资本性支出等其他的衡量标准来对结论进行验证；同时，在研究企业不同风险承担水平对于股价同步性或者会计信息质量产生的影响时没有考虑企业所处的生命周期。这些问题留待未来做进一步研究。

参考文献

［1］陈冬华，姚振晔．政府行为必然会提高股价同步性吗？——基于我国产业政策的实证研究［J］．经济研究，2018，53（12）：112-128.

［2］陈梦根，毛小元．股价信息含量与市场交易活跃程度［J］．金融研究，2007（3）：125-139.

［3］龚强，张一林，林毅夫．产业结构、风险特性与最优金融结构［J］．经济研究，2014，49（4）：4-16.

［4］胡国柳，胡珺．董事高管责任保险与企业风险承担：理论路径与经验证据［J］．会计研

究，2017（5）：42-48，98.

［5］胡军，王甄．微博、特质性信息披露与股价同步性［J］．金融研究，2015（11）：190-206.

［6］花冯涛，徐飞．环境不确定性如何影响公司特质风险——基于现金流波动和会计信息质量的中介效应检验［J］．南开管理评论，2018，21（4）：122-133.

［7］黄俊，郭照蕊．新闻媒体报道与资本市场定价效率——基于股价同步性的分析［J］．管理世界，2014（5）：121-130.

［8］金智．新会计准则、会计信息质量与股价同步性［J］．会计研究，2010（7）：19-26，95.

［9］金智，徐慧，马永强．儒家文化与公司风险承担［J］．世界经济，2017，40（11）：170-192.

［10］江轩宇，许年行．企业过度投资与股价崩盘风险．金融研究，2015（8）：141-158.

［11］李丹，王丹．供应链客户信息对公司信息环境的影响研究——基于股价同步性的分析［J］．金融研究，2016（12）：191-206.

［12］李欢，李丹，王丹．客户效应与上市公司债务融资能力——来自我国供应链客户关系的证据［J］．金融研究，2018（6）：138-154.

［13］李小荣，张瑞君．股权激励影响风险承担：代理成本还是风险规避？［J］．会计研究，2014（1）：57-63，95.

［14］李增泉，叶青，贺卉．企业关联、信息透明度与股价特征［J］．会计研究，2011（1）：44-51，95.

［15］林忠国，韩立岩，李伟．股价波动非同步性——信息还是噪音？［J］．管理科学学报，2012，15（6）：68-81.

［16］刘行，建蕾，梁娟．房价波动、抵押资产价值与企业风险承担［J］．金融研究，2016（3）：107-123.

［17］刘志远，王存峰，彭涛，等．政策不确定性与企业风险承担：机遇预期效应还是损失规避效应［J］．南开管理评论，2017，20（6）：15-27.

［18］陆建桥．中国亏损上市公司盈余管理实证研究［J］．会计研究，1999（9）：25-35.

［19］卢馨，郑阳飞，李建明．融资约束对企业R&D投资的影响研究——来自中国高新技术上市公司的经验证据［J］．会计研究，2013（5）：51-58，96.

［20］孟焰，赖建阳．董事来源异质性对风险承担的影响研究［J］．会计研究，2019（7）：35-42.

［21］史永，张龙平．XBRL财务报告实施效果研究——基于股价同步性的视角［J］．会计研究，2014（3）：3-10，95.

［22］孙铮，李增泉，王景斌．所有权性质、会计信息与债务契约——来自我国上市公司的经验证据［J］．管理世界，2006（10）：100-107，149.

［23］唐松，胡威，孙铮．政治关系、制度环境与股票价格的信息含量——来自我国民营上市公司股价同步性的经验证据［J］．金融研究，2011（7）：182-195.

［24］王建峰，郭华，潘炳红．AH股市场中知情交易信息传递效率比较研究［J］．南开经济研究，2014（3）：125-136.

[25] 王立章，王咏梅，王志诚. 控制权、现金流权与股价同步性 [J]. 金融研究，2016 (5)：97-110.

[26] 王木之，李丹. 新审计报告和股价同步性 [J]. 会计研究，2019 (1)：86-92.

[27] 肖金利，潘越，戴亦一."保守"的婚姻：夫妻共同持股与公司风险承担 [J]. 经济研究，2018，53 (5)：190-204.

[28] 许年行，洪涛，吴世农，等. 信息传递模式、投资者心理偏差与股价"同涨同跌"现象 [J]. 经济研究，2011，46 (4)：135-146.

[29] 许年行，于上尧，伊志宏. 机构投资者羊群行为与股价崩盘风险 [J]. 管理世界，2013 (7)：31-43.

[30] 杨瑞龙，章逸然，杨继东. 制度能缓解社会冲突对企业风险承担的冲击吗？[J]. 经济研究，2017，52 (8)：140-154.

[31] 杨有红，闫珍丽. 其他综合收益及其列报改进是否提高了盈余透明度？——分析师行为及股价同步性的证据 [J]. 会计研究，2018 (4)：20-27.

[32] 伊志宏，李颖，江轩宇. 女性分析师关注与股价同步性 [J]. 金融研究，2015 (11)：175-189.

[33] 余明桂，李文贵，潘红波. 管理者过度自信与企业风险承担 [J]. 金融研究，2013 (1)：149-163.

[34] 余明桂，李文贵，潘红波. 民营化、产权保护与企业风险承担 [J]. 经济研究，2013，48 (9)：112-124.

[35] 袁知柱，鞠晓峰. 中国上市公司会计信息质量与股价信息含量关系实证检验 [J]. 中国管理科学，2008，16 (S1)：231-234.

[36] 袁知柱，鞠晓峰. 制度环境、公司治理与股价信息含量 [J]. 管理科学，2009，22 (1)：17-29.

[37] 张斌，王跃堂. 业务复杂度、独立董事行业专长与股价同步性 [J]. 会计研究，2014 (7)：36-42，96.

[38] 张敏，童丽静，许浩然. 社会网络与企业风险承担——基于我国上市公司的经验证据 [J]. 管理世界，2015 (11)：161-175.

[39] 张娆，路继业，姬东骅. 产业政策能否促进企业风险承担？[J]. 会计研究，2019 (7)：3-11.

[40] 钟凯，孙昌玲，王永妍，等. 资本市场对外开放与股价异质性波动——来自"沪港通"的经验证据 [J]. 金融研究，2018 (7)：174-192.

[41] 钟覃琳，陆正飞. 资本市场开放能提高股价信息含量吗？——基于"沪港通"效应的实证检验 [J]. 管理世界，2018，34 (1)：169-179.

[42] 周林洁. 公司治理、机构持股与股价同步性 [J]. 金融研究，2014 (8)：146-161.

[43] 周泽将，罗进辉，李雪. 民营企业身份认同与风险承担水平 [J]. 管理世界，2019，35 (11)：193-208.

[44] 朱红军，何贤杰，陶林. 中国的证券分析师能够提高资本市场的效率吗——基于股价同步性和股价信息含量的经验证据 [J]. 金融研究，2007 (2)：110-121.

[45] ALMEDIA H，CAMPELLO H. Financial constraints，asset tangibility，and corporate invest-

ment. Review of Financial Studies, 2007 (20): 1 429-1 460.

[46] ATTIG N. The governance role of multiple large shareholders: evidence from the valuation of cash holdings [J]. Journal of Management & Governance, 2013, 17 (2): 419-451.

[47] Bargeron I I. Sarbanes-Oxley and corporate risk-taking [J]. Journal of Accounting and Economics, 2010, 49 (1-2): 34-52.

[48] BARON R M, KENNY D A. The moderator-mediator variable distinction in social psychological research: conceptual, strategic, and statistical considerations [J]. Journal of Personality and Social Psychology, 1986 (51), 1 173-1 182.

[49] CHAN K A, HAMEED, KANG.Stock price synchronicity and liquidity [J]. Journal of Financial Markets, 2013, 16 (3), 414-438.

[50] DOMINIKA L, REBECCA. Taxation and corporate risk-taking [R]. Working Paper, 2013.

[51] EUN C S, WANG I L, XIAO S C. Culture and R2 [J]. Journal of Financial Economics, 2015, 115 (2): 283-303.

[52] FACCIO M, CEO gender and corporate risk-taking [J]. Social Science Electronic Publishing, 2014.

[53] FAZZRI S, HUBBARD R, PETERSEN B, et al. Financing constraints and corporate investment [J]. Bookings Papers on Economic Activity, 1988 (1): 141-206.

[54] GRANT J, MARKARIAN G, PARBONETTI A. CEO risk-related incentives and income Smoothing [J]. Contemporary Accounting Research, 2009 (4), 1029-1065.

[55] HILARY G, HUI K W. Does religion matter in corporate decision making in american? [J]. Journal of Financial Economics, 2009, 93 (3): 455-473.

[56] HU C H, LIU S S. The implications of low R2: Evidence from China [J]. Emerging Markets Finance & Trade, 2013, 49 (1): 17-32.

[57] JOHN K. Corporate governance and risk-taking [J]. The Journal of Finance, 2008, 63 (4): 1 679-1 728.

[58] JUDD C M, KENNY D A. Process analysis: estimating mediation in treatment evaluations [J]. Evaluation Review, 1981 (5), 602-619.

[59] KELLY P J. Information efficiency and firm-specific return variation [J]. In: University of South Florida Working Paper. Florida, 2007, 33-36.

[60] KELLY P J. Information efficiency and firm specific return variation [J]. Quarterly Journal of Finance, 2014, 4 (4), 1-44.

[61] KENETH R, FRENCH, ROLL.Stock return variances: the arrival of information and the reaction of traders [J]. Journal of Economics, 1986 (17), 5-26.

[62] KIM E H , LU Y. CEO ownership, external governance and risk-taking [J]. Journal of Financial Economics, 2011, 102 (2): 272-292.

[63] KINI O , WILLIAMS R. Tournament incentives, firm risk and corporate policies [J]. Journal of Financial Economics, 2012, 103 (2): 350-376.

[64] KOERNIADI H . Corporate governance and risk-taking in New Zealand [J]. Australian Journal of Management, 2014, 39 (2): 227-245.

[65] LUMPKIN G T, DESS G G. Clarifying the entrepreneurial orientation construct and linkingit to performance [J]. Academy of Management Review, 1996 (21): 135-172.

[66] LUNDHOLM R, MYERS L A. Bringing the future forward: the effect of disclosure on the returns-earnings relation [J]. Journal of Accounting Research, 2002, 40 (3): 809-839.

[67] MCLEAN R D , ZHAO M X. The business cycle, investor sentiment, and costly external finance [J]. The Journal of Finance, 2014, 69 (3): 1 377-1 409.

[68] MCNICHOLS M F. Discussion of the quality of accruals and earnings: the role of accrual estimation errors [J]. Accounting Review, 2002 (77): 61-69.

[69] MISHRA D R. Multiple large shareholders and corporate risk taking: evidence from east asia [J]. Corporate Governance: An International Review, 2011, 19 (6): 507-528.

[70] PALIGOROVA T. Corporate risk taking and ownership structure [R]. Bank of Canada Working Paper, 2010.

Enterprise Risk Taking, Accounting Information Quality and Stock Price Synchronicity

Fajing Cui, Ying Chen

Abstract In the environment of our country, to explore the factors affecting the synchronicity of stock prices especially the decision-making factors related to the economy is very important. It can not only enrich the relevant literature research, but also reduce the misallocation of resources and promote market development. This paper explores the relationship between risk taking and stock price synchronization, and introduces the intermediate variable of accounting information quality for research, which can effectively connect the real economy behavior with the stock market. The empirical part finds that risk bearing is negatively correlated with stock price synchronicity, that is, with the increase of enterprise risk bearing level, stock price synchronicity will decrease. The quality of accounting information is positively correlated with stock price synchronization, that is, the increase in the quality of accounting information will improve the stock price synchronization. Secondly, the quality of accounting information is studied as an intermediary variable between risk taking and stock price synchronization. It is found that the quality of accounting information does play a part in the intermediary role. Further analysis shows that institutional investors, media, analysts and industry concentration will have a moderating effect on the relationship between risk taking and stock price synchronization.

Key Words enterprise risk taking; accounting information quality; stock price synchronicity

第14辑，2022年
No.14，2022
会计与控制评论
Review of Accounting and Control

绿色信贷政策与企业环保投资①

宋淑琴　范利莹

（东北财经大学/中国内部控制研究中心　大连　116025）

摘　要　本文以2012年《绿色信贷指引》政策的颁布为准自然实验，以2008—2020年全国沪、深A股上市公司为样本，运用双重差分法考察绿色信贷政策对重污染行业企业环保投资的影响。研究表明：绿色信贷政策的实施通过绿色信贷约束机制倒逼重污染行业企业加大环保投资。媒体负面关注越多，绿色信贷政策对环保投资的提升效应越明显；商业信用降低绿色信贷政策对重污染行业企业环保投资的提升效应；重污染企业外部融资依赖度越高，绿色信贷政策对环保投资的提升效应越大。绿色信贷政策对重污染企业的环保投资的提升效应在国有企业、大规模企业更明显；在金融发展水平低的地区、东部地区绿色信贷政策对环保投资的影响小，而中西部地区受绿色信贷政策的影响较大。本文的研究结论为绿色信贷政策对环保投资的激励作用提供了经验证据。

关键词　绿色信贷　环保投资　重污染行业

①　资助项目：辽宁省教育厅项目“环境管制、环保投资与债务融资：债权人参与环境治理的经验证据”（LN2020J26），科研平台建设专项“地方政府债务增量是否会引起企业资本结构调整？”（PT202133）。

一、引 言

近些年来，绿色金融作为环境治理、实现资本配置的重要手段，引起了各界的关注，绿色金融利用金融工具实现对重污染行业资本获取的限制，进而促使其实现经济结构的转变，引导其绿色生产。2012年2月，我国颁布了《绿色信贷指引》(以下简称《指引》)，绿色信贷政策的颁布关乎着企业的持续健康发展。该《指引》明确规定了国家要求银行等金融机构实行差异化的信贷政策，明确绿色信贷政策支持的方向和领域。关于绿色信贷政策的实施效果，从信贷供给方来讲，实现了商业银行和其他金融机构的信贷资源合理配置；从信贷获取方来讲，通过信贷支持方式引导企业转变自身发展的同时，以信贷约束的方式倒逼企业增加环保投资，主动承担起保护环境的社会责任；从整个社会来讲，绿色信贷政策的有效实施有利于优化产业结构，对经济与环境的协调发展有重要意义。

重污染企业在能源消耗和环境污染中扮演着重要的角色，因此，破坏环境的同时也应当承担起保护环境的责任。然而，环境保护在一定程度上降低了企业的经营效益，导致企业环保投资意愿降低。那么在绿色信贷政策带来的信贷约束下，重污染企业是否会为了生存和发展加大环保投资规模，从而改善环境污染问题呢？此外，媒体负面关注所带来的监督压力，以及替代性融资商业信用的存在会不会影响到绿色信贷政策实施的效果呢？在环境保护、低碳经济时代，我国绿色信贷政策是否发挥了作用，重污染企业的环保投资是否受到了绿色信贷政策的影响？为了回答这一系列问题，本文以2008—2020年A股上市公司为研究对象，将2012年《绿色信贷指引》的发布作为准自然实验，实证研究绿色信贷政策对重污染行业企业环保投资的影响，进而对我国实施绿色信贷的政策效果进行评价，为进一步完善绿色信贷机制提供政策性建议。

本文以2012年《绿色信贷指引》政策的颁布为准自然实验，以2008—2020年全国沪、深A股上市公司为样本，运用双重差分法考察绿色信贷政策对重污染行业企业环保投资的影响。本文的研究结论表明：(1) 绿色信贷政策的实施通过绿色信贷约束机制倒逼重污染行业企业加大环保投资。(2) 媒体负面关注越多，绿色信贷政策对环保投资的提升效应越明显；商业信用降低绿色信贷政策对重污染行业企业环保投资的提升效应；重污染企业外部融资依赖度越高，绿色信贷政策对环保投资的提升效应越大。(3) 绿色信贷政策对重污染企业的环保投资的提升效应在国有企业、大规模企业更明显；在金融发展水平低的地区、东部地区绿色信贷政策对环保投资的影响小，而中西部地区受绿色信贷政策的影响较大。

本文研究的创新之处在于以下两方面：(1) 目前现有文献主要是从债务融资角度研究负债对企业环保投资的影响。本文为了避免内生性问题，将宏观与微观相结合，研究绿色信贷政策对企业环保投资的影响，为我国绿色信贷政策实施有效性提供经验证据。(2) 本文以商业信用和外部融资依赖程度为变量，考察替代性融资方式以及融资约束如何在二者之间发挥作用，同时引入媒体负面关注这一外部监督机制，探讨媒体负面关注是否会引起企业对声誉的重视，进而自觉增加环保投资。

二、文献综述

（一）环保投资与企业绩效

环保是全世界的话题，而国内外学者关于环保投资对企业影响的研究结论却不一致。Marc J.E.and Young S.D.（1998）认为，环境投资符合企业长远利益，因此，有着长远规划的企业倾向于进行环保投资。因为环保投资符合可持续发展理论，可以增加企业绩效（Nakamura，2011）。但 Yongtae K.and Statman M.（2012）研究发现，管理层为了提高公司经营业绩会改变企业环保投资额度，因为企业盈利能力与环保投资支出之间负相关（Stanwick et al.，1998）。陶克涛等（2020）以中国重污染行业上市公司为样本研究发现，企业环境信息披露与企业绩效呈显著负相关关系，成本费用利润率和公众关注度可以正向调节环境信息披露与企业绩效之间的关系，有助于上市公司在披露环境信息后提升企业绩效。另外，现有文献表明，遵循环境准入规制适度投入环保费用可以带来降低成本的创新（Lanoie，2011），可以降低股权融资成本（Ghoul et al.，2014）。但我国处于环境治理的初期，公司在高流动性资源冗余时才会主动进行环保投资（薛求知和伊晟，2014），因为短期内环保投资不会显著提高企业绩效（Toyozumi，2007）。

（二）环境管制与环保投资的被动响应

由于企业缺乏积极进行环保投资的动力，所以企业污染治理相关投资是对政府政策的被动响应，环境管制会促进企业进行环保投资（Hartl，1992；Maxwell and Decker，2006），其促进作用的大小取决于政府环境管制力度。Gray and Deily（1996）指出，宽松的环境管制会使企业保持较低的环境标准遵守率和环保投资水平，但当环境管制严格时，环保投资成本要远低于违规惩罚成本，此时企业会进行高水平的环保投资。这说明政府环境管制力度的强度与企业环保投资水平呈U型关系（唐国平等，2013）。但李强和田双双（2016）则认为，环境规制促进企业环保投资的作用并不是一直存在的，当环境规制力度小时企业满足政府环境监管的成本低，无论是为了迎合政府还是为了获得创新性补偿，企业都会积极进行环保投资；但当环境规制力度超过临界值时，遵守环境规制的成本高于创新性补偿，此时企业宁愿受到环境惩罚也不愿进行环保投资，环境规制与企业环保投资之间呈倒U型关系。由此可见，环境管制对环保投资监督效果的研究结论尚不一致。

（三）绿色金融的激励机制

以绿色信贷激励政策为代表的绿色金融政策在社会层面快速发展，Alexander（2014）提出通过巴塞尔协议对宏观监管的改进，促进银行关注环境风险。企业环境风险增加了资金贷出者的环境危害补偿风险，因此，贷款者会通过提高贷款利率来使其付出的环境危害补偿成本得到补偿，因而企业环境风险增加了企业的债务资本成本（Anihony·G.Heyes，1996；Chava，2013）。因为污染企业在债务融资市场被视为高风险投资，环境绩效差的企业在日趋严格的环境法律下将面临污染治理带来的巨额环境负债，因此，债权人会要求更高的溢价风险来补偿环境风险（Schneider，2008）。如果企业披露高质量的环境信息，向银行传递出环境表现良好的信号，能够增强与银行之间的信用关系，有助于获取更高额度的贷款（Granovetter，2011）。Sharfinan and Fernando（2008）研究发现，环境管理水平越高的企业，获取银行贷款的利率越低。我国学者沈洪涛和马正彪（2014）以污染排放衡量企业环境表现，发现较好的环境表现有助于企业获得较多且期限较长的银行贷款。苏冬蔚和连莉莉（2018）以2012年《绿色信贷指引》正式实施为事件构造准自然实验，首次运用双重差分法考察绿色金融政策对重污染企业投融资行为的影响，发现重污染企业的有息债务融资和长期负债均显著下降且高排放地区国有大型企业的降幅最大，同时，国有大型重污染企业的新增投资显著减少，重污染企业的债务成本显著上升且经营绩效大幅下滑，表明绿色信贷具有显著的融资惩罚效应和投资抑制效应。刘靖宇等（2015）发现，绿色信贷政策能够较为有效地抑制目标行业的投资行为，并能在短期、中期内减少造纸业、化工业产出。长期来看，目标行业投资、产出回升，抵销绿色信贷对抑制目标行业产出的效果。王馨和王营（2021）研究绿色信贷与企业绿色创新，发现绿色信贷政策实施后，受到绿色信贷政策限制行业的绿色创新表现更明显。

（四）文献评述

从现有的文献综述可以看出，基于国家经济发展的历程，任何一个国家的环境治理都经历了“无视环保→被动监督→主动激励”的过程，从《环境保护法》的颁布到绿色金融的推进，我国目前正处在从被动监督向主动激励转变的过程。目前，对环境管制的“被动监督”，国内外学者做了丰富的研究，但基于各国法制环境不同，各国学者研究结论不尽相同。对于绿色金融的激励机制的研究更多集中在对重污染行业惩罚的视角，即企业环境风险会产生融资约束，而绿色信贷政策对环保投资的激励作用的研究还不足。因此，本文以重污染行业为主要研究对象，研究绿色信贷政策对企业环保投资的影响，为绿色信贷政策的激励机制提供经验证据。

三、理论分析与假设

（一）绿色信贷与企业环保投资

绿色信贷是指在发放信贷资金时，金融机构要把企业的环境表现作为考虑因素，对绿色环保等企业实施优惠的低贷款利率，对从事高污染项目的企业实施信贷限制或不发放信贷资金。

绿色信贷主要从两个途径影响企业的环保投资。一是从资金获取角度来说。绿色信贷政策与一般的传统信贷政策有本质上的不同，它在发放贷款时会优先考虑企业的环境表现，根据企业的表现实施差异化的信贷服务，因此，环境表现良好的企业更易获得银行的信贷资金，从而缓解了信贷限制行业融资约束的问题，激励其进行环保投资。二是从信号传递的激励效应来讲。绿色信贷的推出向市场传递了国家重视绿色经济发展的信号，不仅引起了企业的重视，同样引起了利益相关者的重视，使得企业有动机加大环保投资以规避可能出现的信贷惩戒风险。

从资金获取角度来讲，绿色信贷资金的发放主要考虑企业的环境表现，因此，企业可以借此机会获得低成本的贷款，进而有动机进行环保投资。首先，绿色信贷通过信贷支持使得企业有动机进行环保投资。陆旸（2011）指出，重污染企业在面对绿色信贷政策的冲击时会转向环保项目，因为这有助于企业依靠环保类项目的信贷政策优惠获取信贷资金。因此，从信贷支持角度来讲，绿色信贷政策的信贷支持会使得企业有动机加大环保投资。其次，绿色信贷政策通过信贷约束倒逼重污染行业企业转型升级，实现节能减排的目标。现有文献指出，绿色信贷政策实施之后，企业会受到更大程度的资金限制，进而影响自身的投资水平（王康仕等，2019）。进一步地，Liu et al.（2019）、Zhu et al.（2017）指出，绿色信贷政策使得重污染企业银行贷款规模缩小，长期债务减少，从而影响企业的生产规模，促使企业向绿色生产方式转型升级。由此可见，绿色信贷的出台对重污染企业的融资起到了限制作用，加剧了重污染企业的融资约束问题。因此，企业在融资受到限制的压力下，有动机进行环保投资，从而缓解面临的融资约束困难的问题。

从激励效应角度来讲，首先，在绿色信贷的政策背景下，企业增加环保投资等绿色投资活动，可以为企业赢得良好的绿色声誉，在声誉机制的激励下，企业有动机进行环保投资。具体来说，良好的声誉可以为企业获得更高的声誉收益，利益相关者也会做出积极回应。有研究表明，在产品市场上，声誉收益主要体现在能给企业带来更高的产品售价、更好的员工和更低的交易成本（Gomes，2000）。此外，因为贷款方在做出决定时会顾及借款者的名誉，因此，好的声誉更有利于获得低成本的融资（叶康涛等，2010）。张化祥和张少华（2008）也认为，绿色声誉是企业整体形象的表达，是社会对其的肯定和评价，企业更容易借此筹集资金。在衡量企业环境绩效的指标中，环保投资是企业可以迅速做出的改善企业环境绩效的重要手段，其所具备的灵活性也为企业声誉形象的建立提供了可能，是可以直观反映企业对环境保护的重视程度的硬性指标，有利于企业建立良好的声誉。因此，绿色信贷具备的信号传递功能，使得企业获得了绿色声誉，为企业融资难的问题提供了解决思路。其次，绿色信贷政策作为国家的宏观经济政策，对企业有激励作用。绿色信贷推出后向社会传达了国家大力发展绿色经济的信号，能够督促企业审视自己的投资行为，激励企业调整自身投资行为以顺应国家未来发展方向。绿色信贷的出台，使得重污染行业因收到高利率贷款甚至贷款受限的信号而提前采取措施，开展绿色投资项目，如增加环保投资，从而争取更多的信贷资源。

一个可能的情况是，《绿色信贷指引》颁布之后，企业融资约束加剧，现金流减少，导致企业环保投资降低。然而企业出于环境成本和收益的考虑，会更倾向表现出环保投资的意愿，缓解融资约束难的现状，毕竟能够获得融资对于企业来说是尤为重要的。此外，绿色信贷政策的实施要求银行等金融机构考虑企业的环境表现，为绿色项目提供更多的信贷支持、对污染项目实施信贷限制，但是由于信息不对称的存在，使得企业的环保水平难以衡量，因此，企业有动机向金融机构传递积极的信号，从而获取绿色信贷支持，避免信贷惩戒风险。基于此，本文提出假设1。

H1：绿色信贷政策与重污染企业环保投资显著正相关。

（二）媒体负面关注、绿色信贷与企业环保投资

基于声誉理论，媒体关注作为独立的第三方，是监督企业管理的一种有效治理机制，能够通过声誉不断推进企业环境社会责任的履行，对企业的行为起到监督和引导的作用。媒体的功能主要表现为信息传播和监督治理（醋卫华和李培功，2012）。信息传播功能是指媒体运用自身的专业优势，并以一种较低的成本收集汇聚各类信息，使得资本市场上的利益相关者可以及时快捷地获取各种各样的信息，在一定程度上减少了信息不对称问题，有利于提高资本市场的透明度。媒体的监督治理功能是指媒体凭借其专业知识储备和职业敏感度，通过一系列调查取证，报道企业的各种不公、腐败等违法乱纪行为，引起舆论的关注，从而达到治理的作用。孔东民等（2013）的研究也发现，媒体揭露企业的环境污染行为可以督促企业履行更多的社会责任，审视自身的不道德行为。

一方面，媒体可以起到传播信息的作用。媒体作为传播信息的中介，在传达信

息方面起着举足轻重的作用。基于信息不对称理论，在资本市场上，媒体及时地将收集到的有关企业披露的信息传递给社会各界，引起了政府和公众的关注，使得企业在监督之下减少机会主义行为，积极提升环境质量，增加环保投资。现有研究表明，媒体能够向外界传递有关企业的信息，降低了信息获取者获取信息的成本，也使得外界对企业有了更充分的认识，并且媒体环境方面的报道会使得企业更加重视环保问题（张济建，2016）。重污染行业企业是能源消耗、环境污染的主要责任人，当企业存在破坏、污染环境的行为时，一旦被媒体捕捉到，负面新闻会快速传播，对企业产生较大的舆论压力。基于此，在媒体对企业的负面新闻关注程度较高时，企业及时采取补救措施，绿色信贷可能对企业环保投资的提升效果更加显著。

另一方面，媒体可以起到监督治理的作用。首先，受到媒体关注越多的企业，越容易受到外界的监督，其不当行为被发现的可能性也会增加。醋卫华和李培功（2012）指出，一旦企业的负面新闻被媒体报道，企业的形象会受到极大的损害。一般而言，企业很注重自己的形象和声誉，然而，绿色信贷的信贷约束机制使得重污染企业形象受损的可能性增加，企业担心自己的违规行为一旦爆出，将会面临潜在的信贷惩戒风险，对自身的声誉和形象产生不利影响，因此，企业会提前采取利于环境的措施，加大环保投资力度。其次，媒体的报道可以引起监管部门的注意，监督变得更加及时有效。当媒体揭发和报道企业的重大环境事故、污染行为时，会迅速引起大众的关注，对企业的环境信息披露质量提出更高的要求，迫于舆论和监督的压力，企业会增加环保投资。最后，绿色信贷政策在实施过程中也会产生逆向选择和道德风险问题（魏玮等，2019）。比如企业为获取绿色信贷资金对高污染项目进行包装，使其变成绿色项目，抑或是在获取环保资金后投资到高污染的项目中，这些问题的存在一定程度上影响了绿色信贷最初目的的实现。而媒体作为外部监督者，能够及时将企业隐瞒的不利于环境保护的行为报道出来。这些行为一旦暴露在大众面前，企业的形象会因此而大打折扣。因此，媒体通过声誉机制对企业的负面关注，会促使企业积极承担环境责任，增加环保投资。

此外，媒体负面关注也会引起银行对企业的关注。银行是提供绿色信贷资金的主体，在发放资金时会考虑企业的环境状况，由于资本市场上信息不对称的存在，银行难以获取充足的信息去评估企业的环境状况，而媒体关注提供了一个了解企业环境信息的渠道，使得企业更大程度地暴露在利益相关者面前，从而使得银行根据获得的信息决定信贷资金发放情况，一定程度上约束了企业的环境污染行为，促使企业做出更多利于环境治理的行动。

综上所述，绿色信贷的出台对重污染企业的环境表现提出了更高的要求，也更容易引起媒体的关注，在媒体和利益相关者等多方压力的作用下，企业更加注重环保投资。如果媒体向利益相关者披露企业环境方面的负面信息，比如企业环保项目投资不达标、因环境问题受到处罚等，利益相关者基于此会综合考虑企业的能力，这在一定程度上影响了企业的融资情况，迫于此压力，企业会增加更多的环保投资。基于此，本文提出假设2。

H2：媒体负面关注越多，绿色信贷政策对重污染企业环保投资的促进作用越强。

（三）外部融资依赖、绿色信贷与企业环保投资

优序融资理论的出现基于信息不对称理论。该理论认为，由于外部投资者难以获取或企业刻意隐藏某些信息，导致投资者降低预期提高融资成本，因此，企业更偏好内源融资。然而，企业的现金流存在很大的不确定性，仅靠内源融资很难成长也很难维持企业生产经营，进而产生了不同的外部融资依赖度，企业在进行融资时也会考虑自身外部资金的需求问题。企业内部资金的充足与否反映了企业多大程度上依赖外部融资。内部可用资金较少的企业面临着更高的融资需求，当企业的内源资金不能满足其生产时，就会向外部筹资。随着《绿色信贷指引》政策的颁布以及政府环保政策的大力推行，重污染行业企业面临着更严格的环保审查，甚至遇到信贷资金受限的情况。张旭渡（2017）以具有融资需求的公司为样本，研究发现企业内源资金的缺少使得企业更加依赖于外源融资。因此，对于外部融资依赖度高的重污染行业企业来说，更容易受到信贷政策的影响。

但是现有研究几乎忽略了外部融资依赖在绿色信贷政策与企业环保投资之间关系中的作用，而此因素很可能是导致绿色信贷政策对不同企业作用效果不同的重要因素。《绿色信贷指引》的出台限制了重污染行业企业的融资渠道，提升了其融资成本，那些对外部资金依赖性较强的公司将会受到更大的冲击。陈琪（2019）通过研究绿色信贷政策的颁布是否真正实现了目的发现，对外融资需求高的重污染企业的贷款规模更小，但是对贷款成本的提升影响不明显。绿色信贷政策颁布后，政府要求银行等金融机构要合理且严格评估企业环境情况，按照信贷标准发放信贷资金，合理配置资源，减少重污染行业的贷款规模，从而实现产业结构的转型升级。对于外部融资依赖程度高的重污染行业企业来说，受到政策的约束影响更大，进行环保投资的可能性更大。

因此，在绿色信贷政策的信贷约束下，当企业面临融资约束时，相比外部融资依赖度低的企业来说，外部融资依赖度较高的重污染企业为了降低信贷约束的风险，解决自身融资难的问题，会在环境治理方面表现得更好，增加企业的环保投资规模，向外部传递出保护环境的积极信号，以获得更多融资。据此，本文提出假设3。

H3：相比外部融资依赖程度低的企业，绿色信贷政策对外部融资依赖程度高的重污染企业环保投资的提升效应更大。

四、研究设计

（一）数据来源与样本选择

2012年《绿色信贷指引》颁布，为探究绿色信贷政策对重污染企业环保投资规模的影响提供了机遇，本文以2008至2020年间我国沪、深A股上市公司为研究对象，重点关注对重污染行业带来的影响。其中，重污染企业数据参照杨蓉等（2021）和周慧楠（2019）对重污染行业的分类，将16类行业定义为重污染行业，如黑色金属矿采选业、橡胶和塑料制品业等16类行业，详细数据见表1。按照中国证券监督管理委员会2012年修订的《上市公司行业分类指引》划分行业属性，重污染行业的代码分别是B06、B07、B08、B09、C17、C19、C22、C25、C26、C27、C28、C29、C30、C31、C32、D44。

表1 重污染行业

大类	行业代码	行业类别
B	B06	煤炭开采和洗选业
	B07	石油和天然气开采业
	B08	黑色金属矿采选业
	B09	有色金属矿采选业
C	C17	纺织业
	C19	皮革、毛皮、羽毛及其制品和制鞋业
	C22	造纸和纸制品业
	C25	石油加工、炼焦和核燃料加工业
	C26	化学原料和化学制品制造业
	C27	医药制造业
	C28	化学纤维制造业
	C29	橡胶和塑料制品业
	C30	非金属矿物制品业
	C31	黑色金属冶炼和压延加工业
	C32	有色金属冶炼和压延加工业
D	D44	电力、热力生产和供应业

为保证样本数据的准确性和客观性，本文进一步对样本进行如下相关处理：

（1）剔除ST、PT等企业样本；

（2）剔除金融行业样本；

（3）剔除财务数据不全的样本。

同时，对主要连续变量在1%和99%分位数上进行缩尾处理，以减少异常值对实证结果的干扰。本文的企业环保投资数据来自企业年报中的两大项目：在建工程项目和管理费用项目，其他的财务数据均来源于国泰安数据库，并使用Excel和Stata软件对数据进行整理和变量的分析。

（二）变量定义

1. 被解释变量

本文以环保投资规模作为被解释变量，关于环保投资数据的获取，目前有多种渠道。首先，现有文献关于企业环保投资的数据是从企业年度报告、社会责任报告中手工收集整理的，但值得注意的是上市公司对非财务信息披露时，在披露方式和披露内容方面存在很强的主观性，使得数据的客观性和可靠性难以保证。因此，为了避免这一缺陷，本文选择采取经过第三方独立审计后的财务信息作为样本数据，具体方法是对企业财务报告中的财务报表附注进行筛选，选取有关企业进行环境治理的项目，并以当期发生的金额衡量企业环保投资，从而进行实证研究，克服数据主观性的缺陷。

关于企业环保投资的实证研究逐渐丰富，对环保投资的衡量方法主要有以下几种：一是采用企业披露的环保投资额作为衡量标准。张三峰等（2011）在研究环保投入与企业生产率时就直接选择环保投资额衡量企业环保投资。二是以企业环保投资额与企业年初年末总资产的平均值之比来衡量企业环保投资水平。唐国平等（2013）在研究行业管制的有效性时运用此方法来衡量，这也是目前最常采用的方法。三是对企业环保投资额取对数。潘飞和王亮（2015）在研究环保投资和企业经济绩效的关系时采取企业环保投资额的自然对数衡量。本文参考李强等（2016）的研究，用企业环保投资额与平均总资产的比值来度量环保投资水平。

同时，为了增强回归系数的可读性，本文在实证结果分析部分，以企业资产总计为基础处理后对环保投资规模乘以100处理。此外，本文借鉴张兆国和刘亚伟等（2014）的做法，用企业环保投资与营业收入的比值Epi来重新衡量企业环保投资水平以进行稳健性检验。

2. 解释变量

本研究将绿色信贷政策作为解释变量。本文通过借鉴已有研究，将2012年出台的《绿色信贷指引》作为政策冲击点，设置双重差分变量，具体引入分组虚拟变量和时间虚拟变量。

由于绿色信贷政策的实质是，将企业的环境因素和社会责任情况纳入到信贷资金审批的标准中，以实现信贷资源的绿色配置。因此，该政策的实施将对重污染行业的融资活动产生更大的影响。基于此，本文设定 $Treat_i$ 为分组虚拟变量，若该企业为重污染企业则定义为处理组，取值为1，非重污染企业为对照组，取值为0。

设定 $Post_i$ 为绿色信贷政策推出前后的时间虚拟变量，将绿色信贷政策推出之前的年份（2008—2011年）定义为0，实施后的年份（2012—2020年）定义为1。

其中，$Treat_i \times Post_i$ 为实证研究的双重差分变量，是分组虚拟变量和时间虚拟变量的交互项，也是本文实证研究的核心变量，其系数反映了绿色信贷政策对重污染行业企业的环保投资产生的净影响效应。

3. 调节变量

（1）外部融资依赖程度

关于外部融资依赖程度的衡量方法，本文借鉴了Rajan and Zingales （1998）的计算方法，计算外部融资依赖程度。该变量用EFD表示，具体方法是企业资本性支出减内部现金流。计算方法如下：

$$EFD = \frac{\text{资本支出} - \text{调整后的经营现金流}}{\text{资本支出}}$$

该指数越高，表示企业对外部融资的依赖越大。其中：

$$\text{资本支出} = \text{购建固定资产、无形资产和其他长期资产支付的现金} + \text{取得子公司及其他营业单位支付的现金净额} - \text{处置固定资产、无形资产和其他长期资产收回的现金净额} - \text{处置子公司及其他营业单位收到的现金净额}$$

调整后的经营性现金流=经营性现金流+存货的减少+应收账款的减少+应付账款的增加

该指数越高，表示企业对外部融资的依赖越大。

此外，本文还对外部融资依赖度进行分组检验，首先，计算出每个公司的外部融资依赖度之后，将每一个行业中所有公司EFD的中位数作为该行业本年度的EFD值，外部融资依赖程度高于该值的样本为外部融资依赖度高的，其余样本表示外部融资依赖度低的样本。

（2）媒体负面关注

本文的媒体负面关注用MEDIA表示，现有文献中，对媒体关注的研究主要采用媒体报道数量来衡量媒体关注程度，国内学者孔东民等（2013）和王云等（2017）分别使用报刊媒体报道数量和网络媒体数量衡量，本文采取二者相结合的方式，使用网络和报刊总计数据进行衡量，MEDIA为基于网络和报刊关于企业环境方面的负面报道。

4. 控制变量

本文参考谢东明（2020）、唐国平和李龙会（2013）、李强（2016）等学者的研究，选取了以下变量作为本文的控制变量，具体包括：企业规模（Size）、产权性质（Soe）、资产负债率（Lev）、企业成长能力（Growth）、管理层持股比例（Mshare）、第一大股东持股比例（Top1）、投资机会（TobinQ）、盈利能力（Roa）、净资产收益率（Roe）、两职合一（Both）、经营性现金流（Flow）、现金持有量（Cash）、有形资产比例（Tang）、机构投资者持股比例（Ins）。具体变量见表2。

表2　**变量定义表**

变量类型	变量名称	变量符号	变量说明
被解释变量	环保投资	EPI	企业环保投资与平均总资产的比值
解释变量	绿色信贷政策	Treat	是否属于重污染行业，若是取1，否则为0
		Post	是否处于2012年及之后，若是取1，否则为0
调节变量	外部融资依赖度	EFD	企业资本性支出减内部现金流
	媒体负面关注	MEDIA	媒体负面报道次数加1后的自然对数
控制变量	企业规模	Size	公司总资产取自然对数
	产权性质	Soe	虚拟变量，国有企业为1，非国有企业为0
	资产负债率	Lev	负债/总资产
	企业成长能力	Growth	用营业收入增长率表示
	管理层持股比例	Mshare	管理层持股数量与总股本的比值
	第一大股东持股比例	Top1	第一大股东持股数占总股数的比例
	投资机会	TobinQ	托宾Q值
	盈利能力	Roa	用总资产收益率来表示，即净利润与总资产平均余额的比
	净资产收益率	Roe	即净利润与平均股东权益的比值
	两职合一	Both	若董事长与总经理两职合一，则此值取1，否则取0
	经营性现金流	Flow	经营性现金流量/当期平均资产总额
	现金持有量	Cash	货币资金除以企业平均总资产
	有形资产比例	Tang	（总资产-无形资产净额-商誉净额）/总资产
	机构持股比例	Ins	机构投资者持股比例
	年度虚拟变量	Year	根据2008—2020年设置虚拟变量
	行业虚拟变量	Industry	根据证监会2012年的行业分类标准

（三）模型设计

为了研究绿色信贷对企业环保投资之间的关系，本文设定了如下模型：

$$EPI_{i,t} = \alpha_0 + \alpha_1 Treat_i + \alpha_2 Post_t + \alpha_3 (Treat_i \times Post_t) + \sum \delta_j Control_{i,t} + \sum Year + \sum Industry + \varepsilon_{i,t} \quad (1)$$

模型（1）是本文的基本回归模型，其中：$EPI_{i,t}$是被解释变量环保投资；$Treat_i$为分组虚拟变量，将样本按照是否为重污染企业划分组别，如果该企业为重污染企业则定义为处理组，取值为1，非重污染企业为对照组，取值为0；$Post_i$为政策前后的时间虚拟变量，将绿色信贷政策推出之前的年份（2008—2011年）赋值为0，实施后的年份（2012—2020年）定义为1；$Treat_i \times Post_i$为双重差分变量，是分组虚拟变量和时间虚拟变量的交互项；$Control_{i,t}$为一系列控制变量；$\varepsilon_{i,t}$为随机扰动项；此外，该模型考虑了年份和行业固定效应。

五、实证结果与分析

（一）统计分析与检验

1. 变量的描述性统计

本文对全样本进行了描述性统计，表3列示了样本各变量在缩尾处理后的统计结果。从描述性统计的结果来看，企业环保投资（EPI）均值为0.0035，标准差为0.0091，最大值0.0946与最小值0相差0.0946，表明我国沪、深A股上市企业之间环保投资规模存在很大的差距，既存在环保投资充足的企业，也有很多企业环保投资严重不足。企业规模（Size）的均值为22.3394，中位数22.1623，说明样本企业的规模整体偏大，最大值是26.2102，最小值是20.1227，说明企业拥有的资产之间没有太大差异，较为稳定。产权性质（Soe）均值是0.4556，说明所选样本中45.6%为国有企业。资产负债率（Lev）的最小值和最大值分别为0.0569和0.8704，说明不同企业由于所处行业不同等原因导致对财务杠杆的利用程度有较大差异，均值为0.4388，说明整体的负债水平适中。企业成长能力（Growth）最小值为-0.4606，最大值为2.0547，该值说明有的企业出现了营业收入的负增长，而有些企业营业收入增长较多，表明企业之间差距很大。投资机会（TobinQ）均值为1.9034，最大值为7.0086，最小值为0.8575，表明有些企业有较多的投资机会，而有些企业的投资机会相对较少。盈利能力（Roa）的平均值为0.0431，可知样本企业盈利情况较为适中。净资产收益率（Roe）的最小值为-0.5268，最大值为0.3665，说明有些企业自有资金获利能力较强，有些企业则相对较弱。两职合一（Both）均值为0.2152，表明样本企业中有21.52%的企业董事兼任总经理。经营性现金流（Flow）的最小值-0.1401与最大值0.2654之间有一定差距，表明经营性现金流也存在差异。现金持有量（Cash）的最小值0.01461与最大值0.5580之间有一定差距，表明现金持有量也存在差异。有形资产比例、机构投资者比例等其他变量的均值与中位数相差不大，与已有文献大致相同。

表3 主要变量的描述性统计

变量	样本量	均值	标准差	最小值	25%分位数	中位数	75%分位数	最大值
EPI	12 646	0.0035	0.0091	0.0000	0.0000	0.0003	0.0023	0.0946
Post	12 646	0.8107	0.3918	0.0000	1.0000	1.0000	1.0000	1.0000
Treat	12 646	0.5957	0.4908	0.0000	0.0000	1.0000	1.0000	1.0000
Size	12 646	22.3394	1.2756	20.1227	21.4044	22.1623	23.0991	26.2102
Soe	12 646	0.4556	0.4980	0.0000	0.0000	0.0000	1.0000	1.0000
Lev	12 646	0.4388	0.1994	0.0569	0.2817	0.4377	0.5924	0.8704
Growth	12 646	0.1545	0.3419	−0.4606	−0.0199	0.1015	0.2506	2.0547
Mshare	12 646	0.0513	0.1182	0.0000	0.0000	0.0001	0.0225	0.5691
Top1	12 646	0.3607	0.1484	0.0987	0.2462	0.3433	0.4582	0.7669
TobinQ	12 646	1.9034	1.1071	0.8575	1.1971	1.5413	2.1821	7.0086
Roa	12 646	0.0431	0.0594	−0.1721	0.0137	0.0377	0.0717	0.2275
Roe	12 646	0.0686	0.1188	−0.5268	0.0281	0.0704	0.1226	0.3665
Both	12 646	0.2152	0.4110	0.0000	0.0000	0.0000	0.0000	1.0000
Flow	12 646	0.0581	0.0712	−0.1401	0.0160	0.0551	0.0993	0.2654
Cash	12 646	0.1608	0.1118	0.0146	0.0830	0.1317	0.2068	0.5580
Tang	12 646	0.9265	0.0787	0.5768	0.9123	0.9529	0.9744	0.9997
Ins	12 646	0.2766	0.2466	0.0001	0.0299	0.2402	0.4841	0.8281

2. 平行趋势假定检验

双重差分模型的使用前提是满足平行趋势检验，即在政策执行之前，处理组和对照组的发展趋势没有明显差异。为检验平行趋势假设是否成立，本文做以下回归，平行趋势检验结果见表4，结果表明政策开始之前的年份绿色信贷政策的结果在统计上不显著，说明该模型满足共同趋势假定。

表4 平行趋势检验结果

变量	EPI
Pre_4×Treat	0.0014 (1.49)
Pre_3×Treat	0.0007 (1.00)
Pre_2×Treat	-0.0001 (-0.24)
Treat×Post	0.0025*** (3.47)
Post_1×Treat	0.0017** (2.09)
Post_2×Treat	0.0005 (0.66)
Post_3×Treat	0.0011 (1.45)
Post_4×Treat	0.0014* (1.82)
Post_5×Treat	0.0015** (2.14)
Post	-0.0005 (-0.64)
Treat	-0.0012 (-1.46)
Size	0.0008** (2.47)
Soe	0.0008 (0.91)
Lev	-0.0019* (-1.76)
Growth	0.0003 (0.90)

续表

变量	EPI
Mshare	0.0013 (0.68)
Top1	-0.0049*** (-2.60)
TobinQ	0.0002* (1.68)
Roa	-0.0076* (-1.72)
Roe	0.0050** (2.50)
Both	0.0000 (0.07)
Flow	-0.0020 (-1.63)
Cash	-0.0019* (-1.81)
Tang	0.0053** (2.49)
Ins	0.0001 (0.24)
Constant	-0.0183** (-2.37)
Industry	Yes
Year	Yes
N	12 646
Number	2 128
Adj_R^2	0.0107

注：***、**、*分别代表1%、5%和10%的显著性水平，括号内报告的是t值。

由表4可知，在2012年2月政策实施之前，交互项系数不显著，在2012年当年及之后，交互项系数显著为正，说明绿色信贷政策的实施促进了重污染行业企业的环保投资，即平行趋势检验得到验证。

（二）回归结果分析

1. 绿色信贷政策对重污染企业环保投资的影响结果分析

表5列示了基准回归的结果。由表5第（1）列可知交互项Treat×Post的系数估计值为0.1319，且在5%水平上显著，第（2）列在加入控制变量之后，交互项Treat×Post的系数估计值为0.1300，仍在5%水平上显著，表明《绿色信贷指引》政策颁布后，对重污染行业企业的环保投资规模产生了影响，具体表现为绿色信贷政策的颁布会使重污染行业企业的环保投资有所增加，从而验证了假设1。

表5 绿色信贷政策对重污染企业环保投资的影响

变量	因变量：EPI	
	（1）	（2）
Treat×Post	0.1319** （2.58）	0.1300** （2.55）
Post	−0.0380 （−0.71）	−0.1603** （−2.21）
Treat	−0.1039 （−1.41）	−0.1012 （−1.36）
Size		0.0785** （2.49）
Soe		0.0809 （0.89）
Lev		−0.1975* （−1.86）
Growth		0.0264 （0.95）
Mshare		0.1294 （0.70）
Top1		−0.4867*** （−2.59）
TobinQ		0.0196* （1.75）

续表

变量	因变量：EPI	
	(1)	(2)
Roa		-0.7624* (-1.74)
Roe		0.4977** (2.52)
Both		0.0006 (0.02)
Flow		-0.2123* (-1.70)
Cash		-0.1883* (-1.83)
Tang		0.5333** (2.51)
Ins		0.0110 (0.24)
Constant	0.2343*** (4.08)	-1.7541** (-2.28)
Industry	Yes	Yes
Year	Yes	Yes
N	12 646	12 646
Number	2 128	2 128
Adj_R^2	0.00629	0.0103

注：***、**、*分别代表1%、5%和10%的显著性水平，括号内报告的是t值。

由此可见，在《绿色信贷指引》政策颁布后，重污染行业企业的环保投资额提升了，这一分析结果与前面的理论分析是一致的，即《绿色信贷指引》政策的实施，对污染项目实施信贷限制，提升了重污染行业企业的融资门槛，融资约束程度进一步加大。此外，随着公众等社会投资者对环境关注度的不断提升以及信息披露要求逐渐严格，重污染行业企业的融资渠道受到一定程度的影响，进而倒逼重污染行业企业转型升级，向绿色环保的生产模式转变，进而加大环保投资的规模来规避绿色信贷限制的风险，在激烈的环境中获得关注争取更多的融资渠道，实现可持续发展。

2. 媒体负面关注、绿色信贷政策与企业环保投资的结果分析

本文按照媒体负面关注变量取得分年度分行业中位数，进而按照企业与中位数的关系将样本分为媒体负面关注多和负面关注少的样本，进行回归。

表6显示了回归结果，第（1）列是媒体负面关注多的样本，交互项Treat×Post的系数估计值是0.1636，在5%的水平上显著，表明媒体负面关注多的重污染企业环保投资更多。第（2）列是媒体负面关注少的样本，交互项Treat×Post的系数估计值是0.0808，但是不显著。实证结果验证了假设2，说明媒体负面关注对重污染行业企业的环保投资有显著的正向影响，即媒体对企业负面环境信息的关注，引导企业外部信息使用者对企业环保举措的关注，进而对重污染行业企业造成了环保压力，企业基于自身的声誉考虑试图在环境治理方面表现得比较好，最直接的方式就是增加企业环保投资，提高绿色治理能力，从而在社会公众面前获得良好的企业形象，引导媒体关注其正面信息，获得正面的舆论关注。由此可见，媒体的负面关注作为一种市场化的外部监督机制，会调动企业增加环保投资的积极性，为环境治理起到积极的作用。

表6 **媒体负面关注、绿色信贷政策与重污染企业环保投资**

变量	媒体负面关注多 （1）	媒体负面关注少 （2）
Treat×Post	0.1636** （2.29）	0.0808 （1.38）
Post	−0.258** （−2.23）	−0.017 （−0.17）
Treat	0.156 （0.89）	−0.160* （−1.73）
Size	0.1986*** （3.78）	−0.0290 （−0.71）
Soe	0.0603 （0.56）	0.1033 （0.94）
Lev	−0.2507 （−1.34）	−0.2287* （−1.72）
Growth	0.0639 （1.20）	0.0213 （0.71）

续表

变量	媒体负面关注多 (1)	媒体负面关注少 (2)
Mshare	-0.0222 (-0.06)	0.2597 (1.17)
Top1	-0.7177** (-2.23)	-0.1850 (-0.79)
TobinQ	0.0144 (0.90)	0.0130 (0.88)
Roa	-1.1855* (-1.78)	-0.6867 (-1.21)
Roe	0.6404** (2.01)	0.5105** (1.99)
Both	-0.0206 (-0.41)	-0.0033 (-0.09)
Flow	-0.3327 (-1.53)	-0.0707 (-0.43)
Cash	-0.2222 (-1.33)	-0.2496** (-2.05)
Tang	0.8477** (2.18)	0.2672 (1.13)
Ins	-0.0458 (-0.60)	0.0495 (0.88)
Constant	-4.2679*** (-3.28)	0.6239 (0.64)
Industry	Yes	Yes
Year	Yes	Yes
N	6 068	6 578
Number	1 562	1 649
Adj_R^2	0.0141	0.0111

注：***、**、*分别代表1%、5%和10%的显著性水平，括号内报告的是t值。

3. 外部融资依赖、绿色信贷政策与企业环保投资的结果分析

随着《绿色信贷指引》政策的颁布以及政府环保政策的大力推行，重污染行业企业面临着更严格的环保审查，甚至遇到信贷资金受限的情况。因此，对于外部融资依赖度高的重污染行业企业来说，更容易受到绿色信贷政策的影响。鉴于此，本文考察外部融资依赖度是否会对绿色信贷政策的提升效应起到促进作用。

为了检验前面的理论推断，本文引入了外部融资依赖度（EFD）与Treat×Post的交乘项Treat×Post×EFD进行回归。如表7所示，第（1）列中Treat×Post×EFD的系数估计值为0.0801，在5%的水平上显著，说明外部融资依赖对绿色信贷政策对重污染行业企业环保投资的提升效应有促进作用。

表7 外部融资依赖度、绿色信贷政策和重污染企业环保投资

变量	外部融资依赖度调节	
	（1）	（2）
Treat×Post	0.0929* （1.79）	0.0633** （2.05）
Post	-0.1452** （-2.02）	
Treat	-0.1009 （-1.35）	
Treat×Post×EFD	0.0801** （2.34）	0.0809** （2.35）
EFD	0.0477** （2.21）	0.0480** （2.23）
Size	0.0737** （2.36）	0.0319 （1.49）
Soe	0.0858 （0.95）	0.0889 （0.98）
Lev	-0.2085** （-1.98）	-0.1506 （-1.48）
Growth	0.0223 （0.80）	0.0256 （0.95）
Mshare	0.1187 （0.64）	0.1499 （0.81）

续表

变量	外部融资依赖度调节	
	(1)	(2)
Top1	-0.4853*** (-2.59)	-0.4074** (-2.24)
TobinQ	0.0169 (1.51)	0.0054 (0.57)
Roa	-0.9265** (-2.09)	-0.8122* (-1.83)
Roe	0.5031** (2.55)	0.4958** (2.50)
Both	0.0025 (0.08)	0.0021 (0.07)
Flow	0.1961 (1.28)	0.1694 (1.12)
Cash	-0.1784* (-1.73)	-0.1601 (-1.59)
Tang	0.5483** (2.58)	0.5433** (2.58)
Ins	0.0117 (0.26)	0.0097 (0.24)
Constant	-1.7265** (-2.26)	-0.8567 (-1.45)
Industry	Yes	Yes
Year	Yes	No
N	12 646	12 646
Number	2 128	2 128
Adj_R^2	0.0129	0.0117

注：***、**、*分别代表1%、5%和10%的显著性水平，括号内报告的是t值。

企业为了解决自己融资受限的问题，会在环境治理方面表现得更好，加大企业的环保投资力度，向外部传递出保护环境的积极信号，以获得更多的融资。说明对外部融资依赖程度不同的企业来说，绿色信贷政策的实施效果的确不同。

（三）稳健性检验

1. 倾向得分匹配法

2012年《绿色信贷指引》的颁布作为外生冲击，使得本文可以作为"准自然实验"进行研究，为了使回归结果更具有可信性，同时排除控制变量的干扰，本文在此部分通过PSM倾向得分匹配法进行分析，对原实证模型进行回归。首先，采用倾向得分匹配法对对照组样本进行了匹配筛选，以Treat为被解释变量，影响Treat的控制变量作为匹配变量，选择Logit模型进行回归，倾向分值选择最近邻方法，在两组之间进行1：1有放回匹配，最后根据匹配后的样本进行回归。倾向得分匹配后得到包括1 912家公司的6 526个样本。

如表8所示，首先通过倾向得分匹配法对初始样本进行匹配，得到了匹配后的结果。查看匹配后标准偏差的绝对值，如果标准偏差的绝对值小于20%，说明匹配结果满足假设。从表中可以看出，处理组和对照组匹配后变量的标准偏差均显著降低，且绝对值小于20%，表明样本在匹配后，各变量之间的差异越来越不明显，匹配效果可以接受。

表8 Logit回归结果和匹配效果检验

变量名称	状态	均值		标准偏差（%）	标准偏差减少（%）	t统计量
		处理组	对照组			
Size	匹配前	22.318	22.3372	-4.2	89.5	-2.33
	匹配后	22.317	22.312	0.4		0.28
Soe	匹配前	0.45891	0.45081	1.6	-144.3	0.90
	匹配后	0.45854	0.43875	4.0		2.44
Lev	匹配前	0.43231	0.4484	-8.1	96.8	-4.46
	匹配后	0.4319	0.43139	0.3		0.16
Roe	匹配前	0.06758	0.07009	-2.1	93.8	-1.16
	匹配后	0.06813	0.06829	-0.1		-0.08
Roa	匹配前	0.04439	0.04118	5.4	87.8	2.99
	匹配后	0.4449	0.4488	-0.7		-0.40

表9报告了双重差分模型的回归结果，其中，（1）列为未匹配样本的双重差分回归结果，交互项Treat×Post的估计系数显著为正。（2）列为使用倾向得分匹配后的双重差分回归结果，交互项Treat×Post的估计系数仍然显著为正，因此，匹配后的样本依然支持假设1。

表9　**倾向得分匹配法**

变量	全样本	PSM样本
	（1）	（2）
Treat×Post	0.1300** （2.55）	0.1062* （1.70）
Post	-0.1603** （-2.21）	-0.0331 （-0.31）
Treat	-0.1012 （-1.36）	-0.0460 （-0.40）
Size	0.0785** （2.49）	0.0656 （1.51）
Soe	0.0809 （0.89）	0.1834 （1.39）
Lev	-0.1975* （-1.86）	-0.2353 （-1.58）
Growth	0.0264 （0.95）	-0.0111 （-0.32）
Mshare	0.1294 （0.70）	0.1859 （0.89）
Top1	-0.4867*** （-2.59）	-0.4935* （-1.87）
TobinQ	0.0196* （1.75）	0.0157 （0.90）
Roa	-0.7624* （-1.74）	-0.1976 （-0.28）

续表

变量	全样本	PSM样本
	(1)	(2)
Roe	0.4977** (2.52)	0.1656 (0.48)
Both	0.0006 (0.02)	0.0236 (0.49)
Flow	-0.2123* (-1.70)	-0.2586 (-1.17)
Cash	-0.1883* (-1.83)	-0.2555 (-1.51)
Tang	0.5333** (2.51)	0.3696 (1.49)
Ins	0.0110 (0.24)	-0.0223 (-0.35)
Constant	-1.7541** (-2.28)	-1.4932 (-1.46)
Industry	Yes	Yes
Year	Yes	Yes
N	12 646	6 526
Number	2 128	1 912
Adj_R^2	0.0103	0.0098

注：***、**、*分别代表1%、5%和10%的显著性水平，括号内报告的是t值。

2. 反事实检验

为了排除实证研究结论是由其他政策或者因素导致的，本文参考学者的研究，通过改变绿色信贷政策发布的时间进行反事实检验。

具体来讲，本文前面的回归过程中，将2012年作为政策冲击的年份，实证结果显示，绿色信贷政策的发布使得重污染企业环保投资提升。本文将在稳健性检验部分，将绿色信贷政策的实施时间提前2年和3年（2009年和2010年），再次构建时间虚拟变量进行回归，如果核心解释变量的回归系数仍然显著，则说明重污染行业企业环保投资的变化很可能是由于其他因素导致的，而不是本文所涉及的政策引起的。若回归系数估计值不显著，说明绿色信贷政策确实引起了重污染行业企业环保投资的变化，而不是受其他因素的干扰。相关回归结果见表10。

表10　**反事实检验的回归结果**

变量	政策实施设为2009年		政策实施设为2010年	
	(1)	(2)	(3)	(4)
Treat×Post	-0.0458 (-0.66)	-0.0324 (-0.45)	0.0143 (0.26)	0.0157 (0.27)
Post	0.1109* (1.73)	-0.0221 (-0.27)	0.0582 (1.04)	-0.0646 (-0.85)
Treat	0.0457 (0.50)	0.0338 (0.36)	-0.0130 (-0.16)	-0.0130 (-0.16)
Size		0.0767** (2.45)		0.0769** (2.45)
Soe		0.0816 (0.90)		0.0817 (0.90)
Lev		-0.1961* (-1.85)		-0.1964* (-1.85)
Growth		0.0266 (0.96)		0.0266 (0.95)
Mshare		0.1357 (0.73)		0.1366 (0.73)
Top1		-0.4851** (-2.58)		-0.4857*** (-2.58)
TobinQ		0.0193* (1.73)		0.0194* (1.74)
Roa		-0.7743* (-1.76)		-0.7735* (-1.76)
Roe		0.5108** (2.57)		0.5100** (2.57)
Both		0.0012 (0.04)		0.0008 (0.03)

续表

变量	政策实施设为2009年		政策实施设为2010年	
	(1)	(2)	(3)	(4)
Flow		-0.2049 (-1.64)		-0.2063* (-1.65)
Cash		-0.1951* (-1.89)		-0.1938* (-1.88)
Tang		0.5294** (2.49)		0.5295** (2.49)
Ins		0.0122 (0.27)		0.0120 (0.26)
Constant	0.1856** (2.41)	-1.7501** (-2.29)	0.2340*** (4.07)	-1.7178** (-2.25)
Industry	Yes	Yes	Yes	Yes
Year	Yes	Yes	Yes	Yes
N	12 646	12 646	12 646	12 646
Number	2 128	2 128	2 128	2 128
Adj_R^2	0.00543	0.00948	0.00542	0.00948

注：***、**、*分别代表1%、5%和10%的显著性水平，括号内报告的是t值。

根据表10回归结果可知，第（1）列和（2）列是假设政策实施提前至2009年，第（3）列和（4）列是假设绿色信贷政策实施提前至2010年，无论当《绿色信贷指引》政策提前至2009年还是2010年，以及无论是否加入控制变量，交互项Treat×Post的系数都未通过显著性检验，说明虚拟政策对企业环保投资的提升效应不存在，表明2012年后重污染行业企业环保投资的增加不是由于其他政策或因素所导致的，证明了前面的回归结果是可靠的。此外，需明确指出在2007年原银监会首次将绿色信贷作为环境治理的一种重要手段，但是当时的政策实施尚不明确，各项标准尚不清晰，导致绿色信贷政策的实施效果未能展现。

3. 更换环保投资度量指标

鉴于企业环保投资有多种衡量方式，为了保持实证研究结果的稳健性和可信性，本文借鉴李强等（2016）对企业环保投资的研究进行稳健性检验，即用企业环保投资与营业收入的比值EPI来重新衡量本文的因变量，回归结果见表11。

表11 更换环保投资度量指标的回归结果

变量	替代变量：EPI			
	(1)	(2)	(3)	(4)
Treat×Post	0.0029** (2.41)	0.0030** (2.51)	0.0039*** (4.62)	0.0021** (2.41)
Post	0.0014 (1.02)	-0.0040* (-1.92)		
Treat	-0.0031 (-1.28)	-0.0030 (-1.26)		
Size		0.0034*** (3.47)		0.0025*** (3.56)
Soe		0.0025 (1.00)		0.0025 (1.04)
Lev		-0.0044 (-1.44)		-0.0036 (-1.23)
Growth		-0.0018** (-2.19)		-0.0016** (-2.09)
Mshare		0.0053 (1.03)		0.0062 (1.21)
Top1		-0.0125** (-2.07)		-0.0107* (-1.86)
TobinQ		0.0003 (0.93)		0.0003 (1.26)
Roa		-0.0305*** (-2.79)		-0.0305*** (-2.76)
Roe		0.0147*** (2.81)		0.0151*** (2.88)
Both		-0.0001 (-0.17)		-0.0002 (-0.19)
Flow		-0.0086*** (-2.70)		-0.0092*** (-2.95)

续表

变量	替代变量：EPI			
	（1）	（2）	（3）	（4）
Cash		−0.0040 （−1.22）		−0.0036 （−1.11）
Tang		0.0187** （2.53）		0.0176** （2.38）
Ins		0.0007 （0.61）		0.0010 （0.93）
Constant	0.0035** （2.40）	−0.0820*** （−3.26）	0.0035** （1.97）	−0.0631*** （−3.01）
Industry	Yes	Yes	Yes	Yes
Year	Yes	Yes	No	No
N	12 646	12 646	12 646	12 646
Number	2 128	2 128	2 128	2 128
Adj_R^2	0.0150	0.0220	0.0142	0.0212

注：***、**、*分别代表1%、5%和10%的显著性水平，括号内报告的是t值。

从表11可以看出，各列的双重差分交互项Treat×Post的系数估计值仍然显著为正，无论是否加入控制变量，结果依然不变，证明本文的实证研究结果是稳健的，即绿色信贷政策的实施确实提升了重污染行业企业的环保投资。

4. 剔除环保型企业

绿色信贷政策要求根据企业的环境表现实施差别化的信贷服务，该政策的颁布对绿色环保行业和重污染行业的影响较大。所以，该政策也可能对环保型企业的生产发展带来一定的影响（何凌云等，2019）。因此，环保型企业可能会对回归结果产生一定的影响。为了使得本文实证结果更加准确，本文选择剔除环保型企业对实证模型重新回归。其中，关于环保型企业的选取参照历年环保产业景气报告中披露的A股环保上市企业名单，按照行业分类代码剔除N77样本数据，结果见表12第（1）列，双重差分交互项Treat×Post的系数为正0.1366，且在1%的水平上显著，第（2）、（3）和（4）列表示，无论模型是否加入控制变量，双重差分的系数仍然显著。各控制变量系数估计值的正负性也与基准回归一致，表明基准回归结果基本可靠。

表12　　剔除环保型企业回归结果

变量	因变量：EPI			
	(1)	(2)	(3)	(4)
Treat×Post	0.1366*** (2.67)	0.1342*** (2.64)	0.1166*** (4.12)	0.1001*** (3.25)
Post	-0.0491 (-0.92)	-0.1716** (-2.37)		
Treat	-0.0981 (-1.34)	-0.0976 (-1.33)		
Size		0.0801** (2.53)		0.0342 (1.58)
Soe		0.1055 (1.15)		0.1123 (1.23)
Lev		-0.1912* (-1.80)		-0.1272 (-1.24)
Growth		0.0274 (0.99)		0.0301 (1.13)
Mshare		0.1394 (0.75)		0.1683 (0.90)
Top1		-0.4836** (-2.57)		-0.3976** (-2.17)
TobinQ		0.0193* (1.74)		0.0073 (0.77)
Roa		-0.8323* (-1.90)		-0.7203 (-1.64)
Roe		0.5247*** (2.66)		0.5202*** (2.61)

续表

变量	因变量：EPI			
	(1)	(2)	(3)	(4)
Both		-0.0075 (-0.26)		-0.0085 (-0.29)
Flow		-0.1900 (-1.52)		-0.2098* (-1.66)
Cash		-0.1793* (-1.74)		-0.1631 (-1.61)
Tang		0.5249** (2.44)		0.5155** (2.42)
Ins		0.0126 (0.27)		0.0009 (0.02)
Constant	0.2359*** (3.98)	-1.7954** (-2.32)	0.2465*** (4.00)	-0.8430 (-1.42)
Industry	Yes	Yes	Yes	Yes
Year	Yes	Yes	No	No
N	12 536	12 536	12 536	12 536
Number	2 109	2 109	2 109	2 109
Adj_R^2	0.00555	0.00973	0.00492	0.00813

注：***、**、*分别代表1%、5%和10%的显著性水平，括号内报告的是t值。

5. 调整时间窗口

使用双重差分模型考虑政策冲击带来的影响时，会因不同的时间而表现出差异性，因此，政策前后期间选择的不同，可能会使回归结果产生一定的差异（田彬彬等，2016）。另外，企业环保投资的变化可能会受到绿色信贷政策出台前后其他事件的影响。鉴于以上原因，为增强回归结果的可靠性，本文参照田彬彬（2016）等人的做法，选择缩短绿色信贷政策实施的时间窗口进行稳健性检验。具体做法是缩短窗口期，本文选择仅保留政策发布前后两年（2010—2013年）以及政策发布前后三年（2009—2014年）的样本数据，并采用原模型进行重新检验，检验结果见表13。

表13 调整时间窗口的回归结果

时间窗口	政策前后两年		政策前后三年	
变量	因变量：EPI			
	(1)	(2)	(3)	(4)
Treat×Post	0.1724*** (2.73)	0.1675*** (2.64)	0.1308** (2.31)	0.1295** (2.29)
Post	-0.0777 (-1.35)	-0.0792 (-1.43)	-0.0231 (-0.40)	-0.0567 (-0.94)
Treat	0.0628 (0.52)	0.0767 (0.63)	-0.0250 (-0.14)	-0.0120 (-0.07)
Size		0.1125 (1.55)		0.0962* (1.74)
Soe		0.1482 (0.66)		0.0599 (0.63)
Lev		-0.0727 (-0.31)		-0.3390 (-1.30)
Growth		0.0073 (0.18)		0.0114 (0.33)
Mshare		0.3562 (1.24)		0.3305 (1.13)
Top1		-0.6660 (-1.59)		-0.1021 (-0.34)
TobinQ		0.0380 (1.54)		0.0338* (1.71)
Roa		0.0691 (0.05)		-1.8930 (-1.55)
Roe		0.3239 (0.43)		0.9548* (1.69)
Both		-0.0262 (-0.82)		0.0135 (0.25)

续表

时间窗口	政策前后两年		政策前后三年	
变量	因变量：EPI			
	（1）	（2）	（3）	（4）
Flow		−0.7148*** （−2.86）		−0.1303 （−0.62）
Cash		−0.0152 （−0.06）		−0.0602 （−0.34）
Tang		−0.4622 （−0.98）		−0.2710 （−0.69）
Ins		−0.0308 （−0.40）		−0.0740 （−1.09）
Constant	0.2497** （2.14）	−1.6292 （−1.02）	0.2418*** （2.70）	−1.5031 （−1.19）
Industry	Yes	Yes	Yes	Yes
Year	Yes	Yes	Yes	Yes
N	3 279	3 279	4 776	4 776
Number	1 151	1 151	1 288	1 288
Adj_R^2	0.00343	0.00718	0.00487	0.00795

注：***、**、*分别代表1%、5%和10%的显著性水平，括号内报告的是t值。

从表13中的回归结果可以看出，无论是保留政策发布前后两年还是保留政策发布前后三年，交互项Treat×Post的系数均显著为正，表明企业环保投资规模的变化没有受到绿色信贷政策以外的因素的影响，回归结果是可靠的。

6. 更换样本选择范围

为了增强实证结果的可靠性，本文重新进行数据筛选，改变实验组的选择，借鉴潘爱玲等（2019）的做法，选择的重污染行业为15类，具体的行业代码为B06、B07、B08、B09、C17、C19、C22、C25、C26、C28、C29、C30、C31、C32、D44。

回归结果见表14。由表14可以看出，第（1）列和第（2）列代表模型（1）的回归结果，无论是不加控制变量还是加入控制变量，交互项Treat×Post的系数估计值均显著为正。同时，第（3）列和第（4）列选择在模型中省略Post和Treat，第

(3) 列交互项Treat×Post的系数估计值为0.1234，在1%水平上显著，第（4）列交互项Treat×Post的系数估计值为0.1043，在1%水平上显著。

表14　　更换样本选择范围的回归结果

变量	因变量：EPI			
	(1)	(2)	(3)	(4)
Treat×Post	0.0817* (1.78)	0.0937** (1.99)	0.1234*** (3.55)	0.1043*** (2.94)
Post	0.0210 (0.48)	-0.1167* (-1.75)		
Treat	0.0550 (0.77)	0.0443 (0.64)		
Size		0.0829*** (2.60)		0.0409** (2.01)
Soe		0.0766 (0.85)		0.0797 (0.88)
Lev		-0.1969* (-1.86)		-0.1410 (-1.38)
Growth		0.0265 (0.95)		0.0276 (1.03)
Mshare		0.1428 (0.77)		0.1690 (0.91)
Top1		-0.4708** (-2.51)		-0.3950** (-2.16)
TobinQ		0.0207* (1.85)		0.0085 (0.90)
Roa		-0.7775* (-1.77)		-0.6655 (-1.51)
Roe		0.5102*** (2.58)		0.4968** (2.50)
Both		0.0011 (0.04)		-0.0004 (-0.01)

续表

变量	因变量：EPI			
	（1）	（2）	（3）	（4）
Flow		−0.2182* （−1.75）		−0.2297* （−1.83）
Cash		−0.1987* （−1.93）		−0.1849* （−1.85）
Tang		0.5316** （2.50）		0.5294** （2.52）
Ins		0.0116 （0.25）		0.0036 （0.09）
Constant	0.1613*** （2.73）	−1.9252** （−2.45）	0.2143*** （5.51）	−1.0141* （−1.78）
Industry	Yes	Yes	Yes	Yes
Year	Yes	Yes	No	No
N	12 646	12 646	12 646	12 646
Number	2 128	2 128	2 128	2 128
Adj_R^2	0.00612	0.0103	0.00574	0.00905

注：***、**、*分别代表1%、5%和10%的显著性水平，括号内报告的是t值。

由此可知，在更换了实验组的选择后，即重污染行业为15类，实证结果依然一致，即绿色信贷政策的实施会显著促进重污染行业企业的环保投资。

六、进一步分析

（一）产权性质异质性分析

国有企业和非国有企业在责任承担、公司治理以及对市场的作用方面都有很大的差别（Hitchens，1999），因此，对于不同性质的企业来说，绿色信贷政策对重污染企业环保投资的影响以及影响程度会有所不同。一般来说，国有企业不仅要实现经济目标还要承担政治目标，在政府的干预下要承担更多的社会责任。

从政企关系和融资渠道方面考虑，目前，我国企业按照性质可以分为国有和非国有，显而易见，国有企业自身的特点决定了其与政府关系更加密切，交往更加频繁，且我国重污染行业大多是国有企业控制，这就决定了重污染行业企业与政府的关系不那么纯粹。首先，国有企业的身份表明其不是完全独立的，同时政府也会干预企业管理层的选拔和任命，所以国有企业的生产经营和决策会过多地考虑政治目标，对于国家的政策响应会更积极，因此，国企为了迎合政府的号召，势必会加大环保投资，在环境治理方面表现得更好。其次，国有企业与政府的“亲密关系”会给企业带来更多的融资便利，从而缓解了企业的融资约束。然而，随着绿色信贷政策的出台，政府强化了对环境的保护力度，限制对污染企业的贷款。相比较而言，非国有企业面临较多的信贷歧视，受到政策影响较小，而国有企业更易受到绿色信贷政策的影响，因此，会加大环保投资力度，以避免政策所带来的不利影响。基于上述分析，本文认为绿色信贷政策颁布之后，国有重污染企业可能会有更大的环保投资规模。

由表15可知，国企组的回归系数为0.2058，显著性水平为1%，表明《绿色信贷指引》颁布后，能显著增加国有重污染行业企业的环保投资。而非国企样本的回归系数不显著，表明绿色信贷政策的实施对非国有重污染企业的环保投资并没有产生显著性影响。这表明，绿色信贷政策的影响更能在国企样本中体现出来，而非国企由于与政府之间不存在密切的直接关系，所受到的绿色信贷政策的影响较小。

表15　**企业特征异质性回归结果**

变量	产权性质		企业规模	
	国有企业 (1)	非国有企业 (2)	大规模 (3)	小规模 (4)
Treat×Post	0.2058*** (2.85)	0.0323 (0.61)	0.1555** (2.12)	0.1118* (1.84)
Post	−0.2460** (−2.37)	−0.1033 (−1.10)	−0.1575** (−1.97)	0.0189 (0.24)
Treat	−0.1371 (−1.19)	−0.0901 (−1.01)	0.0225 (0.18)	−0.3761*** (−3.30)
Soe			0.2613 (1.30)	0.0508 (0.51)
Size	0.1006** (1.99)	0.0735* (1.82)		

续表

变量	产权性质		企业规模	
	国有企业 (1)	非国有企业 (2)	大规模 (3)	小规模 (4)
Lev	−0.0570 (−0.31)	−0.2502** (−1.97)	−0.0447 (−0.29)	−0.1625 (−1.10)
Growth	−0.0381 (−1.03)	0.0718* (1.77)	0.0414 (1.25)	0.0537 (1.09)
Mshare	5.4319 (1.53)	0.0254 (0.14)	−0.1702 (−0.34)	0.3424 (1.38)
Top1	−0.5503* (−1.86)	−0.2326 (−1.02)	−0.4811** (−2.17)	−0.7487* (−1.79)
TobinQ	0.0365* (1.83)	0.0137 (1.05)	0.0301* (1.70)	0.0026 (0.16)
Roa	−1.1897* (−1.72)	0.0255 (0.04)	−1.3829* (−1.82)	−0.2293 (−0.36)
Roe	0.9599*** (3.30)	−0.1432 (−0.54)	0.8656*** (2.76)	0.2200 (0.69)
Both	0.0252 (0.55)	−0.0148 (−0.41)	0.0520 (0.98)	−0.0470 (−1.24)
Flow	−0.3193* (−1.66)	−0.1250 (−0.76)	−0.3807* (−1.94)	−0.0674 (−0.42)
Cash	−0.2204 (−1.23)	−0.1695 (−1.27)	−0.0002 (−0.00)	−0.1919 (−1.55)
Tang	−0.0084 (−0.02)	0.6148** (2.28)	0.2612 (0.76)	0.5618* (1.81)
Ins	−0.0083 (−0.12)	0.0317 (0.48)	−0.0630 (−0.99)	0.0756 (1.09)
Constant	−1.8581 (−1.56)	−1.6221 (−1.65)	−0.0010 (−0.00)	0.0530 (0.16)
Industry	Yes	Yes	Yes	Yes

续表

变量	产权性质		企业规模	
	国有企业 (1)	非国有企业 (2)	大规模 (3)	小规模 (4)
Year	Yes	Yes	Yes	Yes
N	5 762	6 884	6 316	6 330
Number	854	1 372	1 169	1 485
Adj_R^2	0.0213	0.0045	0.0094	0.0122

注：***、**、*分别代表1%、5%和10%的显著性水平，括号内报告的是t值。

（二）企业规模异质性分析

在绿色信贷政策实施之前，大型企业因为其规模较大、信誉较好、自身融资能力强等原因更易获取大量的银行信用贷款，这导致了在绿色信贷政策实施后，银行等金融机构对大型企业的惩罚效应更强，同时大企业多以维持企业稳定发展为目标，管理层追求低风险，缺乏变革精神，在绿色信贷所带来的信贷资源约束的压力下，更倾向于维持主业稳定发展，舍弃在环保方面的投资。

由表15可知，规模大的企业组的双重差分交互项Treat×Post的系数是0.1555，且在5%水平上显著，而小规模企业组的Treat×Post系数0.1118，在10%的水平上显著。可见，大规模企业交互项的系数明显更大且显著性更高，说明该项政策的实施对大型企业环保投资金额的增加更明显。

（三）地区异质性分析

无论是从地域分布，还是发展水平来说，我国各地差距大、经济发展水平差异显而易见，市场化程度水平也有很大不同，这两个因素决定了资源分配也会有不均衡的问题。经济发展水平高以及越开放的地区更易获得资源，其中包括资金资源分配。越是发展水平低的地区，资源的稀缺性越高，平均分配到企业自身的资金也会减少。相比东部地区，中部和西部地区重污染企业在面临绿色信贷约束时，很难在资本市场上多渠道融资，所以为了顺应当前的政策，获取更多资金，进行环境治理的意愿会更加明确，增加企业环保投资的可能性更大。并且重污染企业在中西部的占比显著高于东部地区。因此，中西部地区的重污染企业在绿色信贷政策颁布后对环保投资的提升作用更加明显。

由表16可知，东部地区样本组交互项Treat×Post的系数是0.1264，且在10%水平上显著，中西部地区样本企业组的交互项Treat×Post的系数为0.1438，在10%的水平上显著，相较于东部地区样本企业，中西部地区的重污染行业企业交互项的系数明显更大，说明绿色信贷政策对中西部的重污染企业环保投资金额的提升效应更明显。

表16 区域特征异质性回归结果

变量	东部	中西部	金融化水平高	金融化水平低
	(1)	(2)	(3)	(4)
Treat×Post	0.1264* (1.91)	0.1438* (1.72)	0.0937 (1.34)	0.1618** (2.57)
Post	−0.1562 (−1.63)	−0.1651 (−1.43)	−0.1960 (−1.63)	−0.1597* (−1.78)
Treat	−0.0913 (−1.18)	−0.1532 (−0.88)	0.0812 (0.72)	−0.2233** (−2.49)
Size	0.0910** (2.16)	0.0629 (1.30)	0.0833* (1.82)	0.0774* (1.95)
Soe	0.1323 (0.91)	0.0005 (0.01)	0.1627 (1.47)	−0.0950 (−0.70)
Lev	−0.1610 (−1.13)	−0.2291 (−1.47)	−0.2409 (−1.53)	−0.1986 (−1.47)
Growth	0.0069 (0.20)	0.0420 (0.90)	0.0004 (0.01)	0.0473 (1.09)
Mshare	0.1765 (0.77)	−0.0363 (−0.15)	0.4914* (1.88)	−0.0324 (−0.14)
Top1	−0.2741 (−1.04)	−0.6964*** (−2.61)	−0.4895* (−1.87)	−0.6166** (−2.42)
TobinQ	0.0178 (1.09)	0.0194 (1.33)	0.0281** (2.06)	0.0008 (0.05)
Roa	−1.1257** (−2.02)	−0.0680 (−0.09)	−0.6583 (−0.83)	−0.3729 (−0.67)
Roe	0.5910** (2.10)	0.3272 (1.15)	0.5218 (1.62)	0.2876 (1.19)
Both	0.0220 (0.55)	−0.0490 (−1.06)	−0.0322 (−0.58)	−0.0239 (−0.61)

续表

变量	东部	中西部	金融化水平高	金融化水平低
	(1)	(2)	(3)	(4)
Flow	-0.3532** (-2.15)	-0.0438 (-0.23)	-0.4541** (-2.15)	-0.0834 (-0.47)
Cash	-0.1651 (-1.30)	-0.1893 (-1.05)	0.0451 (0.28)	-0.3104** (-2.42)
Tang	0.3700 (1.36)	0.7846** (2.26)	0.3254 (1.17)	0.6455** (2.31)
Ins	0.0213 (0.36)	-0.0103 (-0.14)	0.1087 (1.58)	-0.1321* (-1.87)
Constant	-1.9745* (-1.92)	-1.5462 (-1.31)	-1.9667* (-1.77)	-1.5378 (-1.64)
Industry	Yes	Yes	Yes	Yes
Year	Yes	Yes	Yes	Yes
N	7 896	4 750	5 558	7 088
Number	1 445	696	1 659	1 939
Adj_R^2	0.0068	0.0158	0.0129	0.0099

注：***、**、*分别代表1%、5%和10%的显著性水平，括号内报告的是t值。

（四）地区金融发展水平异质性分析

一个地区的金融发展水平，与地区的金融机构数量和规模有重要的关系，地区金融机构作为绿色信贷政策的执行主体，不仅影响绿色信贷政策的实际执行效果，也会影响当地企业的融资方式的选择。金融发展水平高的地区，金融系统更加成熟，资金来源更多样化，企业有多种融资方式可以选择，受绿色信贷政策信贷约束作用较小；而金融发展水平较低的地区，企业融资方式单一且多数依赖银行信贷融资。因此，金融发展水平较低的地区的重污染企业受到绿色信贷政策的约束作用更大，对其环保投资的刺激作用更强。

本文参考吴虹仪等（2021）的做法，选用地级市金融机构贷款余额与国内生产总值比值取对数来度量地区的金融发展水平，根据样本的中位数值，将研究样本划分为两组，即金融发展水平高、低地区两组。其中，高于样本中位数值的地区为金融发展水平较高的地区，低于样本中位数值的地区为金融发展水平较低的地区，从而对两组样本进行分组回归。

分组回归结果见表16的第（3）列和第（4）列。从表16中可以看出绿色信贷政策对重污染行业企业环保投资的提升效应在金融发展水平较低的组更显著，说明绿色信贷政策实施后，相较于高金融发展水平样本组，处于较低金融发展水平的重污染企业的环保投资规模更大，究其原因是该地区的重污染企业，融资方式较少且多是依赖银行信贷融资，因此，受到绿色信贷政策的约束作用更大，对其环保投资的刺激作用更强，这与前述的逻辑一致。

（五）商业信用水平异质性分析

在我国，企业外源融资方式主要概括为三种：权益融资、债权融资和商业信用融资。权益融资风险低，但是面临着较高的门槛和融资成本；债权融资是大多数企业的主要融资方式，但是较高的财务风险使得其难以获取较高的融资额（冯南平等，2021）。随着经济的不断发展，商业信用融资作为一种非正式的短期融资方式逐渐被企业重视起来，该方式比较灵活且进行融资的交易成本较低，是缓解企业融资约束的一种途径。

商业信用作为银行贷款的一种替代融资方式，在企业信贷受限时也会被采用。绿色信贷的信贷惩戒效果会因商业信用融资的存在而大打折扣。《绿色信贷指引》的颁布提高了重污染企业的融资成本，此时对重污染企业而言，当银行信贷融资难以实现时，可以通过向供应商延迟付款、向客户预收款项等替代性融资方式获取资金，从而避免信贷惩戒带来的风险，使得绿色信贷政策倒逼企业进行环保投资的作用效果降低。商业信用与银行贷款的互补假说则认为，企业提供商业信用可以向银行传递企业经营风险较低的信号，从而获得更多的银行贷款（江伟等，2013）。有国外学者认为，供应商提供的商业信用代表着一个企业财务状况的可靠程度（Agostino and Trivieri，2014），为银行贷款提供了一种隐性担保，使得商业信用的存在有助于企业获取银行信贷资金，二者是相互影响的关系。

本文从替代性融资角度，考虑商业信用在绿色信贷政策对企业环保投资的影响中发挥的作用。因为商业信用这一替代融资方式的存在，削弱了绿色信贷政策的信贷惩戒效果，影响了重污染行业企业的环保投资决策。因此，本文认为商业信用对绿色信贷政策对重污染行业企业环保投资的提升效应有负向的调节作用。那么，商业信用能否使得绿色信贷政策对重污染行业企业环保投资的提升效应减弱，是接下来要检验的问题。

企业同上、下游客户之间发生的商业信用主要包括三种：应付账款、应付票据和预收账款。本文仅考虑企业占用的上、下游资金。因此，本文参考陆正飞和杨德明（2011）对商业信用融资的衡量方法，即利用企业公布的财务报表上的应付账款、应付票据和预收账款之和除以期末总资产。该数值越大，表示企业能够获得上、下游商业信用融资的能力越强。

本文商业信用融资用TCF表示，具体计算方法如下：

$$TCF = \frac{(应付账款 + 应付票据 + 预收账款)}{期末总资产}$$

为了检验前面的理论推断，本文引入了商业信用（TCF）与Treat×Post的交乘项 Treat×Post×TCF。如表17所示，第（1）列中Treat×Post×TCF的系数估计值为-0.520，在5%的水平上显著，即商业信用对绿色信贷政策对重污染行业企业环保投资的提升效应有抑制作用。第（2）列是模型省略了Post和Treat，交乘项Treat×Post×TCF的系数估计值为-0.550，依然在5%的水平上显著。

表17 商业信用、绿色信贷政策和重污染企业环保投资

变量	商业信用调节	
	（1）	（2）
Treat×Post	0.201*** （3.33）	0.173*** （3.49）
Post	-0.169** （-2.29）	
Treat	-0.115 （-1.52）	
Treat×Post×TCF	-0.520** （-2.11）	-0.550** （-2.25）
TCF	-0.523** （-2.57）	-0.426** （-2.18）
Size	0.072** （2.35）	0.028 （1.32）
Soe	0.083 （0.92）	0.087 （0.96）
Lev	-0.030 （-0.27）	0.015 （0.14）
Growth	0.033 （1.19）	0.034 （1.28）
Mshare	0.120 （0.65）	0.151 （0.82）

续表

变量	商业信用调节	
	（1）	（2）
Top1	-0.505*** (-2.72)	-0.418** (-2.31)
TobinQ	0.020* (1.79)	0.008 (0.82)
Roa	-0.724* (-1.65)	-0.606 (-1.37)
Roe	0.493** (2.49)	0.484** (2.42)
Both	0.003 (0.10)	0.002 (0.07)
Flow	-0.136 (-1.08)	-0.167 (-1.32)
Cash	-0.183* (-1.78)	-0.168* (-1.66)
Tang	0.636*** (2.96)	0.619*** (2.90)
Ins	0.012 (0.26)	0.005 (0.12)
Constant	-1.675** (-2.22)	-0.767 (-1.31)
Industry	Yes	Yes
Year	Yes	No
N	12 646	12 646
Number	2 128	2 128
Adj_R^2	0.0127	0.0111

注：***、**、*分别代表1%、5%和10%的显著性水平，括号内报告的是t值。

出于稳健性的考虑，本文还按照商业信用的高低进行了分组回归，相应的结果见表18，第（1）列和第（2）列分别代表高商业信用组和低商业信用组的样本，从中可以发现，高商业信用组的交互项系数的估计值为0.055，但不显著，低商业信用组的交互项系数的估计值为0.144，在10%的水平上显著，上述的检验结果说明，低商业信用组的企业由于难以获得替代性融资的资金，受绿色信贷政策的影响较大，这充分表明了商业信用对绿色信贷政策对重污染行业企业环保投资的提升效应有抑制作用，无论是采用交互项还是分组的方式，实证结果都能支持假设，说明实证结果是稳健的。

表18　　商业信用、外部融资依赖度与绿色信贷政策和重污染企业环保投资

变量	高商业信用组	低商业信用组
	(1)	(2)
Treat×Post	0.055 (0.88)	0.144* (1.82)
Post	-0.099 (-0.93)	-0.194* (-1.83)
Treat	-0.038 (-0.44)	0.065 (0.44)
Size	0.038 (0.77)	0.112** (2.42)
Soe	0.081 (0.90)	0.131 (0.81)
Lev	-0.256 (-1.61)	-0.070 (-0.46)
Growth	0.012 (0.42)	0.061 (1.25)
Mshare	0.181 (0.56)	0.078 (0.32)
Top1	-0.549** (-2.26)	-0.568* (-1.75)
TobinQ	0.034** (2.03)	0.017 (1.08)
Roa	-1.060* (-1.85)	-0.650 (-0.80)

续表

变量	高商业信用组	低商业信用组
	(1)	(2)
Roe	0.680*** (2.95)	0.216 (0.50)
Both	0.005 (0.10)	−0.008 (−0.16)
Flow	−0.065 (−0.43)	−0.416* (−1.82)
Cash	−0.347* (−1.93)	−0.198 (−1.35)
Tang	0.471 (1.00)	0.744*** (2.98)
Ins	0.050 (0.87)	0.001 (0.02)
Constant	−0.383 (−0.29)	−2.674** (−2.45)
Industry	Yes	Yes
Year	Yes	Yes
N	6 318	6 328
Number	1 497	1 437
Adj_R^2	0.0092	0.0107

注：***、**、*分别代表1%、5%和10%的显著性水平，括号内报告的是t值。

七、研究结论与启示

本文以2012年《绿色信贷指引》政策的颁布为准自然实验，以2008—2020年全国沪、深A股上市公司为样本，运用双重差分法考察绿色信贷政策对重污染行业企业环保投资的影响。本文的研究结论表明，绿色信贷政策的实施通过绿色信贷约束机制倒逼重污染行业企业加大环保投资。此外，本文研究媒体负面关注、商业信用和外部融资依赖度等因素对绿色信贷政策的调节效应。本文研究产权性质、企业规模、地区特征和地区金融发展水平等异质性特征对绿色信贷政策的异质性效应。

调节机制表明，媒体负面关注越多，重污染行业企业受到的环保压力越大，绿色信贷政策对环保投资的提升效应越明显；而商业信用作为企业的一种替代性融资方式，对绿色信贷政策对重污染行业企业环保投资的提升效应有负向的调节作用；对外部融资依赖度高的重污染企业环保投资的提升效应比依赖度低的企业更明显。

异质性分析表明，与非国有企业相比，绿色信贷政策对国有重污染企业的环保投资的提升效应更明显；相较于规模小的企业而言，绿色信贷政策对规模大的企业环保投资的提升效应更明显；此外，在金融发展水平低的地区，融资方式的单一性，使得绿色信贷政策对重污染行业企业的环保投资的提升效应更明显；东部地区的企业由于经济发展水平等基础设施完善，融资渠道多元化，使得绿色信贷政策的信贷限制效应较低，而中西部地区受绿色信贷政策的影响较大。

本文的结论表明，我国《绿色信贷指引》政策的颁布是正确的，并且实证结果显示绿色信贷政策的实施具有一定成效，对生态环境的改善起到了一定的作用，但是由于企业性质的不同，以及区域发展水平和地区金融发展水平存在差距，导致绿色信贷政策的实施效果差别很大，说明绿色信贷政策仍然存在进一步完善的空间。

参考文献

[1] 包群，邵敏，杨大利．环境管制抑制了污染排放吗［J］．经济研究，2013，48（12）：42-54．

[2] 醋卫华，李培功．媒体监督公司治理的实证研究［J］．南开管理评论，2012，15（1）：33-42．

[3] 姜英兵，崔广慧．环保产业政策对企业环保投资的影响：基于重污染上市公司的经验证据［J］．改革，2019（2）：87-101．

[4] 孔东民，刘莎莎，应千伟．公司行为中的媒体角色：激浊扬清还是推波助澜［J］．管理世界，2013（7）：145-162．

[5] 李延喜，吴笛，肖峰，等．声誉理论研究述评［J］．管理评论，2010，22（10）：3-11．

[6] 陆正飞，杨德明．商业信用：替代性融资，还是买方市场［J］．管理世界，2011（4）：6-14，45．

[7] 苏冬蔚，连莉莉. 绿色信贷是否影响重污染企业的投融资行为 [J]. 金融研究，2018 (12)：123-137.

[8] 唐国平，李龙会，吴德军. 环境管制、行业属性与企业环保投资 [J]. 会计研究，2013 (6)：83-89，96.

[9] 王馨，王营. 绿色信贷政策增进绿色创新研究 [J]. 管理世界，2021，37 (6)：173-188+11.

[10] 王云，李延喜，马壮，等. 媒体关注、环境规制与企业环保投资 [J]. 南开管理评论，2017 (6)：83-94.

[11] 谢东明. 地方监管、垂直监管与企业环保投资——基于上市A股重污染企业的实证研究 [J]. 会计研究，2020 (11)：170-186.

[12] 徐珊，黄健柏. 媒体治理与企业社会责任 [J]. 管理学报，2015，12 (7)：1072-1081.

[13] 张玉明，邢超，张瑜. 媒体关注对重污染企业绿色技术创新的影响研究 [J]. 管理学报，2021，18 (4)：557-568.

[14] 张兆国，刘亚伟，杨清香. 管理者任期、晋升激励与研发投资研究 [J]. 会计研究，2014 (9)：81-88.

[15] GOMES A.Going public without governance：managerial reputation effects [J]. The Journal of Finance，2000，55 (2).

[16] HORNLEIN T.Socially responsible investment and sustainable banking-principles for reorienting a regional local bank's business towards sustainability [J]. Journal of Business Ethics，2015，13 (3)：16-19.

[17] LIU J Y，XIA Y，FAN Y，et al. Assessment of a green credit policy aimed at energy-intensive industries in China based on a financial CGE model [J]. Journal of Cleaner Production，2017 (163)：293-302.

[18] LUNDGREN M，CATASUS B.The banks' impact on the natural environment-on the space between "what is" and "what if" [J]. Business Strategy and the Environment，2000，9 (3)：186-195.

[19] MYERS S C. The Capital Structure Puzzle [J]. Journal of Finance，1984，39 (3)：575-592.

Green Credit Policy and Enterprise Investment in Environmental Protection

Shuqin Song，Liying Fan

Abstract This paper uses the promulgation of the "Green Credit Guidelines" policy in 2012 as a quasi-natural experiment to examine the impact of green credit policies on environmental protection investments of enterprises in heavy pollution industries using a sample of national listed companies in Shanghai and Shenzhen A-shares from 2008 to 2020 using a difference-in differences （DID） model.The study shows that: the implementation of green credit policy through the green credit constraint mechanism forces heavy pollution industry enterprises to increase investment in environmental protection.The more negative media attention, the more obvious the enhancement effect of green credit policy on environmental protection investment; commercial credit reduces the enhancement effect of green credit policy on environmental protection investment of enterprises in heavy pollution industry; the higher the dependence of external financing of heavy pollution enterprises, the greater the enhancement effect of green credit policy on environmental protection investment. The enhancement effect of green credit policy on environmental protection investment of heavy polluters is more obvious in state-owned enterprises and large-scale enterprises; the impact of green credit policy on environmental protection investment is small in regions with low levels of financial development and eastern regions, while central and western regions are more influenced by green credit policy. The findings of this paper provide empirical evidence for the incentive effect of green credit policies on environmental investments.

Key Words green credit; environmental protection investment; heavy polluting industry